■ 重庆邮电大学教授、博士哲学社会科学基金支持项目

■ 重庆市人文社会科学重点研究基地——网络社会发展问题研究中心支持项目

信息技术进步与
民营快递企业的竞争战略选择

● 陈 力 编著

中国社会科学出版社

图书在版编目（CIP）数据

信息技术进步与民营快递企业的竞争战略选择／陈力编著．—北京：
中国社会科学出版社，2015.4
ISBN 978 - 7 - 5161 - 5944 - 6

Ⅰ．①信…　Ⅱ．①陈…　Ⅲ．①邮件投递—私营企业—邮电企业—
竞争战略—研究　Ⅳ．①F618.1

中国版本图书馆 CIP 数据核字（2015）第 075074 号

出 版 人	赵剑英
责任编辑	孔继萍
责任校对	邓雨婷
责任印制	何　艳

出　　　版	中国社会科学出版社
社　　　址	北京鼓楼西大街甲 158 号
邮　　　编	100720
网　　　址	http://www.csspw.cn
发 行 部	010 - 84083685
门 市 部	010 - 84029450
经　　　销	新华书店及其他书店

印刷装订	北京市兴怀印刷厂
版　　　次	2015 年 4 月第 1 版
印　　　次	2015 年 4 月第 1 次印刷

开　　　本	710×1000　1/16
印　　　张	17.5
插　　　页	2
字　　　数	296 千字
定　　　价	58.00 元

凡购买中国社会科学出版社图书，如有质量问题请与本社联系调换
电话:010 - 84083683

前　言

进入 21 世纪以后，随着网络通信技术的迅猛发展，基于 Internet 的电子商务成为经济增长的新亮点。电子商务的出现，不仅改进了传统商务活动模式，而且对传统产业的融合以及经济结构的调整都产生了积极影响。在电子商务以惊人速度发展的同时，起到媒介作用的物流业也被提升到前所未有的高度。其中，快递业是现代物流业的重要组成部分，作为物流业高附加值的一端，在经济发展中起到了举足轻重的作用。

此外，伴随着计算机技术发展突飞猛进，贸易全球化、经济一体化进程加快，在信息技术发展的同时我们可以看到信息技术对现代快递企业的发展有着重要作用，快递业务的增值服务、综合服务功能日益显现，系统化、网络化、信息化、规模化的快递服务逐渐渗透到现代快递活动的每个环节。

自 2006 年邮政体制改革以来，特别是 2009 年新修订的《中华人民共和国邮政法》第一次明确快递企业的法律地位后，快递企业迎来了新的发展机遇，快递服务面临着广阔的发展空间。在新的发展机遇面前，如何把握机会、战胜挑战对于快递企业，尤其是对占据市场主体地位的民营快递企业而言更为重要。

经过二十多年的发展，我国注册的中国民营快递企业已超过 13000 家，从业人员有两百多万，年产值 973.8 亿元人民币，业务收入市场份额为 67.5%。但我们应该深刻地了解到，由于种种原因民营快递企业自诞生之日起，就在国有邮政和外资快递企业的夹缝中求生存，加之行业内许多不规范的竞争，故与跨国快递巨头相比，其管理水平、层次相对偏低。目前不少民营快递企业正纷纷寻找出路，试图用业务多元化经营来弥补损失，已开始从传统的信函快递向新兴的电子商务快递市场转型。

随着信息技术的发展和市场竞争的加剧，今天的快递企业正身处于一个信息产生、采集、整合、反馈与决策处理空前加速的时代。信息技术理念和应用在快递企业的发展正是基于这样的大背景，并且随着这种形式的发展成为近年来行业领域的一大热门话题。

基于我国快递市场的逐步完善和巨大的发展潜力，民营快递企业如何在激烈的竞争环境中取得长期稳定的发展，如何克服自身的诸多问题和利用外部的发展机会是本书研究的主要问题。本书共分六章，首先介绍了快递产业、快递服务质量评价及快递服务市场的定价分析与发展分析；在此基础上介绍了信息技术进步下即电子商务环境下的快递产业与电子商务快递市场，以及电子商务快递商业模式的相关分析；最后针对信息技术进步下新技术的出现及在快递产业中的应用做了阐述，并针对民营企业的创新应对做了分析，在结合外资快递企业成功经验的基础上提出了民营快递企业的竞争战略选择。

本书是集体工作的成果。由陈力教授制定写作大纲和写作规划，具体章节写作分工情况是：陈力负责第一、六章的撰写，李欣（重庆邮电大学经济管理学院研究生）负责第二、三章的撰写，杨林（重庆邮电大学经济管理学院研究生）负责第四、五章的撰写，陈力负责全书的统稿。

在本书付梓之际，感谢重庆邮电大学社科处、经济管理学院的支持，感谢经济管理学院领导和老师们的大力支持和帮助！

本书的出版得到重庆邮电大学学术著作出版基金（社科类）的资助，特此致谢！

本书在编写过程中，借鉴了大量国内外专家学者的研究成果，在此对相关作者表示诚挚的感谢！

由于时间仓促和编著者水平有限，书中疏漏之处在所难免，敬请广大读者批评指正！

编著者

2014 年 10 月 24 日

目　　录

第一章

快递产业

第一节　快递产业概述

一　快递概述

（一）快递的定义

快递活动自古就有，快递是指承运方将托运方指定在特定时间内运达目的地的物品，以最快的运输方式，运送和配送到指定的目的地或目标客户的手中。快递的市场基础是一种基于对时间要求比较敏感的运输需求。全球经济高速发展、竞争激烈的市场格局促成了快递这种对时间敏感的门到门、桌到桌的运输需求。

对于快递的定义[①]：

（1）国际快递协会（GEA）：快递公司为客户提供保证一定时限内递送到目的地的门到门服务，同时提供快件跟踪信息、通关和代收货款等增值服务。

（2）欧洲快递协会（EEA）：可以利用飞机、汽车和卡车及其有效链接完成文件、包裹和货物的门到门递送，并且大部分快递服务保证24小时内或者下一个工作日完成递送。

（3）美国国际贸易委员会（United States International Trade Commission，2004年）：（1）快速收集、运输、递送文件、印刷品、包裹和其他物品，全过程跟踪这些物品并对其保持控制；（2）提供与上述过程相关的其他服务，如清关和物流服务。

---

① 参见李茂《关于快递、快运、快件定义的分析》，http://www.docin.com/p－825328392.html。

（4）加拿大速递与物流协会（CCLA）：快递行业在文件、包裹和货物的明确时限、有效成本和可靠性运输方面优势比较突出。

（5）1998 年的《中国民用航空快递业管理规定》：航空快递是指航空快递企业利用航空运输，收取发件人托运的快件并按照向发件人承诺的时间将其送交指定地点或者收件人，掌握运送过程的全部情况并能将即时信息提供给有关人员查询的门对门速递服务。特快专递业务，是指从事快件运输的专业速递企业与航空企业合作，以最快速度在发件人→机场→收件人之间递送的急件。在我国大家会想到邮政的 EMS。

（6）2005 年出版由李力谋和乔桑编著的《快递实务》：快递是指具有独立法人资格的货物运输代理企业，将客户的文件、物品或货物，通过自身网络或代理网络，从发件人手中送达收件人手中的最快捷、最安全的运输方式。

（7）《2006 年中国快递业研究咨询报告》：快递与快运，是指承运方将托运方指定时间内运达目的地的物品，以最快的运输方式，运送和配送到目的地或目标客户手中。快递与快运的市场基础是对于时间比较敏感的运输需求。通常快递业务比快运业务运输的货物重量、体积要小，但实际两者之间的概念区别日益模糊。

（8）国内专家对快递的定义：快递（Express Service/Air Courier）又叫快运快递，是指物流企业（含货运代理）通过自身的独立网络，或以联合合作的方式，相互利用各自的网络，将用户委托的文件或包裹，快捷而安全地从发件人送达收件人的门到门（手递手）的新型运输方式。

然而，快递有广义和狭义之分。广义的快递泛指一般货物（包括大宗货件）的递送；狭义的快递专指商务文件和小件包裹的紧急递送。从服务标准来看，快递一般是指在 48 小时之内完成的快件运送服务。

（二）快递与快运、普通运输

快递和快运存在一定的区别。两者叫法不同，含义基本相同，它们都是指物品的快速运输，但快递业务通常比快运业务运输的货物重量、体积要小。快递的时效性最强，是门到门服务，且快件的体积较小，品种较多。快运的时效要求相对较低，不一定是门到门服务，可由货主自取。快运物品一般体积较大，但实际两者之间的概念区别也比较模糊。

快递与普通运输的区别在于：快递强调时间性，按照常规运输方式，在指定的时间内将托运物品运抵目的地。国外根据时间紧迫性的要求，将运抵时间分为同日到达、次日到达、2 日到达和 3 日到达等等级，并实行不同的收费标准。欧洲与美洲之间的邮件快递，基本上都实现了 2 日内到达。而普通运输方式由于缺乏业务流程之间的衔接，以及递送上门的服务内容，在时间性方面一般难以满足客户要求。具体如表 1 - 1 所示。

（三）快递产业

快递产业是快递资源产业化而形成的一种复合型或聚合型产业。快递资源包括运输、仓储、装卸、搬运、包装、流通加工、配送、信息平台等。运输又包括铁路、公路、水运、航空四种资源。快递产业是一种复合型产业，也可以叫聚合型产业，因为所有产业的物流资源不是简单的累加，而是一种整合，可以起到 1 + 1 > 2 的功效。

表 1 - 1　　　　　　　　　　　快递与普通运输的区别

	区别	具体内容	举例
快递	快速，时间短，费用高，小物品	依靠不同的运输方式在最短的时间内将货物送到客户手中，快速方便。费用较高，通常是较小的物品	EMS 北京至西藏只需 3 天左右
普通运输方式	安全系数相对较高，大宗物品	对时间的要求不高，在规定的一段时间内到达即可，往往是大宗货物，消费者只关注货物的安全	从外地订购一批货物

现代快递业的发展与世界经济发展密不可分，1953 年 UPS 推出美国东西两岸两日快递服务，为快递行业拉开了序幕；70 年代后日本一些企业开始经营快递，并引入符合日本特点的服务项目，从而使日本的快递服务业青出于蓝而胜于蓝；进入 80 年代，随着亚洲四小龙的崛起，世界各大快递公司纷纷捷足先登，使得韩国、中国香港、中国台湾和新加坡的快递业从无到有，20 世纪末期，这四个国家或地区成为大型快递公司在亚洲的主要货源集散地。今天，UPS、FedEx、DHL、TNT 成为营业额达数百亿美元的快递业四大国际巨头，占据了大部分国际快递市场份额。FedEx 于 1984 年率先进入中国市场，2005 年年底中国物流业全面对外开放后，四大快递公司全部进入中国市场，并纷纷通过独资、并购、加盟等方式加速网点扩张，进一步强化了垄断地位，占据中国国际快递 80% 左右的市场份额。

我国邮政先后于 1980 和 1984 年开办了国际、国内特快专递业务，目前也已具备一定规模，其国内业务通达全国县级以上城市，国际业务依赖"万国邮联"系统和与 TNT 集团建立合作代理关系，通达全球 200 余个国家和地区。

1993 年 6 月 19 日，铁道部下发了《关于试办铁路快运包裹的通知》（铁运函〔1993〕321 号），批准铁路快运包裹由中国铁路对外服务公司经营。中国铁路对外服务公司的子公司（原中铁快运）于 1993 年 9 月 1 日开办了铁路小件货物快运业务，主要利用铁路行李车从事小件包裹快运服务。1998 年 8 月 1 日在所有快运办理站推广门到门服务后，业务服务名称逐渐改为包裹快递。世界其他国家快递业以飞机和汽车为主要运输工具，唯独中国铁路小件货物快递业务以铁路行李车为主要运输工具，并得到了快速的发展，赢得了国内小件货物快递市场的一定份额。2006 年 1 月 1 日，原中铁快运和中铁行包合并重组，成立了现在的中铁快运股份有限公司（CRE）。

中国民航快递有限责任公司[①]（CAE）成立于 1996 年，由国内多家航空公司和机场共同出资组建，并于当年推出了"8 - 12 - 24 - 36 - 48 小时"五个时间档次的快递服务。

欧洲快递协会[②]（European Express Association，EEA）成立于 2000 年 1 月 1 号，由欧洲快递组织（European Express Organization，EEO）和欧洲速递协会（Association of European Express Carriers，AEEC）合并而成，代表了欧洲快递行业的唯一声音。主要关注内容为"竞争和市场改革""清关""交通和环境""安全"四方面。

全球快递协会[③]（Global Express Association，GEA）代表全球性快递公司，这些公司服务全球 200 多个国家，每天处理约 3000 万件包裹，并保证在规定的时间内完成递送。全球快递协会主要关注"竞争和市场改革""清关""贸易自由""交通和环境规章"与"安全规章"五方面。

亚洲速递协会[④]（Conference of Asia Pacific Express Carriers，CAPEC）

①　参见李茂《关于快递、快运、快件定义的分析》，http://www.docin.com/p - 825328392.html。

②　同上。

③　同上。

④　同上。

成立于 1996 年，代表国际四大物流公司在亚洲的利益，主要成员也是国际四大物流公司亚太地区领导人员。

另外，还有一些其他快递协会，如加拿大速递与物流协会（Canadian Courier & Logistics Association，CCLA）等。

快递协会的主要作用，除了规范国内快递行业，还主要处理与邮政和国际快件通关问题。中国快递协会（英文名称：CHINA EXPRESS ASSO-CIATION）是由提供快递服务的企业，以及与快递服务有关的企业、个人和其他组织自愿参加的非营利全国性组织。中国快递协会成立于 2009 年 2 月 11 日，目前，全国 31 个省（区、市）都成立了快递行业协会，各省（区、市）的快递行业协会，均为中国快递协会会员单位。

世界快递产业是市场空白酝酿出的新生行业。如果不是 20 世纪六七十年代美国货运传递的松散，耽搁了 Fred Smith 的飞机配件使用，就不会出现纵横于世界上空的紫色 FedEx 国际快递；如果不是当时美国海运无法满足往来加州及夏威夷的运输需要，三位美国人 Dalsey，Hillblom 及 Lynn 就不会在旧金山市创立驰骋全球的橙黄色 DHL 国际快递，还有略带皇家气质的 UPS 和颇具绅士风度的 TNT 国际快递公司。这四家国际快递巨头引领了全球快递行业的发展，让远隔万里的商务往来、亲情传递不再是难题。快递行业的发展历史是现代信息网络技术和经济全球化以及现代管理思想融合的见证。快递业务范围：由最早期的同城递送，发展到现在的国际门到门服务；快递业务运输工具：由最早期的人力或马车运输，发展到现在的航空或航海运输；快递企业规模：由最早期的两三个人组成的小公司，发展到现在拥有几万名员工的国际性大公司。随着社会的进步，国家管制的放松，科技的发展，快递服务领域愈发广泛，服务种类越来越丰富并向专业化发展，快递行业在现代社会经济中扮演着越来越不可或缺的角色。

快递产业的本质是完成物品从甲地到乙地的流动，《中华人民共和国邮政法》①（简称《邮政法》）第九章是这样对快递定义的："快递是指在承诺的时限内快速完成的寄递活动。"寄递的定义是："将信件、包裹、印刷品等物品按照封装上的名址递送给特定个人或者单位的活动，包括收

---

① 胡锦涛：《中华人民共和国主席令第十二号》，2009 年 4 月，中华人民共和国中央政府网站（http://www.gov.cn/）。

寄、分拣、运输、投递等环节。"快递产业是"物品从供应地到接受地的实体流动过程"，满足物流业务的一般特点，但《邮政法》对快递产业递送的物品有特别规定，可以认为快递产业是一种特殊的物流业务。

快递产业作为一个新兴的产业，其存在的价值主要表现在对运输和流通过程的加速和简化上面。快递产业的核心理念是提供规定时间内的门到门送达服务，递送的对象包括包裹和文件等，规定时间通常为两到三天内。国家邮政局已经制定了快递产业服务的行业规范，对于规定时间目前有了更明确的规定。快递产业是指承运方通过铁路、公路、航空等交通方式，运用专用工具、设备和应用软件系统，对国内、国际及港澳台地区的快件揽收、分拣、封发、转运、投送、信息录入、查询、市场开发和疑难快件的处理，以较快的速度将特定的物品运达指定地点或目标客户手中的物流活动，是物流的重要组成部分，它的特点就是在于它的"快"字。快递产业能够在极短的时间内将物品运达到目标地点，但是运量相对较小，运费较高，同时由于要经过不同的站点，几经周折，易使物品丢失或损坏，安全系数相对较低。

快递运输过程中涉及多种运输方式，包括航空运输、水路运输、公路和铁路运输。通常情况下，快递企业会尽可能地利用地面运输，也就是说公路和铁路交通方式。航空运输的价格比较高，通常会用于其他运输方式不能满足时限要求的当日或次日快件上。随着经济的飞速发展，铁路的时效性也在逐步提高，高铁的建设发展大大缩短了时间，同时也为快递企业降低了成本。当然，也有在一项快递业务运输过程中综合运用多种运输方式的。为了简化流程，加快时限，国际快递承运企业还可以向客户提供代办清关、代缴海关关税以及其他相关服务。除快递企业以外的其他类型运输企业，均无法提供像快递那样独立、有效果的递送服务，尤其是面向分散在各个地区的客户而又要求快速、有品质的递送服务。

（四）国内外主要的快递企业

中国的快递产业经过30多年的发展，已经形成较大的产业规模，成为物流运输领域中最具潜能、最富活力和最有前景的部分。

1. 国际快递企业

基本上是一些大型的快递服务商，其突出优势在于成熟的国际快递市场和强大综合的货运能力所形成的覆盖全球的快递网络。

DHL（中外运敦豪）是第一家在中国提供国际航空快递服务的国外

快递企业。1980 年进入中国快递市场，现已成为在中国网络覆盖面最大的国际快递企业，服务遍及全国 400 多个城市。

UPS（美国联合包裹）于 1988 年开始在中国市场的业务，目前在中国的快递网络覆盖超过 330 个城市和地区，是在中国大陆机场出现最多的一个国外航空企业。

FedEx（联邦快递）是第一个在中国设立洲际转运中心的跨国货运企业，1984 年开始拓展中国的快递市场，主要提供跨国货运，服务的中国城市已达到 200 多个。

2. 国有快递企业

作为国有企业，其突出优势在于在提供普遍服务过程中建立起来的健全的国内快递网点和运输线路。

EMS（中国邮政快递服务企业）成立于 1985 年，从事国际国内快递业务。2010 年正式成立中国邮政速递物流股份有限公司，[①] 依托中国邮政实物网络，拥有中国覆盖最广最全的物流运营网点，业务范围遍及全国 31 个省（自治区、直辖市）的所有市县乡（镇），通达包括港、澳、台地区在内的全球 200 余个国家和地区，营业网点超过 4.5 万个。根据"2014 年中国快递行业（国际）发展大会"的相关报道，目前跨境电商寄递市场出口的 50% 以上包裹都是通过中国邮政渠道发到国外。

中国民航快递有限责任公司成立于 1996 年 11 月 8 日，由国内多家航空公司和机场共同出资组建，现由中国航空集团公司控股，主要经营国际国内航空快件、航空货运和物流业务。民航快递依托全国 175 个机场和国内 1578 条航线（含港澳台航线 85 条）、国际 302 条航线资源的独特优势，在国内大中城市覆盖网点已达 363 个，在部分主要机场拥有"快件绿色通道"，可实现在飞机起飞前 1 小时将客户货件及时配装飞机，正在逐步形成北京、广州、上海、成都四个生产运营集散中心，为客户提供安全、便捷、准时、诚信满意的服务。

中铁快运股份有限公司简称"中铁快运"是铁道部直属大型国有专业运输企业，在国家工商行政管理总局注册，注册资金 26.93 亿元。公司

---

① 中国邮政速递物流主要经营国内速递、国际速递、合同物流等业务，国内、国际速递服务涵盖卓越、标准和经济不同时限水平的速递服务和代收货款等增值服务，合同物流涵盖仓储、运输等供应链全过程。拥有享誉全球的特快专递品牌"EMS"和国内知名的物流品牌"CNPL"。

在全国设有 18 个分公司、8 个子公司，在全国 683 个城市设有 2004 个营业机构，门到门配送服务网络覆盖 896 个城市（含县、区），拥有国内覆盖范围最广、规模最大的专业快运经营网络，铁路快捷运输网络覆盖全国各个区域中心城市，公路运输网络覆盖全国 140 多个城市。

3. 民营快递企业

一批大中型的优秀民营快递企业迅速成长（如顺丰速运、上海申通、圆通速递等），已具有一定的影响力，但是大多数民营快递企业存在小、散、弱等问题。

二　快递的分类与特征

（一）快递的分类

目前，快递的分类方法有很多，常用的方法是按照服务地域的不同划分为国际快递、国内城际快递和同城快递。但在行业实际操作过程中，还有其他一些"约定俗成"的分类，我们一并做出补充，以便完善快递的具体分类方法。

1. 按照快件的内件性质分类

按照快件的内件性质来分，可以分为以下三类：

信函类：是指具有个人现时通信内容的文件。目前信函类归属于邮政的专营范围，私人及快递企业不允许经营。

商业文件：包括商业合同、工程图纸、照片、照相复印品、金融票据、有价证券（不包括各国货币和无记名支票）、证书、单据、报表及手稿文件等全部印刷方式印刷、复制的各种纸质制品。

包裹：是指所有适于寄递的样品、馈赠礼品及其他物品等。

2. 按照服务的地域分类

中国快递市场按地域可划分为国际快递市场和国内快递市场两大类，其中，国内快递市场又可分为城际快递市场和同城快递市场。同城快递业务是指同一个城市区域内互寄的业务。国内城际快递市场按照空间运输距离，还可以细分为跨区城际快递市场和区域内城际快递市场，如华南地区、华东地区等。一般来说，城际的区域是以国家行政区域划分为准，但不同的快递企业在设定企业的服务区域时可能会有所不同。

3. 按照送达时间分类

快递具有较强的时效性，快件到达目的地的时间往往是考验快递企业服务质量的一个重要指标。按照快递送达时间的不同,一般分为当日递、次晨达、次日达和隔日达等。但未见到相关的标准或文献对以上四个时限做出说明,故借鉴相关企业的定义。

(1)当日递(1D24):在当日规定的电话截件时间前向客服确认的取件,在 24 小时内送抵的快递物品。

(2)次晨达(2D12):在当日规定的电话截件时间前向客服确认的取件,在下一个工作日中午 12 点之前送抵的快递物品。

(3)次日达(2D18):在当日规定的电话截件时间前向客服确认的取件,在下一个工作日下午 6 点之前送抵的快递物品。

(4)隔日达(3D12):在当日规定的电话截件时间前向客服确认的取件,在第三个工作日中午 12 点之前送抵的快递物品。

4. 按照运输方式分类

交通运输是国民经济的命脉,也是快递企业赖以生存和发展的客观环境,全社会交通运输的状况对快递有着相当大的影响。按照运输方式分类,快递可以分为航空快递、公路快递、铁路快递和水运快递。

(1)航空快递:由于其运输方式的快捷,已经成为远途快递的最常用方式,主要用于国际快递,在国内对时间有要求的客户也会选择航空快递。当然,其运输的成本和费用也相对会比较高。

(2)公路快递:是目前运输量最大的快递方式,主要用于国内异地快递和同城快递,除了满足同城、国内甚至国际的快速货物和旅客运输需求之外,还是航空和水运快递不可缺少的延伸服务。

(3)铁路快递:由于高速铁路的发展,加上铁路部门工作效率的提高,铁路行业也加入了快递业的竞争。铁路快递运输量大、安全和准时,适用于大件物品和航空禁运物,赢得了许多客户的青睐。

(4)水运快递:国际贸易的发展和国际展览业、演艺事业的蓬勃兴起,使得大宗物品的运输成为令航空和陆上运输部门头痛的问题,因此水运快递应运而生,水运快递对这种大宗物品的运输有其独有的优势,不过由于水运的特殊性导致它的运输时间比较长。故水运快递适合大宗物品的运输,尤其是没有时间紧迫性要求的大宗物品运输。

综上所述,不同的运输方式各有优缺点,我们应该加以有机地组合运用,如表 1-2 所示。

表 1 - 2   快递的分类

分类标准	类型	特点
按照运输方式分类	航空快递	由于运输方式的快捷，已经成为快运的最常用方式之一
	公路快递	目前运输量最大的快运方式，便捷、灵活
	铁路快递	运量大、安全、准时、费用低
	水运快递	适合对时限要求不高的大宗物品运输（通常水运是最慢的，但收费低）

（二）快递的特征

现代快递产业始于 20 世纪 70 年代的美国，它满足了市场经济发展对服务贸易扩大的客观需求，也是全球经济一体化的产物。快递就是以最快的速度在货主、快件运输公司和用户之间运送急件。快递作为先进的生产力，是运输业中最快捷、最周到的一种服务形式，但同传统运输既有联系又有本质区别，它的基本特征表现在以下几个方面：

1. 时效性

在全球都讲究效率的前提下，时效性更是快递的本质要求，时效性是信息、物品类传递服务的基本要求。快递的实物传递性，决定了在保证安全、准确的前提下，传递速度是最重要的反映快递服务质量的核心要素。

2. 服务性

从本质上说，快递只是实现物品的空间位置转移，并不生产新的产品。因此，服务性是其基本特征之一。快递需求是衍生需求，快递产业属于服务行业，服务是快递产业的基本特征，因此服务质量决定了快递企业的运营状况。

3. 网络性

国内外健全的揽货和配送网络是经营快递业务的基础，也是快递企业经营实力的重要体现。网点的增加对业务量的影响有两个，一是由于新增网点的快递业务直接增加业务总量。二是由于便利性的提高及企业影响的扩大，原来网点的业务量也间接地增加。但另一方面网点的增加也使成本在增加，增加网点是否能使总体的利润增加，以及网点扩大到什么程度使利润最大化，是具有较大规模的民营快递企业思考的问题。

4. 安全性

除了时效性以外，快递还具有安全性的特点。快件在快递企业自身的网络中封闭式运转，并利用精密的信息系统对快递物品进行全程监管控制，不间断地运送和监控以确保门到门/手递手，最大限度地保障了快件的万无一失。

在货源集散地，尤其是经营区域的中心地区，快递公司必须设置专用集配、中转和控制中心，配备有大型仓库群、电脑中心、控制和指挥中心、客户服务中心、运输工具、存放中心等，这些配置充分保证了快件的安全性。而传统运输常因超出自身系统，倒手环节多而无力操控全过程，导致快件丢失或损坏等概率较高。

5. 专业性

快递实现了标准化和信息化，达到了收件、派送、分拨、转运、录入、预报、查询、报关、统计、结算等各个环节的完美结合。因时代和经济发展规模的局限，传统运输业的专业化程度远远低于现代快递业。

6. 信息性

快递具有强烈的时效性和快捷性。快递信息化的发展将企业的所有业务有机地结合起来，形成一个闭路循环，为企业管理者和决策者提供强大的统计、查询、决策等多种功能。目前，快递企业应用得比较多的信息化技术主要集中于 PDA、GPRS、Bar Code、SOA、RFID、蓝牙技术和 WiFi以及最新的在线客户解决方案。这些技术的引入和不断完善，为快递企业的变革和发展带来了新的契机。

三　快递产业与物流产业的关系

中国 2001 年 4 月 17 日颁布的《物流术语》国家标准定义：物流是"物品从供应地向接收地的实体流动过程。根据实际需要，将运输、储存、搬运、包装、流通加工、配送、信息处理等基本功能实施有机结合"。可见，物流活动提供的是一种以运输、储存为主的，多种功能相结合的服务活动。因此，物流产业属于广义的服务业范畴。

物流产业是物流资源产业化而形成的一种复合型或聚合型产业。物流资源包括运输、仓储、装卸、搬运、包装、流通加工、配送、信息平台等。运输又包括铁路、公路、水运、航空、管道五种资源。这些资源产业化就形成了运输业、仓储业、装卸业、包装业、加工配送业、物流信息业等等。这些物流资源也分散在多个领域，包括制造业、农业、流通业等等。把产业化的物流资源加以整合，就形成了一种新的服务业，即物流服务业。它是一种复合型产业，也可以叫聚合型产业，因为所有产业的物流资源不是简单的累加，而是一种整合，可以起到 1 + 1 > 2 的功效。①

物流产业已经被列入国家"十二五"重点发展的产业，但是，现代物流作为一个快速发展的新兴产业，业界对其本质特征、市场运作规律的认识还在进一步探索和深化，特别是随着快递产业的飞速发展，快递和物流两者之间的关系如何，是相互包容的关系，还是两种完全不同的产业？如何界定两者之间的界限，如何确定各自的战略定位，对于两个产业未来的发展走向起着至关重要的作用。下面将在分析物流产业和快递产业在国民经济中的地位和作用的基础上，阐述物流产业和快递产业之间的区别和联系。最后，简单论述物流产业和快递产业未来的发展趋势。

（一）物流产业在国民经济中的地位和作用

在现代经济中，物流产业及其所提供的物流服务，与传统的物流活动或者生产、流通部门从事的物流活动已经有了本质上的区别。

（1）物流产业是国民经济中的动脉系统，它连接社会经济的各个部分并使之成为一个有机整体。在现代经济中，由于社会分工的日益深化和经济结构的日趋复杂，各个产业、部门、企业之间的交换关系和相互依赖程度也愈来愈错综复杂，物流产业是维系这些复杂交换关系的纽带和血管。因此，物流产业是经济运行中不可或缺的重要组成部分。

（2）物流产业通过对各种物流要素的优化组合和合理配置，实现物流活动效率的提高和社会物流总成本的降低。专业化物流企业可以根据各种物流活动的要求在全社会范围对各种物流要素进行整体的优化组合和合理配置，从而可以最大限度地发挥各种物流要素的作用，提高全社会的物流效率。

（3）物流产业可以为全社会提供更为全面、多样化的物流服务，并在物流全过程及其各个环节实现价值增值。相对于产品的生产过程而言，物流服务创造的是产品的空间价值和时间价值，是产品价值的重要组成部分。

---

① 参见杜艳《我国快递业对国民经济增长作用机制研究》，博士研究生学位论文，北京邮电大学，2013 年，第 25 页。

因此，物流产业是国民经济中创造价值的产业部门，并正在成为全球经济发展中的热点和新的经济增长点。

（二）快递产业在国民经济中的地位和作用

1980 年，中国邮政开办全球邮政特快专递业务（EMS），随后国际快递巨头也纷纷通过合资、委托代理等方式进入中国市场。但随着市场经济的进一步发展，邮政企业已经无法满足外贸行业对报关材料、样品等快速传递的需求，民营快递企业因此迅速崛起。1993 年，顺丰速运和申通快递分别在珠三角、长三角成立，1994 年年初，宅急送在北京成立。

我国快递业经过 30 多年发展，已经形成了一个规模庞大的产业。2013 年，邮政企业和全国规模以上快递服务企业业务收入（不包括邮政储蓄银行直接营业收入）累计完成 2547.8 亿元，同比增长 28.6%；业务总量累计完成 2725.1 亿元，同比增长 33.8%。[①] 目前快递服务已经融入到了国民经济的各行各业，已经融入平常百姓的日常生活，成为促进人们的生活方式由传统向现代转变的巨大推动力。同时，快递产业为改善对外投资环境和促进国际、国内贸易发展做出了巨大贡献。快递行业是一个可以吸收大量劳动力就业的产业，据有关部门统计，"十二五"期间，从事快递产业及其相关产业的人员达到 100 万人。快递产业的发展对于促进社会和谐发展和社会稳定起着非常重要的作用。

（三）物流产业与快递产业的联系

物流是指为了满足客户的需求，通过规划、实施和控制，通过运输、保管、配送实现原材料、半成品、成品或相关信息由商品的产地到商品的消费地高效、低成本流动的一种供应链活动。物流就是物品的流通，物流的概念包含了快递。平时我们说的快递一般是指小件物品的快速运输。通常把需要整车的大货叫物流运输。物流和快递在概念上并没有明显的界限。物流产业包含着快递产业，快递产业是物流产业的重要组成部分。

首先，快递产业和物流产业从提供服务的类型来说属于同一类，都是通过运输实现物品的流动。两个产业都是属于流通领域内的服务行业，物流产业从事物流服务，快递产业从事快递服务，两个产业的行业属性是相同的。但是，两者在服务标准、服务范围、服务方式、服务价格等方面都

---

① 参见中华人民共和国国家邮政局《2013 年邮政行业发展统计公报》，http：//www. spb. gov. cn/。

有所差异。快递服务的范围更小更细一些，物流服务的范围更广阔一些。

其次，物流产业与快递产业是行业从属的关系，即快递产业是物流产业的重要组成部分，快递专注于物流服务链条的一部分环节，其实是一种特殊的物流服务业态。其特殊性主要是因为其运递的物品具有特定的属性，即前面提到的寄递物品的特定性、寄递过程的时效性、寄递组织的网络性和寄递方式的独特性。

（四）物流产业与快递产业的区别

物流产业与快递产业既有联系又有区别，其区别主要体现在以下几个方面：

1. 两者运送的物品特点不同

前面已经提到物流产业运送的一般都是大件、批量货物，而快递产业运送的则是零散的小件物品或者是资料文件；物流的客户更关注的是运输费用和货物的安全，而快递的客户更关注的是速度，当然也有对安全的要求。

2. 两者的运作方式不同

物流产业的运作方式通常是大批物资的整车运输，是点对点的批量直达运输，所运的物资被称作货物；而快递所运的物品称之为快件，是多点对一点和一点对多点的集散式运输方式。

3. 两者的服务方式和要求不同

物流产业一般是不负责送件的，发件要送到物流点，提货也要到相应的物流点提货，覆盖面积较小，缺乏严格的时限标准，省外件一般在7—10天，省内件在1—3天，适合较大的货物流通，不适合要求时间短的货物运输。而快递实行门到门、桌到桌的服务，对快件送达的时限有严格的标准，一般省会城市之间1—3天可以到达。此外，快递还可以提供许多附加的服务，比如电子返单、代收货款等。总之，快递服务比物流服务要求更高、更细、更加周到和贴心。

4. 两者的定价标准不同

物流产业一般其产品的定价标准是物流企业与客户双方根据市场情况协商确定，价格是买卖双方博弈的结果。而快递产业是按照产品的时限标准来定价的，即价格高低主要取决于快递产品的要求时限，时限越快的产品，价格越高，如当日递产品价格最高，其次是次晨达，再次是次日达等。快递企业在制定价格标准时首先要满足客户的需要，同时还要考虑到竞争对手的价格，也要考虑到企业本身的运营成本和承受能力。

5. 两者的地位和作用不同

物流产业涉及范围更加广泛，它涉及国民经济的各个领域，特别是国民经济的基础产业，如能源、原材料的物资流动。因此，物流产业在国民经济中的地位和作用将更突出。而快递产业尽管也涉及国民经济的各个领域，但是其寄递的物品均属于文件、包裹等紧急物品，涉及范围小，影响程度小。不过在电子商务飞速发展下，快递产业的范围和影响力也随之扩大。

（五）物流产业的战略定位与发展走向

2009 年国务院通过的《物流业调整振兴规划》为物流产业的发展创造了良好的外部条件。但同时也要看到，物流产业的发展仍然是困难重重，如标准化工作进展缓慢；各种生产要素成本大幅度上升；土地税过重问题尚未解决；第三方物流企业散、小、弱的问题依然突出，在管理、服务和科技水平上远远满足不了制造业高级化、连锁超市和电子商务等新型业态快速发展的需要。2012 年我国社会物流总费用为 9.4 万亿元，约为GDP 的 18%，比世界平均值高 6.5 个百分点，高于美国、日本和德国 9.5 个百分点。我国物流成本偏高，固然有经济发展阶段和产业结构的原因，但也有税费、路桥费、罚款等制度性成本过高以及物流资源分散、信息化和组织化程度不高等原因。因此，中国物流产业必须认清未来的发展方向。

1. 物流产业要融入世界格局

中国巨大的消费市场仍是跨国公司争夺的焦点，本土物流企业面临更加激烈的市场竞争。国际物流大鳄如 UPS、马士基、普洛斯等都加紧在中国的物流产业布局。随着世界经济一体化和贸易自由化的日益加强，中国必须加速培养一批具有国际竞争力的大型物流企业，中国政府在产业政策导向方面应引导中央企业发挥国家队的带动作用，通过重组、兼并等形式培育一批具有国际竞争力的大型物流企业。

2. 物流产业要融入经济主渠道

物流企业将强化对经济结构战略性调整的先导作用，一是在国家宏观调控中发挥作用；二是在产业均衡中发挥作用；三是在促内需中发挥作用。随着扩内需长效机制的落实，与城乡居民消费需求相关的快速配送、冷链物流等新型业态要形成完善的服务体系。物流产业发挥经济主渠道的作用，需要国家在几个方面统筹规划建设并主导推进。一是物流基础设施建设整合与衔接；二是关系国计民生的能源、大宗原材料、农副产品的专业化流通体系以及应急物流体系建设。

3. 物流产业要融入产业链

首先，要树立为客户降低成本、创造价值的理念，将服务从生产企业的门口延伸到生产线，为客户量身定制物流配套服务。其次，要实现服务领域的专业化和服务内容的集约化，要在某个领域形成专业化、个性化的服务特色，形成独特的竞争优势，再向供应链的高附加值业务延伸，依靠信息技术、嫁接金融、营销等现代服务业，从传统的仓储、运输企业向解决方案提供商转变，提供诸如产融结合①的物流金融化配套服务、市场指数信息服务等高附加值业务。

4. 物流产业要融入绿色经济

物流企业要树立绿色、低碳、环保的理念，这是物流企业应尽的社会责任，一是要充分利用自有仓储、运输等物流资源，通过整合社会资源，提高现有资源利用效率，减少土地资源浪费，降低运输环节能源消耗；二是使用节能环保材料，在包装环节，减少木材等生态资源浪费，推进物流包装的标准化，实现包装材料的循环共用，保护环境；三是加强精细化管理，改变粗放的经营模式，以整体物流成本的降低促进国民经济质量的提升。

国家应加大对绿色物流的产业引导和支持，增加对物流科技研发投入的政策扶持力度，加大新材料、新能源汽车等节能环保物流技术装备的推广应用；鼓励发展回收物流等综合循环经济理念的新型业态，配套推进相关产业链建设；推进物联网技术的行业应用，优化组织运输，实现信息即时共享，物流环节高效衔接，资源充分利用；科学统筹物流用地规划，避免粗放占地的低效能物流建设；推广包装等行业的标准化建设，在社会化物流体系内实现设备的通用、循环，达到行业与企业整体降本增效的目的。

---

① 产融结合，即产业资本和金融资本的结合，指二者以股权关系为纽带，通过参股、控股和人事参与等方式而进行内在结合或融合。

（六）快递产业的战略定位与发展走向

1. 产业化发展加速

随着快递市场的不断发展和成熟，中国快递业的产业化进程将呈现迅猛发展态势，行业利润将趋于平均化，规模化效益促进市场加速向"品牌优、规模大、实力强、后劲足"的快递企业集中。其中，我国民营快递从"小、弱、散、差"向"规模化"转型，中国快递业将面临一场大整合，一半以上的快递企业将面临淘汰。产业化加速具体表现在以下几个方面：

（1）快递业收入占 GDP 的比重增速高于其他产业。中国快递市场将继续保持较高的速度增长，平均增速将达到 25%—30%，远远高于其他产业的增速。

（2）产业集中度迅速提高。未来五年，随着相关法律法规和标准的不断完善，信息技术的广泛应用、成本日趋提高以及利润趋于平均化，规模小的快递企业将难以生存。同时进入优胜劣汰期，据有关专家估计，未来五年将有 50% 以上的民营快递企业面临倒闭、被兼并或者重组。

（3）市场专业化分工日趋明显。随着市场的不断发展和成熟，市场细分程度会提高，增值服务与承诺服务成为新的竞争热点，市场竞争由价格竞争逐步转向增值服务与承诺服务竞争，服务产品不断细分，同时快递公司向专业化转型，如专业从事网购快递、专业从事限时快递、专业从事商务快递、专业从事仓储物流配送、专业从事某种产品的快递配送等。

2. 集约化发展加速

集约化是指快递企业集约化经营，快递业务的增长方式由粗放型向集约型转型，并通过转变发展方式，向价值链的上游延伸，将单纯依靠人力投入的发展方式向技术密集型和资本密集型的发展方式升级，追求企业效益与社会效益的最大化。其具体表现在以下几个方面：

（1）标准化进程将加快。目前，我国的快递产品缺乏统一的标准，各快递企业都是根据自己对市场的判断和市场的需求确定各自的产品标准，基本上是基于快件的全程运递时限划分产品系列标准。但是，整体行业的发展缺乏统一的标准。随着快递行业的逐步发展和规范，全行业统一的产品标准将逐步形成，其产品标准包括名称的统一、时限标准的统一和服务标准的统一。

（2）信息化进程将加快。信息技术的发展和在快递行业的广泛应用，将大大提升该行业的技术含量和运行效率，这是行业发展的必然趋势。目前，在快件的收投、处理以及跟踪、监控的各个环节都不同程度地使用了信息技术。但是，各个环节之间的信息不能共享，各个环节的信息系统不能兼容，造成整体的信息利用率低。信息化的关键是完成信息标准的统一和信息系统的共享。

（3）机械化进程将加快。目前，我国快递企业内部作业的机械化和自动化水平还比较低，除了邮政 EMS 及少数的快递企业在内部处理的环节使用了自动化的设备外，其他企业基本上处于手工处理阶段。这大大降低了快件处理速度和运行效率。随着快件处理量的增长和信息技术的广泛应用，必然要求内部处理实现机械化和自动化。FedEx 和 UPS 的发展实践已经证明了这一趋势。

（4）一体化进程将加快。所谓一体化包括营业网点有统一的标准，企业有统一的运营模式、统一的结算方式和统一的品牌。目前，除了大型的国有企业外，多数民营企业的经营模式五花八门，基本以加盟形式为主，这种模式在行业发展的初期较为适用。但是，随着业务规模的扩大和快件量的迅速增长，行业的服务质量和服务标准难以统一，对行业的规范和层次提升形成很大的障碍。

因此，在国家产业政策上，将注重引导快递企业在网点建设、运营模式、结算方式和品牌建设等方面实施一体化。

3. 国际化发展加速

随着经济全球化进程逐渐加快，各国间经济发展的依赖程度日益加深，企业间的竞争也在全球范围内展开，而企业要获得竞争优势就必须在全球配置资源，这就使跨国公司在世界经济中的地位更加突出。而快递的国际化服务，其基本因素一方面在于经济全球化制造了庞大的国际快递市场，另一方面在于科学技术的发展和先进的处理设施设备的产生，从而满足国际化快递的需求。快递企业的国际化可以分为三个阶段：

（1）初级阶段：国际专线代理、代理合作模式。

（2）中级阶段：部分国家以自主品牌建立快递网，并与代理相结合。

（3）高级阶段：全球范围内以自主品牌建立快递网。

四　快递产业发展的影响因素

我国快递产业发展的影响因素可以从需求和供给两个方面来分析。从需求方面来看，影响快递产业发展的主要因素有：GDP 发展水平和增长速度、城市化水平的提高、外贸进出口发展、物流发展、信息和互联网发展等情况。从供给方面来看，影响快递产业发展的主要因素有：交通运输网络的发展（特别是航空、高速公路以及高铁的发展）、资金投入、技术约束和快递人才供给等。因此，影响我国快递产业发展的因素主要有以下几个方面：

1. 社会经济发展水平（GDP 增长）

从国内外快递产业的发展经验来看，当经济发展到一定水平时，货物快递需求就会出现一个突发式增长。国外诸多快递企业由小到大、由国内到国外业务拓展的成长历程都说明了这一点，我国东部地区快递需求量及其增长水平远远高于中西部地区，特别是东部几个大城市的快递运量快速增长的态势，均明显反映出这一规律。国家统计局在 2014 年 1 月 21 日发布数据，2013 年中国国内生产总值为 568845 亿元，按可比价格计算比上年增长 7.7%，增速与上年持平；数据显示，中国产业结构调整取得历史性变化：第三产业（服务业）增加值占国内生产总值（GDP）比重 2013 年提高到 46.1%，首次超过第二产业[①]。与此同时，2013 年中国快递服务企业累计完成业务量 92 亿件，市场规模升至世界第二位，同比增速高达 61.6%，连续五年平均增长率达 43.5%[②]。

2. 外贸进出口贸易的发展

外贸进出口规模的增长为快递产业的发展开辟了更大的市场空间，两者呈线性正相关关系。据海关统计，2013 年，我国进出口总值 25.83 万亿元人民币（折合 4.16 万亿美元），扣除汇率因素同比（下同）增长 7.6%，比 2012 年提高 1.4 个百分点，年度进出口总值首次突破 4 万亿美元。其中出口 13.72 万亿元人民币（折合 2.21 万亿美元），增长 7.9%；

进口 12.11 万亿元人民币（折合 1.95 万亿美元），增长 7.3%；贸易顺差 1.61 万亿元人民币（折合 2597.5 亿美元），扩大 12.8%。[1]

3. 互联网的发展

快递发展还与信息技术发展，特别是互联网发展密切相关。最显著的莫过于信息网络技术革新带来的电子商务的兴起，这种现代化的交易方式在大大缩短了交易时间的同时，也催生了快递产业的发展。

近年来，中国电信业务迅速增长，替代了邮政的部分信函特别是私人信函。比如，2013 年我国国内普通函件的业务下降明显，全年函件业务量完成 63.4 亿件，同比下降 10.4%。[2] 但互联网的普及和上网人数的迅速增长，使电子商务迅猛发展，快递业务作为电子商务的重要组成部分，是电子商务实现实物配送的主要途径，比如，2013 年全国规模以上快递服务企业业务量完成 91.9 亿件，同比增长 61.6%；快递业务收入完成 1441.7 亿元，同比增长 36.6%。[3]

4. 交通运输条件的发展

快递产业的发展依赖于各种运输方式的技术革新。新的运输方式的技术革新，如铁路高速化、高速公路网络化等，对快递运输业务具有重要的影响。另外，运输组织方式的革新提高了快递运输的组织化水平。如货物单元化运输、集装化运输、多式联运等。

中国是目前世界上高速铁路运营里程最长、在建规模最大的国家。智研咨询研究部统计显示，2013 年，我国投产铁路新线 5586 公里，其中高铁 1672 公里。截至 2013 年年底，全国铁路运营里程达到 10.3 万公里，高速铁路运营里程达到 1.1 万公里，居世界第一位。其中，时速 120 公里及以上线路超过 4 万公里，时速 160 公里线路超过 2 万公里；在建高速铁路规模 1.2 万公里；复线和电气化里程分别达到 4.6 万公里和 5.4 万公里；西部铁路达到 3.8 万公里。2013 年，全国铁路旅客发送量首次突破 20 亿人，

---

[1] 参见中华人民共和国海关总署《2013 年 1 月—2014 年 8 月进出口商品总值表（人民币值）》，http：//www.customs.gov.cn/publish/portal0/。

[2] 参见中华人民共和国国家邮政局《2013 年邮政行业发展统计公报》，http：//www.spb.gov.cn/。

[3] 同上。

达到 20.68 亿人，同比增长 10.3%；货物发送量完成 32.2 亿吨。[①]

5. 物流业的发展

快递产业作为物流产业的一个子行业，受物流发展状况的影响较大。据有关专家研究发现，快递市场规模的增长与物流市场规模的增长呈线性正相关关系。

2013 年全国社会物流总额 197.8 万亿元，按可比价格计算，同比增长 9.5%，增幅比上年回落 0.3 个百分点。分季度看，一季度增长 9.4%，上半年增长 9.1%，前三季度增长 9.5%，呈现由"稳中趋缓"向"趋稳回升"转变的态势。

从构成情况看，工业品物流总额 181.5 万亿元，同比增长 9.7%，增幅比上年回落 0.3 个百分点。进口货物物流总额 12.1 万亿元，同比增长 6.4%，增幅比上年回落 1.3 个百分点。物流总额同比增长 4.0%，增幅比上年回落 0.6 个百分点。受电子商务和网络购物快速增长带动，单位与居民物品物流总额保持快速增长态势，同比增长 30.4%，增幅比上年加快 6.9 个百分点；受绿色经济、低碳经济和循环经济快速发展带动，再生资源物流总额快速增长，同比增长 20.3%，增幅比上年加快 10.2 个百分点。[②]

加入世界贸易组织的影响、第五航权的开放和《邮政法》的拟订等，对我国快递产业的发展影响较大。中国加入世界贸易组织，意味着一些本土快递企业昔日合作伙伴角色的转变，由以前的互为代理转向竞争关系。外资企业依据中国市场的状况，制定、移植它们在海外的管理运营经验，挖掘中国快递市场的巨大潜力。

长期以来，邮政行业法规的起草者是国家邮政局，新《邮政法》的出台，特别是对邮政企业专营范围的界定，对民营快递企业和外资快递企业来说影响较大。随着我国服务业总体水平的提高，快递产业发展所需的资金、技术、管理和人才等都将陆续进入快递产业。此外，我国城市化水平的高低、政策环境和城市配送环境的优劣等都对快递产业产生重要的影

[①] 参见智研咨询《2013 年中国铁路市场投资发展趋势》，http://www.ibaogao.com/tuozi/021Q3K352014.html。

[②] 参见中国统计信息网《2013 年全国物流运行情况通报》，http://www.stats.gov.cn/tjsj/zxfb/201403/t20140306_520357.html。

响。因此，只有把握住当前我国快递产业所面临的主要问题，针对问题找到积极的解决方法，才能为我国快递产业的发展提供更科学的发展思路。

第二节　中国快递产业发展的历程与现状

一　中国快递产业发展历程

自古以来快递活动就存在，比如说"五百里加急"的古驿站、传递战事的烽火台和鸡毛信等，都是我国快递的雏形。其中，最早的可以追溯到古希腊时代战争中传递情报、战事的专差。公元前558年至前486年间，古波斯帝国就建立有传递紧急文书的邮政驿站，设有待命的信使和驿马，信件以信使站站相传的方法急速传递，被称为接力邮政。我国史书《后汉书》中也记载了罗马帝国的邮驿制度，"十里一亭，三十里一置（驿站）"，驰道372条，总长度达数万公里。各国使者可以直达帝国首都，各地信息和政令可以通过"驿道驿站信差"日夜兼程传递，数日内到达首都和各个部落。中国古代邮驿发达，驿道四通八达，驿站星罗棋布，邮驿系统的规模在当时处于世界领先地位。春秋战国时期的邮驿已经是"北通燕蓟，南通吴楚，西抵关中，东达齐鲁"。秦"为驰道与天下，东穷燕齐，南极吴楚，江湖之上，濒海之观必至"。驰道以秦都咸阳为中心，沿途广设邮亭驿舍，通达全国三十六郡，盛极一时，流传后代。古代快递活动由官府兴办，主要为军事和政治服务。

驿站在我国古代运输中有着重要的地位和作用，在通信手段十分原始的情况下，驿站担负着政治、经济、文化、军事等方面的传递纽带任务，在一定程度上也是物流信息的一部分，也是一种特定的网络传递与网络运输。由此可见，驿站制度与当今的邮政系统、高速公路的服务区、货物中转站、物流中心、快递转运中心等都有着异曲同工之处。

（一）中国快递产业发展三阶段

1. 快递产业的兴起——国有企业占主导

国际快递业务是20世纪70年代随着国际经济贸易的发展而兴起的一种快捷、可靠的个性化运输方式。现代快递产业起源于20世纪初叶处于垄断资本主义阶段的美国，兴起于60年代末。随着美国经济的快速发展，经济规模不断扩大，工商业高度发达，各个州之间的经济交流日益密切，一系列对快递业务有巨大需求的经济部门不断成长和扩大，催生了快递产业的诞生。因此，美国快递产业发展历程中，首先诞生的是国内快递，其快递企业的发展多呈现出先局部区域后多区域，先国内后国际的特点，一般从区域快递（相邻城市间，逐渐发展到数个城市间）做起，逐步发展到提供多区域乃至全国市场的快递服务，并在条件成熟时进军国际快递市场。

我国快递业起步较晚，20世纪70年代末，中国引入快递业务这样一种新的服务理念和运行模式，使国际快递服务业成为中国最早实行对外开放的服务贸易行业之一，其标志是当时中国的外贸部和海关总署批准外运企业与日本海外新闻普及株式会社（日本OCS企业）于1980年6月签订了我国的第一个快件代理协议。中国对外贸易运输总公司成为中国第一家经营快递业务的企业。

随后，1981年，有"国际快递服务创始者"之称的国际快递中外运敦豪企业（DHL）经批准以互为代理的形式与外运企业合作开展国际快递业务，并于1986年在北京成立了中国首家合资快递企业中外运——敦豪国际快递有限企业。之后世界上主要的跨国快递企业（如荷兰的TNT/天地企业、美国的UPS/联合包裹企业、FedEx/联邦快递企业等）经批准，均以与中方企业合资的方式进入了中国。

国际快递业务被及时引入中国的背景是：1978年12月中共十一届三中全会确立的以经济建设为中心、实行改革开放的路线和政策得到了人民和社会各界的热烈拥护。但当时中国的外贸、经济文化等涉外交往中一个突出的问题是，中外双方都急需使商业文件、银行票据和各类相关文件快速地实现相互交流。当时国际快递服务这一新兴的运输方式虽然已在欧美、日本等发达国家和地区得到了很大发展，但在中国国内还是空白，无人知晓和经营。而国内外的商家又迫切需要，许多国外用户希望国际快递企业能够进入中国提供快递服务。中国改革开放初期特定的体制、政策以及人文环境，决定了快递产业在中国发展的曲折性和必然性。当时，与中国对外贸易运输总公司达成代理协议，几乎是所有跨国快递企业进入中国的唯一通道。

经过努力，中国外贸部门很快批准引进了这项新型的国际货代业务，并且这一业务很快在中国发展起来。1985年，中国外贸部批准中国邮政成立了经营快递业务的企业——中国邮政快递服务公司（EMS）。与国际快递企业不同的是，EMS不仅从事国际快递业务，也从事国内快递业务，并在两个市场上都占据着重要的地位。在中国的国际快递市场，EMS 在相当长的一段时期内保持了 50% 以上的市场份额；在国内快递市场中，EMS 更是一直占据主导地位。

1986 年，中国颁布了新中国成立以来的第一部《中华人民共和国邮政法》。该法明确了邮政专营的范围，同时正视了改革开放以来国际快递企业在中国从事国际快递业务的事实。该法第八条规定："信件和具有信件性质的物品的寄递业务由邮政企业专营，但国务院另有规定的除外。"这条规定实际上意味着即使在当时，信件专营也是有一定条件的。当时的规定为中国快递产业（更确切地说是中国的国际快递产业）的发展留下了适当的法律空间，但是，由于新事物发展变化的多样性和复杂性，立法者对此的认识也存在着一定的局限性。

2. 中国快递产业的发展——国有企业与民营企业并存

20 世纪 90 年代初期，EMS 几乎是国内快递业务的唯一经营者。随着中国经济的高速发展，改革开放进程的不断深化，特别是在 1992 年邓小平同志南方谈话之后，中国经济进入了一个新的快速发展时期。中国的珠江三角洲和长江三角洲地区依托独特的资源和要素优势、灵活的机制，成为新一轮国际制造业转移的理想目的地，也成为中国外向型经济最活跃的地区。在这些地区，民营经济不断发展壮大，企业参与国际分工的水平不断提高深化，国内外市场竞争日趋激烈，企业对商务文件、样品、目录等传递的时效性、方便性、安全性产生了更高的需求。

在这种背景下，1992—1993 年间，一大批本土快递服务商应运而生。其中很多是从专业运输部门内部衍生形成的国有快递企业，如铁路部门成立的中铁快递，航空部门成立的中国民航快递有限责任公司等。目前在中国快递产业中有代表性的两家民营快递企业——上海申通和顺丰速运都是于 1993 年分别在浙江和广东起家的。民营快递企业提供了企业迫切需要而当时邮政 EMS 又难以满足的更高要求的服务，因而在短时间里以超乎寻常的速度发展起来。民营快递企业异军突起，市场地位日益巩固，已经成为中国快递产业的重要组成部分。

3. 中国快递产业的转型——快递产业对外开放

随着中国加入世界贸易组织，经济平稳快速发展。据国家邮政局网站统计资料显示，2008 年全国规模以上快递企业收入为 408.4 亿元。中国快递市场丰厚的利润回报、庞大的市场前景、较低的进入壁垒，吸引了国内外众多同行快递企业和行业外潜在进入者的目光。外资快递企业不断地进入中国，尤其是全球快递产业的四大巨头——联邦快递、联合包裹、中外运敦豪、天地快运在中国不断参与合资、并购或独资，加快在中国本土的发展步伐，以便占据更多的国内快递市场份额。

（二）中国快递产业的发展模式

从中国快递产业的发展阶段我们可以看出，随着我国经济在改革开放大潮中快速发展，经济建设、国际国内经贸活动以及人们生活的需求，这些都为快递业发展提供了良好的市场条件，现代快递业在中国从无到有，已形成了一定的规模，发展成几种模式，分析如下：

1. 邮政特快专递（EMS）

邮政特快专递（EMS）虽开中国快递先河，但已失去一枝独秀的地位。我国邮政先后于 1980 年、1984 年开办了国际、国内特快专递业务，是中国大陆最早提供快递服务的企业之一，目前也已具备了一定的规模，其国内业务通达全国县级以上城市，国际业务依赖万国邮联系统和与全球著名的 TNT 集团建立合作代理关系，通达全球 200 余个国家，其进出境通关业务直接在海关设在邮政系统的办事处办理，故可迅速报关、清关，加快了传递时效。EMS 国内业务虽在函件快递方面执牛耳，其实很大原因是 EMS 将国家赋予邮政的普遍服务政策（邮政车辆城市内通行无阻、邮件重量超出"邮件"的规定、EMS"邮件"等同于真"邮件"享受铁路、民航的优先装运权等）施用于并非完全符合"普遍服务"内容的国内 EMS 业务，而导致竞争对手与其不在一条起跑线上；EMS 国际业务则由于国际上著名快递公司介入中国市场，市场占有率逐年下降。EMS 发展至今，其服务质量、送达时间、客户服务方面并不能很好地满足广大用户的要求，客户投诉时有发生，早在 20 世纪 90 年代中期，报刊上就披露过客户发出的"特快专递为何快不起来？"的呼声。究其原因，一方面是各国 EMS 均存在的问题，这就是 EMS 并不拥有全部快递运输工具，使用不属于邮政的飞机、火车等长途运输工具，不便于协调、配合；另一方面是由于中国邮政的体制问题、技术支持问题、服务意识问题、各国利用万国邮联系统和国内各邮政局间清算不畅问题等导致的服务质量的每况愈下，而这些劣势却变成了其他竞争企业的机会。实际上，这是各国邮政均存在的问题，例如日本邮政物品快递市场占有率从 1980 年的 63% 下降至 1993 年的 23%。当然，不应否认，近年来，EMS 在技术支持、改进服务、推出特色服务、开展物流探索方面，正在不断改进，而且有所起色，但前述致命性问题恐难于在短期内有突破。

2. 国际快递公司

进入20世纪80年代，世界各大快递公司均看好中国市场，DHL、UPS、FedEx、TNT、OCS、Airborne、AAE等国际快递公司陆续与中国企业成立合作合资公司或建立代理关系，打入中国大陆市场，占据国际快递业务主要市场。这些国际快递业巨头的介入，为中国大陆快递市场注入了活力，它们借助自身庞大的国际网络、优良的服务功能和成功的经验，不仅为广大的中外客户提供了便捷的服务，也使这些公司及其国内合作伙伴们获益匪浅。这些公司的业务绝大部分是为中国对外经贸活动服务的国际业务，一方面因为具备国际业务的实力，另一方面国际业务利润也较高，开展国内业务，除了国家政策层面不太支持以外，这些公司与国内运输工具协调、配合也有难度，很难实现国际化的标准快递服务。

3. 国内其他快递公司

国内其他快递公司异军突起，方兴未艾。在我国快递市场巨大潜力的驱使下，国内相继成立的不同模式的快递公司，虽分属不同的运输系统，以不尽相同的经营模式，在不尽相同的快递市场中不断摸索和发展，但已显示了一定的活力。其主要代表应该是嘉里大通①（EAS）、民航快递（CAE）和中铁快运（CRE）。1985年成立的大通国际是中国第一家合资国际货运代理企业，以空运货代业务起家，通过20世纪90年代中期与美资联邦快递和安邦快递的合作，国资背景的大通凭借国际快件业务迅速崛起，并在1998年涉足国内快件和物流业务。民航快递则一直是借助民航系统的航线和场站优势，借助国际交往的优势，国内和国际并进。中铁快运则是利用中国铁路的旅客列车行李车作为主要运输工具，辅以快捷方便的短途接运汽车，开辟了别具特色的利用铁路的快递服务，并开始涉足国际业务。另外，国内许多民营企业开办的快递企业，风起云涌，也占据了

---

① 嘉里大通始建于1985年，是中国大陆最早成立的国际货运代理企业。嘉里大通物流是嘉里物流在中国大陆的品牌，为客户提供优质、高效的泛华物流服务，包括货代、快件及合约物流（包括仓储及配送）、供应链解决方案、综合物流。嘉里大通拥有约7300名员工，140个分公司/办事处，超过700个营运牌照，经营2000辆车辆及逾170万平方米物流中心，服务逾1600个城市。

一定的市场份额。

二 中国快递产业发展现状

（一）中国快递产业的发展势态

1. 发展速度快

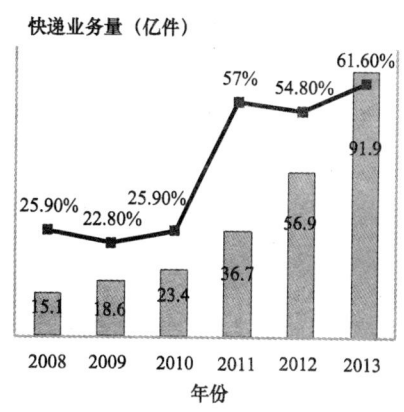 

图 1-1 2008—2013 年快递业务发展情况

资料来源：中华人民共和国国家邮政局：《2013 年邮政行业发展统计公报》，http：//www.spb.gov.cn/。

快递产业是服务业的重要组成部分，其突出特点是具有较强的就业吸纳能力、附加经济价值高、产业服务范围广等，在扩大就业、改善民生、促进经济社会发展等方面具有重要作用。进入 21 世纪以来，在国家邮政局的指导和引导下，在快递企业和快递协会的积极努力下，我国快递产业政策环境逐步完善，发展步伐明显加快，服务质量稳步提升，快递服务在国民经济和社会发展中的基础性和带动性作用日益突出，并不断加强。根据国家邮政局 2014 年 5 月 23 日公布的 2013 邮政行业发展统计公报显示：2013 全年全国规模以上快递服务企业业务量完成 91.9 亿件，同比增长 61.6%；快递业务收入完成 1441.7 亿元，同比增长 36.6%。快递业务收入在邮政行业中所占比率继续提升。快递业务收入占邮政行业总收入的比重为 56.6%，比 2012 年年末提高 3.3 个百分点。这些数据说明快递产业正处在飞速发展的黄金时期，如图 1-1 所示。

2. 市场空间大

据国家邮政局 2014 年 1 月 15 日公布的 2013 年邮政行业运行情况显示：2013 年邮政企业和全国规模以上快递服务企业业务收入（不包括邮政储蓄银行直接营业收入）累计完成 2547.8 亿元，同比增长 28.6%；业务总量累计完成 2725.1 亿元，同比增长 33.8%。

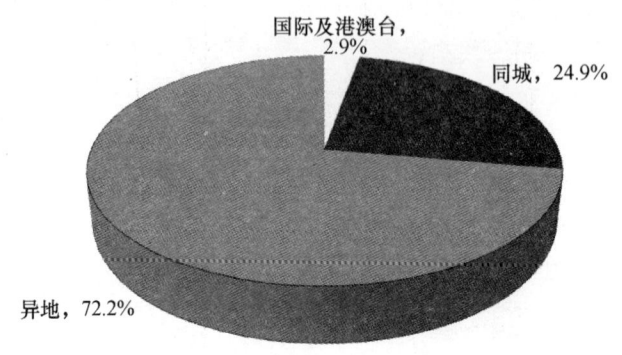

图 1 - 2　快递业务量结构图

资料来源：中华人民共和国国家邮政局：《2013 年邮政行业发展统计公报》，http：//www. spb. gov. cn/。

2013 年同城、异地、国际及港澳台快递业务收入分别占全部快递收入的 11.5%、57.5% 和 18.8%；业务量分别占全部快递业务量的 24.9%、72.2% 和 2.9%。与 2012 年同期相比，同城快递业务收入的比重上升 1.1 个百分点，异地快递业务收入的比重下降 2.7 个百分点，国际及港澳台业务收入的比重下降了 0.7 个百分点。[①] 如图 1 - 2 和图 1 - 3 所示。

从目前的快递业务量结构来看，当前中国快递企业业务集中在异地快递业务，特别是集中在三大经济区域内跨城市快递业务。国际及港澳台快递业务只占极小比重，大部分的国际快递业务都由四大跨国快递巨头把控。且当前国内快递市场尚未进行市场细分，对快递服务的内容和类别没有规范的分类，快递产业未来还有很大的发展空间。

---

① 中华人民共和国国家邮政局：《2013 年邮政行业发展统计公报》，http：//www. spb. gov. cn/。

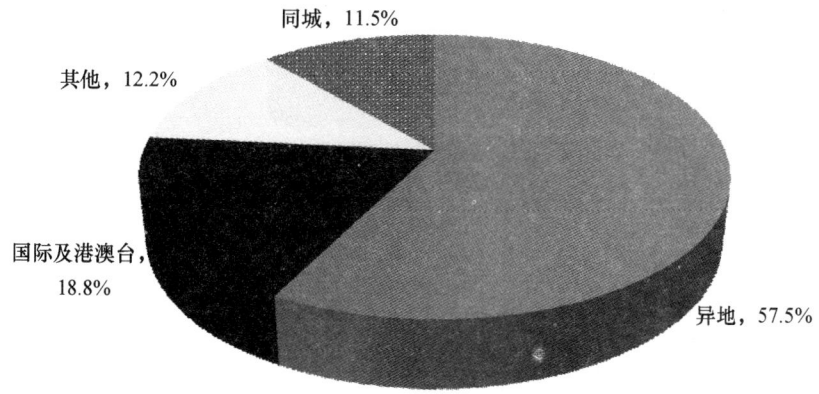

图 1 - 3　快递业务收入结构图

资料来源：国家邮政局。

3. 电子商务的发展为快递产业带来巨大的需求

近年来，电子商务尤其是网络零售井喷式发展带动了快递的高速增长，同时快递产业成为支撑电子商务发展的关键环节和重要基础。2014年，西本新干线承办的"第七届中国钢铁物流合作论坛暨2014年西本新干线会员大会"于2014年1月11日在上海召开。从该大会公布的信息中得知，2013年中国电子商务交易额超过10万亿元，电商已经到一个临界点和引爆点。艾瑞发布的2013年中国网络购物市场数据显示，2013年中国网络购物市场交易规模达到1.85万亿元，增长42%，与2012年相比，增速有所回落。来自广东卫视2014年10月6日《财经郎眼》的消息：2013年中美网购占全球比重——中国24%，美国21%。数据显示中国2013实现了网络购物市场超过美国，成为全球排行第一！

目前我国已成为世界上最大的网络零售市场。电子商务给我们的社会生活带来颠覆式的影响，电子商务交易总额5年来翻了两番，网络零售交易总额5年来平均增速为80%。2010年9月12日，商务部在北京举行了《中国电子商务报告（2008—2009）》发布会，全面反映2008年至2009年中国电子商务最新进展。报告统计：2008年，中国电子商务交易总额达到3.1万亿元人民币，网络零售交易总额达到1257亿元人民币；2009年，中国电子商务交易总额达到3.8万亿元人民币，同比增长21.7%；网络购物零售交易总额达到2586亿元人民币，同比增长105.7%。2011

年 1 月 7 日，中国电子商务研究中心发布了《2010 年度中国电子商务市场数据监测报告》。报告显示：2010 年中国电子商务市场交易总额已达 4.5 万亿元人民币，同比增长 22%；网络零售市场交易总额达 5131 亿元，同比增长 98.4%。2012 年 5 月 29 日，商务部在 2012 中国（北京）电子商务大会上发布的《中国电子商务报告（2010—2011）》显示，2011 年中国电子商务交易总额 5.88 万亿元人民币，同比增长 29.2%；网络零售交易总额 7825.6 亿元，同比增长 52.5%。商务部发布的《中国电子商务报告（2012）》显示：2012 年中国电子商务交易总额 7.85 万亿元，同比增长 30.83%；网络零售交易总额达 1.32 万亿元。商务部发布的《中国电子商务报告（2013）》显示：2013 年，中国电子商务交易额突破 10 万亿元，同比增长 26.8%；网络零售交易总额超过 1.85 万亿元。电子商务的快速崛起和发展给快递企业带来巨大发展空间。中智林监测数据显示，2006 年我国邮政体制改革时，快递每年业务量只有 10 亿件，网购规模为 500 亿元；到了 2013 年，快递业务量增长到 92 亿件，网购规模增长到 1.85 万亿元。在 2013 年网购形成的 1.85 万亿元市场规模中，有近 1 万亿元是来自快递的支撑和保障。在快递 92 亿件的业务量中，有超过 60% 是来自网购。

4. 快递产业形成多元共存、相互竞争的市场格局

快递服务业已形成国有、民营、外资快递企业多元共存、相互竞争的市场格局。目前我国快递产业内存在着四股力量：一是外资快递企业，主要是联邦快递（FedEx）、联合包裹（UPS）、中外运敦豪（DHL）、天地快运（TNT）、高保物流（GLEX）等，这类企业具有丰富的经验，雄厚的资金以及发达的全球网络。二是国有快递企业，包括中国邮政（EMS）、民航快递（CAE）、中铁快运（CRE）等，这类企业依靠其背景优势和完善的国内网络而在国内快递市场处于领先地位。三是大型民营快递企业，包括顺丰速运、宅急送、申通快递、韵达快递等，大型民营快递企业在局部市场站稳脚跟后，已逐步向全国扩张。四是小型民营快递企业，这类企业规模小、经营灵活但管理比较混乱，它们主要经营特定区域的同城快递和省内快递业务。

5. 政府大力支持快递业的发展

近年来，国家连续出台政策，推进快递服务加快转型升级，国务院批准的《国家产业结构调整指导目录》，已经将快递列为国家鼓励发展产业。国务院通过了《"十二五"综合交通运输体系规划》，明确提出要

"大力发展便捷、高效的快递服务"。在国家制定的关于服务业，电子商务、基础设施建设等一系列推动发展改革的重大政策中，快递服务都占有相当重要的位置，而且都制定了针对性的措施。

中国快递产业起步虽晚，但发展十分迅猛。据不完全统计，自 1990 年以来，我国快递物流市场年增长率在 30% 以上，是我国同期 GDP 平均增长率的 3 倍。快递产业已经成为中国增长最快的产业之一。中国快递行业目前处于国内快递行业和国际快递巨头竞争激烈的环境中，相对国际快递巨头，中国民营快递企业处于比较弱势，中国国内快递企业多争夺于底端市场。中国快递业务发展程度还很低，现在的快递业务量还不到 GDP 的 0.3%，与发达国家达到 GDP 的 1% 左右相比差距很大。据《2013—2017 年中国快递产业市场前瞻与投资战略规划分析报告》[①] 显示，2013 年 1 月，全国规模以上快递服务企业业务量完成 6.9 亿件，同比增长 152.3%；业务收入完成 113.9 亿元人民币，同比增长 82.6%。

2007 年 9 月，《快递服务》邮政行业标准发布为快递产业提供了规范服务行业标准。2008 年 7 月，《快递市场管理办法》[②] 正式实施。2009 年 10 月 1 日，《快递业务经营许可管理办法》[③] 和新修改的《邮政法》同步实施，首次在法律上明确了快递企业的地位，并提出了快递产业的准入门槛。

我国快递产业经过 30 多年发展，已经形成了一个规模庞大的产业。2013 年，邮政函件业务累计完成 63.2 亿件，同比下降 10.7%；包裹业务累计完成 6925.5 万件，同比增长 0.7%；报纸业务累计完成 194.2 亿份，同比增长 2.1%；杂志业务累计完成 11.4 亿份，同比增长 0.4%；汇兑业务累计完成 1.8 亿笔，同比下降 22.2%。

2013 年，全国规模以上快递服务企业业务量累计完成 91.9 亿件，同比增长 61.6%；业务收入累计完成 1441.7 亿元，同比增长 36.6%。其中，同城业务收入累计完成 166.4 亿元，同比增长 51%；异地业务收入累计完成 829 亿元，同比增长 30.5%；国际及港澳台业务收入累计完成 270.7 亿元，同比增长 31.7%。12 月份，快递业务量完成 10.7 亿件，同

---

① 参见前瞻网研究《2013—2017 年中国快递产业市场前瞻与投资战略规划分析报告》，http://www.qianzhan.com/。

② 参见《快递市场管理办法》，2008 年，交通运输部令 2013 年第 1 号。

③ 参见《快递业务经营许可管理办法》，2009 年，交通运输部令 2009 年第 12 号。

比增长 62.8%；业务收入完成 155.6 亿元，同比增长 38%。如图 1 - 4 和图 1 - 5 所示。

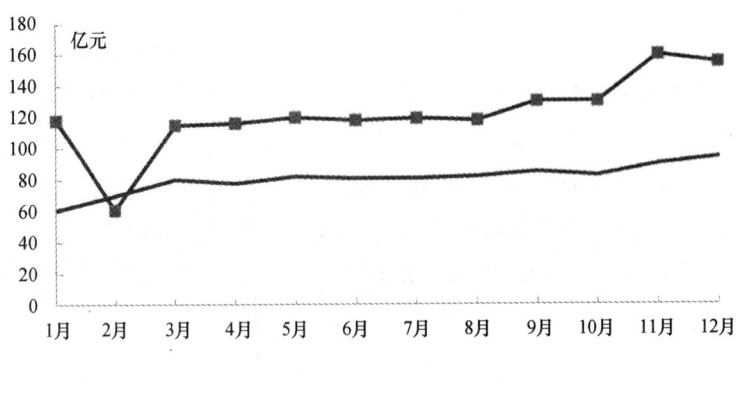

图 1 - 4   快递业务收入情况

资料来源：中华人民共和国国家邮政局：《2013 年邮政行业发展统计公报》，http：//www. spb. gov. cn/。

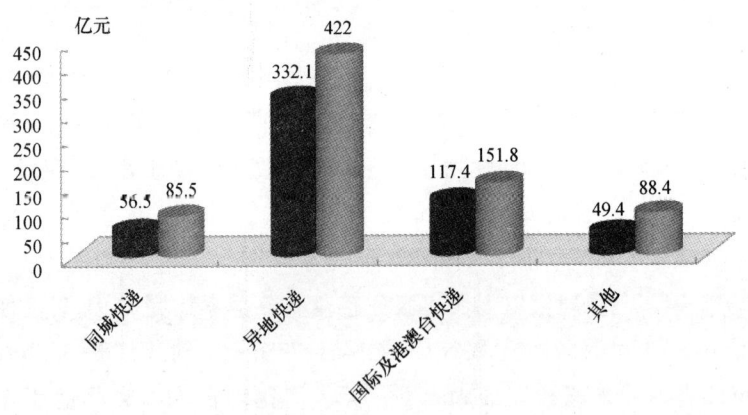

图 1 - 5   分专业快递业务收入比较

资料来源：中华人民共和国国家邮政局：《2013 年邮政行业发展统计公报》，http：//www. spb. gov. cn/。

（二）中国快递产业的基本特征

1. 中国快递产业的特征

（1）资本投入较大。

快递行业资本投入较大，需要在营业网点、车辆设备、处理中心、信息系统等业务运营资源方面投入大量资本，人工薪酬与日常运营也需要大量资金投入。

（2）人力资源需求量大。

快递行业人力资源需求量大。快递业务多个环节要依赖人力完成，例如投递环节等，且人均处理能力有限，从而导致每年随业务量增长需要新增大量劳动力。

（3）区域性。

我国快递行业具有明显的区域性特征。2013 年，东、中、西部地区快递业务收入的比重分别为 83.2%、9.2% 和 7.6%，业务量比重分别为 81.3%、10.8% 和 7.9%。与 2012 年同期相比，东部地区快递业务收入比重上升了 0.9 个百分点，快递业务量比重下降了 0.6 个百分点；中部地区快递业务收入比重下降了 0.1 个百分点，快递业务量比重上升了 0.3 个百分点；西部地区快递业务收入比重下降了 0.8 个百分点，快递业务量比重上升了 0.3 个百分点。随着产业向内地转移、中西部经济的发展及城镇化水平的提升，预计未来中西部快递市场的占比将有所提高。如图 1-6 和图 1-7 所示。

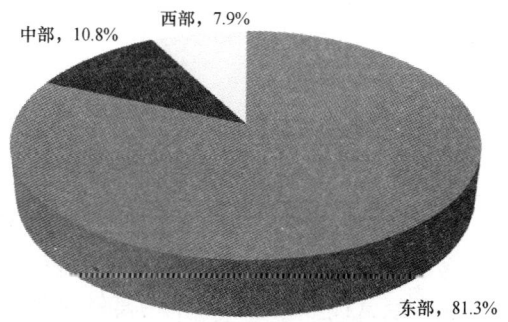

图 1-6　东、中、西部快递业务量结构图

资料来源：中华人民共和国国家邮政局：《2013 年邮政行业发展统计公报》，http://www. spb. gov. cn/。

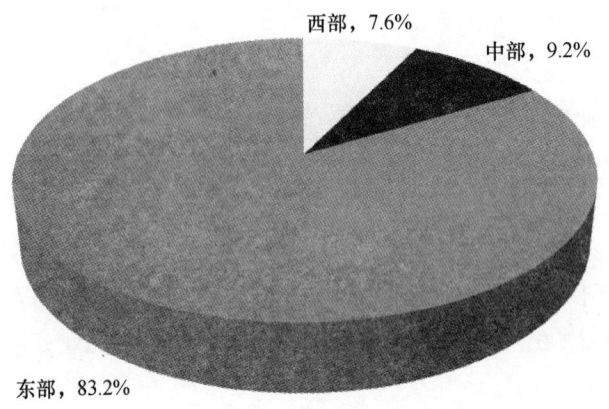

西部，7.6%

中部，9.2%

东部，83.2%

图 1-7　东、中、西部快递业务收入结构图

资料来源：中华人民共和国国家邮政局：《2013 年邮政行业发展统计公报》，http：//www.
spb.gov.cn/。

（4）季节性。

快递行业具有一定的季节性特征，节日消费的季节性高峰以及每年第
四季度社会贸易和运输业务高峰，形成快递业务需求的旺季，对快递企业
的峰值处理和投递能力提出了较高的要求。例如，每年第四季度至第二年
春节前，特别是每年的"双十一"国内快递业务量将迅速增加至平时的
数倍，对快递企业的运输、仓储和处理能力提出了较之平时更高的要求。

2. 中国快递市场呈现出四大特点

（1）快递产业与电子商务之间的相互"跨界"更加频繁。

物流快递是电子商务产业链中极其重要的一个环节，电商行业流行的
"得物流者得天下"便是最为形象的写照。目前，许多大型电子商务企业
开始建设自己的物流快递平台，例如京东商城 2012 年 9 月已经通过了国
家邮政局关于快递业务经营许可的申请，成为首批成功申请的电子商务企
业，目前正在建造亚洲最大的智能化物流中心。另一方面，部分快递企业
也转型升级、开始试水电子商务，例如顺丰速运集团于 2011 年 12 月设立
了一个以进口美食及国内高端安全优质食品为主的网购平台——顺丰优选，
其品类覆盖母婴食品、营养保健品、粮油副食、酒水饮料、冲调茶饮、休
闲零食、饼干点心、生鲜食品及美食用品九大品类。

（2）国内快递市场陷入"两升两降"的尴尬局面。

目前国内快递业务量和业务收入都在高速增长，但是利润和服务质量却在下降，对于快递行业的整体发展不利。从快递市场的特征看，目前快递行业最大的问题是服务质量。服务能力远不能满足市场需求，在一些特别的时间段，网购采取降价促销的方式造成急速增长的网购量，使得快递公司疲于应付寄件量的增长，在客观上也造成了服务质量的下滑。而在短时期内，快递行业的服务能力也很难提升到完全满足市场需求的程度。

在服务质量方面，EMS 和顺丰是所有民营快递企业的标杆，EMS 和顺丰投入大量的资金在自动化的处理设备方面，其服务能达到 5 星的标准。快递行业是一个供不应求的市场，对于已经形成网络的企业来说，问题不在于如何开拓市场，而是如何维护和提升服务能力。

以顺丰为例。顺丰价格一直维持坚挺，无论是个人还是团购都是 20元的起步价，从不还价。顺丰坚持走高端精品路线，面对市场竞争的日益严峻，群雄争霸，快递企业纷纷以低价策略获取市场份额的时候，唯有顺丰不打价格战，坚持高价路线。顺丰做得好主要有三个方面：

行业专注力方面：和同行相比，顺丰是个一心一意做快递的企业，而不像其他企业，挣了钱就去投资其他的行业，比如房地产暴利就去做房地产。

服务方面：顺丰把服务质量摆在首要的位置，为实现一流的快递速度，顺丰付出了不同一般的努力，顺丰的高管们经常去基层当快递员考察市场。对于众多需要快捷服务的发件人来说，宁愿多花一点费用，只要能舒心满意就行。

制度方面：顺丰具有严格的管理和激励制度，顺丰的管理制度十分严格，这为其服务提供了制度保证。

（3）快递行业人才资源紧缺，急需管理及物流专业人才。

电子商务的迅速发展带动了快递产业的发展，但目前快递产业的发展速度却跟不上电子商务的发展。随着快递企业的扩张以及电子商务企业进军物流快递，快递行业的人才紧缺状况将日益严重。

（4）快递行业在激烈竞争中也面临洗牌。

快递行业正进入更加激烈的竞争状态。2012 年有些快递企业（如星晨急便）倒闭，也有些快递企业（如国通快递）更名，新一轮市场重组将不可避免。

（三）国内外主要快递企业的比较

1. 国外四大快递企业的发展历程及现状

国际四大快递公司：联邦快递（FedEx）、联合包裹（UPS）、荷兰天地快运（TNT）和中外运敦豪（DHL）从1984年起相继进入中国快递市场。到目前为止，已经占据了我国绝大部分的国际件市场，其所占据的国内异地件市场份额也在不断增长。鉴于中国国际快递市场份额迅速扩大、利润较高，近年来，外资不断地扩大其在中国的投资，这种情形在上海、广州和深圳三地尤其明显，导致了这三地市场竞争日趋激烈。

联邦快递自从进入中国市场后发展非常迅速，该公司是于1999年在中国成立的首家合资公司，目前已经取得了中国内地一成到一成半的快递市场份额。联邦快递于1999年已在深圳黄田机场建立了自己的国际快递分拨中心，并在杭州萧山机场建立了国内分拨中心。

联合包裹于1986年进入亚太地区，总部设在新加坡，服务范围覆盖亚太地区的40多个国家和地区，2008年在上海浦东机场建立UPS国际转运中心。在中国国内的快递市场上的占有率达到了18%左右。

而敦豪国际快递公司，则早在1986年就和中国对外贸易运输总公司各出资一半建立了中国第一家合资快递公司——中外运敦豪，并最终在中国所有大中城市设立分公司。

表 1 - 3　　　　　　四大快递企业进入中国的发展历程和现状

四大快递	FedEx	UPS	DHL	TNT
进入时间	1984 年	1988 年	1986 年	1988 年
转运中心	杭州	上海	—	—
每周从中国飞往国际航班数	30 个往返中美之间的航班	46 个往返中美之间的航班	—	4 个往返中欧之间的航班
四大快递占中国国际快递市场份额	22%	18%	30%	10%

四大快递	FedEx	UPS	DHL	TNT
与中国外运的合作	1984 年，联邦快递与中国外运组建合资企业；1997 年联邦快递变更合作对象，选择大通国际作为新合作伙伴；1999 年，联邦快递再度变换合作伙伴，选择大田集团并成立大田联邦快递有限企业	1988 年，UPS 与中国外运集团签订代理业务合作协议，开始经营中国市场业务；1996 年 5 月，UPS 与中国外运集团共同在北京成立第一家合资企业	1980 年，DHL 与中国外运集团开始进行合作，双方互为代理	1988 年，TNT 与中国外运集团成立国际快递合资企业；2003 年 6 月，国际快递合资企业协议到期，双方同意不再续签协议
与中国外运的合作	2006 年 1 月，联邦快递收购了该合资企业的股份，并将大田集团的快递业务纳入囊中，正式迈出独资步伐	2004 年 12 月，UPS 与中国外运签署协议，开始独资	1986 年 12 月，DHL 与中国外运集团成立国际快递合资企业，双方合作至今	2003 年，TNT 与超马赫国际运输代理企业合作开展中国业务

资料来源：《空运商务》。

　　由表 1-3 可知，外资快递企业在华发展路径可概括为从合资经营、合作经营到独资经营。

　　2. 国内本土主要快递企业的特点及现状

　　我国本土快递企业主要包括以邮政 EMS、中铁快运等为代表的国有快递企业，以上海申通、顺丰速运、宅急送等为代表的大型民营快递企业和一些小型民营快递企业。它们在外资企业进入我国快递市场前后，逐渐在全国建立了较为完善的服务网络体系，详情见表 1-4。

表 1 - 4　　　　　　　国内本土主要快递企业的特点及现状分析

市场主体	服务时限	货物重量等级	网络分布
邮政 EMS	承诺全国十几个城市次日送达，其他城市三日内送达	主要为文件类，在 500 克以下	全国，范围广
中铁快运	基本为三日及以上的时限	货物基本以中型包裹为主	依托有铁路网的城市
民航快递	分有 12、24、48 小时几个时限	基本在 45000 克以上	有机场的城市，范围较广
顺丰速运	时限较快，稳定性好	文件、小件为主	全国范围，主要大、中城市，及部分国际网络
上海申通	时限较快，稳定性好	文件、小件为主	区域性，如长江三角洲地区为主
宅急送	有 1—2 天及经济类时限，客户定制化多	文件、小件为主	经济发达的城市，范围较广

资料来源：根据各快递公司网站资料整理。

随着国外四大快递企业进入我国快递市场，我国快递企业面临着严峻的挑战。目前，我国各大快递企业已经相继调整各自的竞争策略，以更好地应对我国快递市场未来的重新洗牌。

三　中国快递产业存在的问题

（一）快递产业宏观发展环境不够完善

1. 快递法律法规方面

快递作为邮政业的重要组成部分，由国家邮政局对其履行监管职能。国家邮政局先后制定和实施了一系列有利于快递服务健康发展的法律法规，如：《快递服务》邮政行业标准、《快递市场管理办法》、新《邮政法》、《快递业务经营许可管理办法》、《快递业务操作指导规范》和《快递企业等级评定管理办法（试行）》等。尽管如此，快递产业专门法律条文还严重不足。如物品丢失、快件损毁等问题，现行《邮政法》只作出了按邮资 3 倍赔偿的规定，这就导致了某些不法快递企业或员工故意黑货。如没有保价的物品，一旦此类事件发生，快递所付的赔偿金额将远远低于物品本身所拥有的价值。

2. 融资环境方面

由于快递企业经营设施以租赁为主，主要价值集中在品牌和网络等无形资产，无法向银行进行抵押贷款，因此，快递企业很难从银行贷到款，加之国家宏观调控、银根收紧，资金成本高昂，要贷到款项更是难上加难。另外，快递行业吸引融资的可能性较小，至今快递行业仍没有上市企业。"融资难"成为阻碍快递发展的瓶颈。

（二）快递市场竞争激烈，低价竞争成为主要手段

据国家邮政局公布的数据显示，近几年全国规模以上快递企业业务量均以超过20%的速度高速增长。潜力巨大的国内快递需求，使国际四大快递巨头DHL、FedEx、UPS和TNT竞相争夺中国快递市场，加大了开辟中国大陆快递市场的力度，迅速囤积力量，发展各自的分销和运输网络。据发改委《外资进入中国物流业的影响及其政策建议》的报告，国际四大快递巨头已控制中国国际快递市场80%的份额。

除了外资企业的强大竞争压力外，快递产业还面临着新加入者，如一些电子商务企业对快递产业发展也构成威胁。从早期自建物流的卓越亚马逊，到淘宝、京东商城，再到当当、易讯，综合类电商自建物流成为一种不可逆转的趋势。此外，随着垂直类电商的快速崛起，凡客、乐淘、玛萨玛索等相继开展物流仓储及物流团队的建设。电子商务自建物流对我国快递企业势必产生很大的冲击。未来，随着电子商务自建物流企业的不断投入与逐步成熟，将成为与快递企业"分庭抗争"的主要力量，还有可能通过资本运作进一步蚕食快递市场的可能。

面对激烈的竞争，众多快递企业往往把单一的低价竞争作为主要的市场营销手段。为了争夺市场，有的甚至以低于综合成本的价格取件，通过压价来打压竞争对手，无序竞争、恶性竞争严重。低价的后果直接导致了服务质量的下降。根据国家邮政局调查显示：① 2011年快递服务总体满意度为68.9分，比2010年提升0.2分，2011年全年共受理消费者申诉95929件，比2010年增加63806件，增长198.6%；2012年快递服务总体满意度71.7分，较2011年提升2.8分，2012年共受理快递业务有效申诉137351件，比2011年增加87886件，增长177.7%（消费者申诉最多的

---

① 参见中华人民共和国国家邮政局《2013年上半年快递服务满意度调查报告》，http：//www.spb.gov.cn/。

问题仍然是延误、丢失短少、损毁，分别占 46%、16%、6%）；2013 年，快递服务总体满意为 72.7 分，较 2012 年增加 1.0 分，行业服务水平稳步提升，2013 年全年共受理消费者申诉 19.6 万件，同比增长 42.7%。2012 年快递有效申诉同比增长 177.7%，2013 年同比增长下降了 135 个百分点，仅为 42.7%。国家邮政局申诉中心分析后得出其主要原因有两个方面：一是 2013 年每个月快递有效申诉数量同比增长均有较大下降，尤其是 2013 年双十一以后，根据统计显示，11 月有效申诉数量同比基本持平，12 月同比下降 30%。二是自 2013 年 7 月起，快递有效申诉数量同比增幅基本低于快递业务量增幅。

（三）企业规模小，运营和管理水平落后

新《邮政法》对快递业务经营许可作了 50 万元、100 万元和 200 万元三档最低注册资本的规定，可以看出，快递市场准入门槛依旧较低。且近年来民营快递企业数量激增，盲目扩张。绝大多数企业资金不足，规模较小，特别是有些民营快递发展状态较为"原始"，往往几部电话、几个员工就组成了一家简易的快递企业。在我国快递市场中，缺乏品牌优、竞争实力强、连锁网络全、具有国际竞争力的大型快递企业。

另外，我国快递企业在体制上、操作上和管理上，仍然存在着诸多的不足。众多小型快递企业在企业发展之初，往往采用人情化管理，但当企业发展到一定阶段时不善于科学管理，导致企业管理混乱，甚至破产。2008 年业界知名企业宅急送陷入经营危机，几近破产；2009 年经营了 11 年的小红马快递退市；2010 年 DDS 倒闭。这些案例都说明了我国快递企业的运营与管理水平落后。

（四）硬件设施设备及信息化水平低

快递是资金投入比较大的行业，外资每年以几十亿元的投入来扩大和完善其服务，民营企业却几乎都是十万元、二十万元的投入，一些小企业可能更少，对设施设备和信息化的投入明显不足。具体表现有：

在财务结算方面，缺乏根据客户账号进行单据的定制，缺乏性能良好的客户统一结算系统、全球性货物追踪系统、网上自动货物动态查询系统等关键的信息管理系统，在服务和效率方面远远落后于国外同行。

在货物分拣方面，目前我国为数众多的快递企业主要还是人工操作，包装、分拣、装卸、搬运等大部分物流环节都是手工作业，配送中心的设施相当落后，先进的机械设备配备不足甚至没有。由于设备落后

和运用的条形码技术较为简单，缺乏以射频识别技术为基础的分拣设备，导致货物分拣操作时间过长，降低了货物的周转速度，削弱了市场竞争力。

在信息技术方面，虽然快递企业目前基本都有查询系统，但是查询系统功能不完善，更新慢，用户终端自助查询多半无记录无答复，用户不满意。

（五）员工流动性强且素质低，服务质量跟不上发展速度

在劳动分工背景下快递行业员工仅需完成单环节或为数不多的几项操作，技术含量较低。企业为了节约人力成本，往往招聘知识层次普遍较低的农民工和下岗职工成为其员工。多数企业没有建立规范的用人制度、业务和职业技能培训制度，缺乏具有竞争力的薪资待遇，导致员工流动性极大，严重影响了服务质量和企业形象，削弱了客户对企业的忠诚度，降低了与外资同行竞争的能力。

在快递市场高速发展的背景下，近两年不断曝出快递企业野蛮分拣、爆仓、延迟、丢件等丑闻，反映了快递企业总体服务质量跟不上行业发展的速度，由此带来投诉量大幅攀升。根据国家邮政局关于 2012 年快递服务满意度调查结果的通告显示：① 2012 年快递服务总体满意度 71.7 分，较 2011 年提升 2.8 分。其中，公众满意度 74.5 分，较 2011 年提升 1.6 分，对总体满意度的贡献度为 0.8 分；快件时限满意度 69 分，较 2011 年提升 4.1 分，对总体满意度的贡献度为 2 分。顺丰速运和邮政 EMS 总体满意度达到 75 分以上，排名前 5 名的企业为：顺丰速运、邮政 EMS、圆通速递、申通快递和宅急送快运。关于 2013 年快递服务满意度调查结果的通告中显示：2013 年快递服务总体满意度为 72.7 分，较 2012 年增加 1.0 分，行业服务水平稳步提升。公众对受理和揽收环节满意度评分均突破 80 分，对派送和售后环节的满意均突破 70 分，快递服务"重前不重后"的现象有所缓解。快件延误仍是目前快递企业存在的主要问题。

---

① 参见中华人民共和国中央人民政府《国家邮政局关于 2012 年上半年快递服务满意度调查结果的通告》，http://www.gov.cn/zwgk/2012-09/04/content_2216713.htm。

第三节 国际主要快递企业

一 联邦快递公司

联邦快递（FedEx）创始于 20 世纪 70 年代，1971 年 8 月，出生于航运世家的美国青年 Frederick Smith 买下位于阿肯色州小石城的阿肯色航空公司的大部分股权，开始经营航空快件业务。目前，联邦快递公司已经成为年收入高达 320 亿美元、雇员超过 26 万人、业务遍及全球 220 多个国家和地区的跨国快递巨头，其全球总部设立在美国田纳西州的孟菲斯。

（一）联邦快递公司的市场竞争策略

1. 推出国际经济快递服务

在亚太地区，中小企业所占比例高达 98%，这些中小企业在很多情况下需要以更加优惠的价格来递送包裹，而且对于时效的要求没有那么高。为了竞争这一部分客户市场，联邦快递于 2008 年年初宣布，在中国和其他 9 个亚太区市场推出针对中小企业客户的国际经济快递服务。该服务专为递送单个重量不超过 68 千克的非紧急包裹的客户而设计，而且递送多件货物时总重量不受限制。客户选择运送包裹到亚洲各地一般需要两个工作日，到美国和欧洲主要城市则需要 3—4 个工作日。与现有的联邦快递国际优先快递服务相比，国际经济快递服务的运送时间通常要延长 1—2 天，但价格便宜 20% 左右。

2. 引入零售门店业务

2002 年，联邦快递与柯达公司结成战略合作伙伴，在柯达快速彩色店设立联邦快递"自助服务专柜"，顾客可以很方便地在指定的柯达快速彩色店，通过联邦快递发送国际快件。2007 年 10 月，联邦快递旗下的办公及文档打印公司联邦快递金考宣布，在北京开 6 家新店、上海开 5 家新店和我国南部地区开 1 家新店，使联邦快递金考在中国的门店数达到 17 家。

3. 强化中国服务

2004 年 7 月，联邦快递首先在中国市场推出了其最新的通信无线分组业务（GPRS），与此同时联邦快递还增飞 12 条赴华航班。2005 年联邦快递宣布投资 1.5 亿美元在广州白云国际机场建立新的亚太区转运中心，以巩固其在华南地区的优势地位。2007 年 5 月，联邦快递与我国民营航空企业奥凯航空公司合作，推出次日送达国内快递服务，为北京、上海、广州、佛山、宁波等 19 个城市提供次日送达限时服务，以及为我国 200多个城市提供次日和隔日送达服务。同年 9 月，联邦快递宣布多项强化服务措施：星期六照常运作，顾客可以在星期六享受与平日一样的可靠快捷送递服务；货件派送证明，顾客可通过传真收到的货件派送证明或选择"派送证明交还"服务，以收取由收件人签署/盖章的联邦快递证件送达签收证明或顾客自备的交收文件；提高货件申报价值限额，单一货件的申报价值限额由人民币 10 万元增加至 25 万元，以满足客户不断增长的需求。

4. 扩大"一地清关服务"的覆盖范围

2007 年联邦快递宣布，国际优先分送快递服务（International Priority Direct Distribution，IPD）的"一地清关服务"扩大到欧盟的 12 个新成员国，使运往欧盟全部 27 个成员国的货物均可享受"一地清关"。此举使中国企业可以将一批货物由一个国家寄出，递送到欧盟任何一个成员国内的多个收件人，整批货物只需要填写一张国际空运提单及一张综合商业发票。

（二）联邦快递公司的成功因素

1. 庞大的网络架起完整的服务体系

联邦快递是全球规模最大的快递运输公司。其近 700 架货机（包括 MD－11、A300、DC－10、波音 727 等）组成的庞大运输机队，可以在全球各个大小机场起降，服务范围遍及全世界 220 多个国家和地区；其全球范围内有 7 万辆运输车辆、4300 多个投递点、1200 多个服务中心以及 26 万多名员工组成的快递网络。这个庞大的空中运输网与配套的地面车辆和专业的投递人员，以及联邦快递全球运营的监控系统，是保证联邦快递为顾客提供快速、准时服务的重要物质保障。

2. 重视 IT 技术的开发和运用

联邦快递深知，将 IT 手段运用于与顾客的交流，将高科技手段应用于货物的分拣、信息存储与全程跟踪，可以极大地提高公司的工作效率和市场竞争力。早在 20 世纪 80 年代，联邦快递就设立了客户服务及管理操作系统，专门追踪运送中的包裹位置，使顾客可以在全球范围内了解投递物品的情况。在强大的资金支持下，联邦快递不断推出基于网络的应用软件和产品，成为业内率先在其投递系统中应用了激光条码、扫描仪、无线掌上电脑等新技术的快递企业，也是率先同意购买新型空中客车 380 的公司之一和积极采用无线电频率识别技术（RFI）的快递公司之一。

3. 不断提高客户服务水平

"快"是联邦快递的特色之一，但又快又准确才是联邦快递的最终目标。建立衡量服务的标准和业绩的评估系统，不断寻求改善工作的最佳方法是联邦快递提高客户服务水平的基本做法。每周联邦快递的高层管理人员聚会一次，中心议题就是寻找上周工作的问题，并想出办法怎样才能避免同类问题的再度发生。它们还不断地征求客户意见，进行问卷调查，为客户开发不同档次的产品任其选择。IT 的技术支持是联邦快递提高服务水平的坚强后盾，它们开发了更加客户化的软件系统，例如，客户进入联邦快递的网站填写包裹清单时，会有附加的一系列法规文件供客户参考，比如，哪些物品是哪些国家禁止进口的，当天的汇率比值等等，这样做为操作者提供了方便。

4. 以人为本的用人之道

在联邦快递看来，没有满意的员工就不会有满意的顾客，企业的持续增长也就无从谈起。因此，联邦快递非常重视人事问题。在联邦快递，每一个新员工都要进行岗前培训，即使是派送员，至少也要有 40 个小时的上岗培训。同时，联邦快递还提供每人每年 2500 美元的费用，鼓励员工继续深造和进修。为使员工了解整个公司的运作，联邦快递实行岗位轮换制，给每位员工创造一个全面发展和学习的机会，并派中国员工到中国香港、美国学习和培训，接受先进的理念和科学技术。联邦快递还非常注重人力资源的积累，培养人才，所有高级职位都优先从内部招人。此外，十分重视管理沟通，对人尊重，实行人性化管理。在联邦快递，如果员工对经理的处分和决定不满意可以向上一级领导投诉，公司设有一个由高层管理人员组成的"上诉委员会"，专门负责处理此类事务。

二　联合包裹服务运送公司

联合包裹服务运送公司（United Parcel Inc.，UPS），简称联合包裹，创建于 1907 年，创始人为时年 19 岁的美国青年 James Casey，当时名称为美国信使公司（American Messenger Company），是由"一根电话线、一间不足 10 平方米的地下室、一辆自行车"组成的公司。目前，UPS 已经发展成为近 10 万辆各式地面运输车辆以及 268 架喷气式飞机，快递业务从西雅图扩展到了全世界的世界级跨国公司，其业务范围包括快递、供应链管理、电子商务、金融等领域。

（一）UPS 的市场竞争策略

1. 延伸服务领域

随着市场竞争的加剧，行业利润的压缩，UPS 把业务的触角向更广阔的物流与供应链范围延伸。2004 年，UPS 提出要由一家能做物流的快递公司转变为一家能做快递的物流公司，将物流、信息流、资金流三流合一，为此，UPS 还撤销了使用 90 多年的盾牌标志上捆扎小包裹的丝带。同时，为了从单纯的包裹快递商向综合的供应链管理公司转型，UPS 不仅提供传统的包裹或文件快递服务，而且提供重货甚至不规则货物等各种类型的货运服务，同时提供包裹货物托运、国际贸易管理、清关代理、供应链的咨询和管理、金融服务以及电子商务解决方案等服务。此外，通过多年来的数次收购，UPS 也在新的领域不断发展壮大。2007 年，UPS 开始真正将快递和供应链结合，UPS 全球旗下已经不再区分快递和供应链管理板块，而是按照国际业务和国内业务进行区分，由同一个负责人发展快递和供应链管理业务。UPS 认为，在全球商业发展的新形势下，客户不仅有小包裹，还有大宗货物，不仅要空运，还要海运，甚至将修理业务外包，如果公司只提供一种服务，就不能很好地满足顾客多样化的需求，就不能占领并扩大市场份额。

2. 进行系统兼并收购

1999 年，UPS 收购了 20 家与供应链相关的公司，包括 7 家物流及分销公司、11 家技术公司、1 家银行、1 家航空公司。2000 年，UPS 利用增发新股的方式，收购了美国两家小型第三方汽车货运公司。2001 年 1 月，UPS 以 4.5 亿美元并购了飞驰公司（Fritz Companies），使业务覆盖的领域扩大到原来比较少涉及的 70—500 千克级货运快递，同时完善了物流业务网络。2002 年，UPS 先后在亚洲和拉美 20 个国家建立、收购了 60 多个物流中心。一系列的收购，使 UPS 的物流能力大大提高，可以为任何客户提供物流的全方位的解决方案甚至包括增值服务。UPS 开始跻身世界一流物流企业之列。

（二）UPS 的成功因素

1. 无法复制的全球网络

网络是 UPS 的优势，也是它的制胜策略。UPS 之所以能成为全球快递产业的巨头，跟它所拥有的全球网络优势是分不开的，比如 UPS 是世界第 9 大航空公司，自有 270 架飞机、租赁分拣机 311 套；拥有全世界最大的地面运输车队；拥有全世界最大的电子资料库；拥有全世界最大的"风潮式"传输系统；拥有自己的银行。

2. 成本控制模式

快递产业是资本密集的服务性行业，投资回报周期比较长，而且具有较大风险。因此，防止企业的过度膨胀，有效地控制成本，成为快递公司成功发展的一个重要方面。在长期的发展过程中，UPS 已经形成了一套行之有效的节约成本办法，具体包括：

（1）采用先进技术。实现全球卫星通信后，UPS 将软件交给固定客户，让客户自己存入每天要发送的快件信息，派送员与客户交接时，可直接将快件信息、客户建议存入手提电脑，节省了大量抄写、登记的时间和人力。

（2）员工身兼数职。在 UPS，司机、派送员、销售员一身三责，一人负责这三个岗位的工作，只有当业务增长到一人难以承担时，公司才会增派援兵。

（3）加强培训和规范操作，以避免无效动作，节省时间，提高工作效率减少差错，杜绝服务事故，降低成本消耗。

3. 人性化服务模式

人性化服务是 UPS 赢得顾客和市场的又一个重要砝码。为了使顾客能够随时掌握自己包裹的实时信息，UPS 自主研究开发了用于快件追踪的条码分辨技术。快件一旦离开寄件人，该系统就开始工作，记录每个环节的快件运行状态，通过扫描技术将信息自动录入 UPS 的官方网站，通过互联网，顾客可以随时看到或查询相关快件动态。当快件送达收件人手中时，UPS 的员工就拿出电子板，让收件人签名，签名字迹的原样会迅速传至互联网。这相比传统的填写快件记录单，既提高了工作效率，又富有人情味。

4. 完善的员工激励体制

UPS 认为公司是属于每一位员工的。为此，UPS 每年都要依据上年利润分给员工股份。目前，UPS 的员工已持有公司 2/3 的股份。同时，UPS 还十分注意从内部提拔管理者，即使是哈佛大学的高才生，也要先从基层岗位干起，有了丰富的工作经验和业务能力，才能得到晋升。完善的激励体制造就了 UPS 员工的高忠诚度，使 UPS"留人率"高达90%，员工中工作满20年的雇员比比皆是。

三 中外运敦豪

中外运敦豪（DHL）最早是一家私人公司，于1969年由德国邮政、汉莎航空和日本航空三家大型物流公司合股建立。DHL 这个名字来自于它的三个创立者的名字：Adrian Dalsey、Larry Hillblom 和 Robert Lynn。目前，DHL 的员工超过28.5万人，拥有的飞机数达到420架，拥有的转运中心、仓库和集散站超过450个，拥有的作业车辆7.62万辆，拥有的办公地点约6500个，提供的服务遍及全球220多个国家和地区，每年的快件处理量超过15亿件。

（一）DHL 的市场竞争策略

1. 扩展中国网络

作为最早进入中国的国际快递巨头，DHL 和中方合作伙伴中国外运共同组建的中国外运敦豪国际航空快件有限公司目前已在我国各主要城市开设了56家分公司，覆盖全国318个城市，成为国内拥有快递产业服务网络最大的国际快递公司。在基础设施方面，DHL 扩建中国香港机场的转运中心，同时启用位于上海外高桥保税物流园区的 DHL 物流中心。

2. 差异化市场定位

为了在中国内地推广快递业务，DHL 分别选择了"2—30千克24小时包裹递送"和"30—1000千克48小时递送"业务，避开了 EMS 最擅长的2千克以下的范围以及邮政法规定500克以下信件为 EMS 专营的规定。

3. 针对跨国公司业务特点提供相应的供应链解决方案

随着经济全球化趋势的加速，企业经营环境正发生着前所未有的变化，而供应链管理（SCM）让买卖交易的每个环节在时效性上恰到好处，即达到所谓的准时制（Just-in-Time），这正是供应链管理的精髓所在。DHL 认识到，随着中国日渐成为全球加工工厂，许多高成长行业将制造总部设到了中国，它们是市场中最有潜力的客户群，占有80%的国际快递市场份额，锁定了这些重要客户也就赢得了市场。为此，DHL 为这些大客户量身设计有效的供应链解决方案，如运输时间要求精确、运送的货物价值较高、安全性方面要求高等，并成功地管理供应链的实施和运作。比如，2004 年 3 月，DHL 在上海推出"定时特派"，根据客户需求将快件于次日 9 点或正午 12 点之前派送到亚洲主要城市；2004 年 4 月，针对快件在运输途中因意外发生的损失或丢失，DHL 推出"快件价值保险"服务，成为唯一一家提供此类增值服务的快递公司。

（二）DHL 的成功因素

DHL 将先进的信息技术和系统应用到快递业务操作和服务中，这是 DHL 成功的一个重要因素。在 DHL 上海建立的联合快递中心，采用了当今世界最先进的操作系统，货物可以全部自动分拣、直接装载、就地上机，大大降低了货机的等待时间，使货运周期缩短了近一倍。DHL 还通过 EDI 技术系统与海关对接，使得进口包裹、文件在航班落地前实现清关，出口货件在飞机起飞前两小时内清关，大大地缩短了清关和转运时间。

另外，在快递服务领域中，DHL 最早推出全球快件跟踪系统用于客户查询服务，通过该系统，无论快件在哪儿，快件在运送途中的各主要阶段都可以被及时追踪；客户每天 24 小时均可以通过跟踪查询，了解自己交寄的国际快件动态。此外，DHL 使用的目前较先进的高科技快递工具——快递资料收集器（DIAD），使快递员只要用它扫描包裹上的条码，便可以完成递送记录，从而取代了传统的纸上递送记录，让收件人的签名数字化。

四　天地物流快递公司

天地物流快递公司（TNT）简称天地物流，于 1946 年由肯·托马斯在澳大利亚创建，原名为托马斯全国运输公司。TNT 中国是 TNT 集团中国分支机构，拥有邮政、物流和快递三大核心业务，为客户提供整合的解决方案，涵盖直接方案营销、门到门配送服务及供应链管理。TNT 目前在中国拥有超过 4500 名技术专业人员，分布在国内 26 个分支机构、超过 2000 个服务站，服务中国 500 多个城市。

（一）TNT 的市场竞争策略

1. 不断扩大投资，加快物流设施建设和网络布局

网络是快递企业扩大的生存之本，快递业务的拓展必须有强大的网络作支撑。在欧洲，TNT 已经拥有相当发达的递送网络，快递服务可覆盖欧

洲 32 个国家，收发货件的站点超过 532 个。为了使欧亚网络实现对接，TNT 开始着手欧亚网络的构筑。从 1988 年 TNT 进入中国以来，通过与中国外运 15 年的合作，TNT 快递在中国的服务网络覆盖全国 500 个城市。2005 年 9 月，TNT 进驻北京空港物流基地，投资建设国内最大的综合快运物流中心。2005 年 11 月，TNT 宣布与中远集团建立一家合资物流企业，TNT 和中远分别持股 50%。2006 年 TNT 中国公司完成对国内民营物流企业华宇公司的收购、整合，使它在国内迅速增加了 1100 多个操作与转运网点、3000 多辆卡车、上万名员工和 17 万客户信息等资源，成为当时在中国经营网络最全的国际快递公司。2006 年 3 月，其在上海外高桥保税区的生命科学中央转运中心也开始运转。网络的建立特别是整体网络的形成，帮助 TNT 降低成本，大大提高了企业的市场竞争力。

2. 进行差异化的市场定位

2004 年 8 月，TNT 在中国正式启动"TNT 经济快递"服务。所谓"经济快递"服务，是指 TNT 专门针对客户的非紧急货物递送要求，提供的一种价格便宜的经济型快递服务。这项快递服务的运送时间通常要比全球快递服务延长 1—3 天。"经济快递"服务可以满足不同客户对快递时效及成本的多样性需求，并同时将该项服务纳入 TNT 全程追踪监控系统。

（二）TNT 的成功因素

TNT 拥有在欧洲最好的国际网络设施，有特殊服务网络、多功能国内邮政网络、空中及公路快递网络、货运管理四大网络。TNT 是欧洲第一家私营的邮政运营商、第一家可运作国际邮政网络的公司、第一家在全球邮政取得高收益的公司、第一家在欧洲整合陆路和空中网络的公司、第一家在欧盟新成员国开通航线的公司、第一家在亚洲拥有跨国界陆路网络的公司。而且，TNT 善于运作网络，它不但可以把邮政网络与快递网络很好地整合在一起，而且可以利用网络给自身带来更多的收益和竞争优势。正是凭借其在欧洲和亚洲的高效网络设施和不断扩展的全球业务网络，TNT 能够为企业和个人客户提供全方位的快递和邮政服务。TNT 快递成为首家能够向全球最多国家提供经济快递服务的快递公司。

第 二 章

快递服务

第一节　快递产业产品——快递服务

一　快递服务概述

（一）快递服务的定义

快递服务是市场经济的产物，它提供的是个性化、商业性的寄递消费服务。快递服务是我国对外开放的重要组成部分，它已成为我国快递产业的重要基础部分。国际快递服务是中国最早实行对外开放的一个服务贸易行业。中国的国际快递服务作为国际货运代理业的重要组成部分，是直接为我国的对外贸易和外向型经济发展服务的。根据 WTO 的分类，快递服务和货运代理服务都属于服务贸易。

1. 世界贸易组织的定义

世界贸易组织在《服务贸易总协定》中，遵照联合国集中产品分类系统（CPC）的原则，将服务（产品）定义为 12 个部门。编列为 CPC75的邮政与电信服务的通信服务是 12 个服务部门之一，分别为 CPC751 邮政（POST）、CPC752 电信（Telecommunications）。CPC751 邮政之下，又分列为：CPC7511 公共邮政服务（Postal services）和 CPC7512 快递服务（Courier services）两个子项。协定将快递服务定义为：除国家邮政当局提供的服务外，由非邮政快递企业利用一种或多种运输方式提供的服务，包括提取、运输和递送信函和大小包裹的服务，无论目的地在国内还是国外。这些服务可以利用自有或公共运输工具来提供。

2. 美国国际贸易委员会的定义

美国国际贸易委员会在 2004 年报告中将快递服务定义为：（1）快速收集、运输、递送文件、印刷品、包裹和其他物品，全过程跟踪这些物品并对其保持控制；（2）提供与上述过程相关的其他服务，如清关和物流服务。

3. 中国邮政行业标准给出的定义

2008 年 1 月 1 日开始实施的《中华人民共和国邮政行业标准——快递服务》中的定义：快递服务为快速收寄、运输、投递单独封装的、有名址的快件或其他不需储存的物品，在向寄件人承诺的时限内送到指定地点并获得签收的服务形式。

（二）快递服务的流程

根据以上快递服务的定义可以总结出快递服务的基本流程为：

（1）首先由发件人（或寄件人）发起的快递需求。这时发件人（或寄件人）可以致电快递公司的服务热线进行一个电话预约（电话预约时间最好根据快递公司官方网站上公布的上班时间来选择），准确地告诉对方快递的收发地点，这样可以在最开始的时候就确认快递员到达时间，避免快递服务过程中发生不愉快；当然发件人（或寄件人）还可以直接去就近的快递公司的网点进行快件的登记。

（2）电话预约后快递员按照约定的时间上门取件（也可由发件人或寄件人将寄递物品直接交到快递公司的网点），顾客可以将打包好的快件给快递员，一般快递公司都会提供打包服务，然后填写快递单，快递员将快递单的其中一份交给发件人，快递单上有快递的单号，便于发件人和收件人查询。顾客在进行快件投递的时候，一般快递公司还有保价①服务提供，如果顾客有需求可以对快件办理保价运输服务。

（3）快递员在取到快件之后（电话预约方式）会将快件交由该区域的快递网点，等到一定的时间点（一般是下午的时候）由网点发往当地的处理中心，再由处理中心进行分拣，然后扫描、录入快件信息，将快件发往目的地，快递企业会跟踪整个过程，这样收件人和发件人就能够随时查询到快件当前的所在地区和状态。

（4）快件到达目的地的处理中心之后，工作人员会对快件进行分拣，处理中心完成分拣、信息录入之后，再发往各个网点，由网点的快递人员进行配送。

---

① 保价是一种加收费用的邮递业务，用于寄递较贵重物品、有价证券、包裹等，如有遗失，相关的快递公司按保价金额负责赔偿。

（5）经过快递员的派送到达收件地址，一般流程是收件人在进行快件签收时先拆开快递包裹确认无误后再签收（但是实际情况很多快递员会让顾客签收后才能拆开包装，这时收件人就必须要当着快递人员的面拆开包装查看快递，如果快递的物件有问题要与商家取得联系，记录下快递人员的信息）。

（三）快递服务的相关术语

按照邮政行业《快递服务标准》（2007 年 9 月 12 日）的规定，除了上述的快递服务（包括同城快递服务、国内异地快递服务和国际快递服务）外，与快递相关的其他概念主要有：

（1）快件（Express items）：快递服务组织依法收寄并封装完好的信件和包裹等寄递物品的统称。

（2）内件（Contents）：顾客寄递的信息载体和物品。

（3）收寄（Pick up）：即取件或收件，是指快递服务组织接收快件，并收存寄件人填写的快递运单的过程。

（4）投递（Delivery）：即派送或派件，是指快递服务组织将快件递送到收件人或指定地点并获得签收的过程。

（5）签收（Sign in）：顾客（收件人）验收快件并在快递运单等有效单据上签字的行为。

（6）邮件：是指通过邮政企业寄递的信件、印刷品、邮包、汇款通知、报刊等。

（7）信件：是指信函和明信片。

（8）平常邮件：是指邮政企业及其分支机构在收寄时不出具收据，投递时不要求收件人签收的邮件。

（9）给据邮件：是指挂号信件、邮包、保价邮件等由邮政企业及其分支机构在收寄时出具收据，投递时要求收件人签收的邮件。

（10）国际邮递物品：是指中华人民共和国与其他国家和地区的用户相互寄递的印刷品和邮包。

（11）邮政专用品：是指邮政日戳、邮政夹钳和邮袋。（见《中华人民共和国邮政法》）

（12）邮政专营：《中华人民共和国邮政法》第八条规定："信件和其他具有信件性质的物品的寄递业务由邮政企业专营。"《中华人民共和国邮政法实施细则》第四条规定："未经邮政企业委托，任何单位或者个人不得经营信函、明信片或者其他具有信件性质的物品的寄递业务。"1996年1月5日原国家邮电部对信函和信件性质的物品的解释是："信函是指以套封形式传递的缄封的信息的载体。其他具有信件性质的物品是指以符号、图像、音像等方式传递的信息的载体。"

(13) EMS（Express Mail Service）：即邮政特快专递服务。EMS 全球邮政特快专递业务，是各国（地区）邮政开办的一项特殊邮政业务。该业务在各国（地区）邮政、海关、航空等部门均享有优先处理权。

二　快递服务的分类与特征

（一）快递服务的分类

1. 按照快递业务形式

按照快递产业的业务形式，快递服务可以分为门到门（桌到桌）、门（桌）到机场和专差等。

门到门（桌到桌）的服务方式是目前快递企业最常见的一种服务形式。这种服务方式是指快递企业在接到发件人（或寄件人）的电话或传真等通知后，派人上门取件；然后将所有收到的快件汇集到分拣中心，依照目的地进行分拣、整理、制单、报关后发往世界各地。到达目的地之后，再通过当地的快递企业办理清关、提货、分拣，最终递送到收件人手中。快件送达之后，将收件人签字回执送回寄件人或向寄件人电话告知快件的签收时间及签收姓名等情况。在此期间，寄件人可以通过快递企业的信息网络查询快件位置，即上网查询或客户服务热线查询等。

门（桌）到机场的服务方式是指快递企业负责到寄件人处上门取件，再将快件送达目的地机场，然后通知收件人，收件人自行到机场办理通关手续和提取快件的方式。这种服务方式主要是针对目的地海关有特殊规定的货物或物品。

专差是指由快递企业指派专人到寄件人处取快件，然后携带快件在最短时间内，直接送达到收件人手中。专差服务是快递服务的起源，这种服务方式最为可靠安全，当然费用也是最高的。

2. 按照快递服务区域

我国的《快递服务标准》根据快递服务的服务区域和相应时限将快递服务划分为同城快递服务、国内异地快递服务和国际快递服务。

同城快递服务是指寄件人和收件人在中华人民共和国内的同一个城市

内的快递服务。除与顾客有特殊约定（如偏远地区）以外，其服务时限应不超过 24 小时。

国内异地快递服务是指寄件人和收件人分别在中华人民共和国内的不同城市的快递服务。除与顾客有特殊约定（如偏远地区）以外，其服务时限应不超过 72 小时。

国际快递服务是指寄件人和收件人分别在中华人民共和国和其他国家或地区的快递服务，递送时间以寄件人所约定的服务时间计算为标准。

3. 按照快递时限

快递产业具有很强的时效性。按照快递时限，快递服务可以分为标准时限服务、承诺时限服务和特殊时限服务。

标准时限服务是指从收寄快件到第一次投递的时间符合我国快递服务标准的要求。按照目前的统一服务标准，同城快递的全程时限不超过 24 小时，国内异地快递的全程时限不超过 72 小时。

承诺时限服务是指快递企业有自行对外承诺时限的快递服务，通常比标准时限服务更快，具体可分为当日达、次晨达、次日达和隔日达。

特殊时限服务是指客户对快件有着特殊时限要求的快递服务。例如客户急需某一种药品、试验品等。通常快递企业要指派专人，采用最快和最安全的方式尽快送达，当然其收费也更高一些。

4. 按照赔偿责任

在快件的寄递过程中如果发生了非客户原因的快件延误、损毁、丢失或内件不符等现象，快递企业应该承担一定的赔偿责任。按照赔偿责任，快递服务可分为保价快件服务、保险快件服务和普通快件服务。

保价快件服务是指客户在寄递快件的时候，除运费外，还可依据客户声明的快件价值，按照快递企业要求的费率，交纳保价费的快件服务。如果保价快件在寄递过程中出现问题，客户可以向快递企业索赔，快递企业应承担相应的赔偿责任。

保险快件服务是指客户在寄递快件时，除运费外，还按照快递企业指定的保险企业的保险费率，交纳保险费的快件服务。如果保险快件在寄递过程中出现问题，客户有权提出索赔，快递企业指定的保险企业应承担相应的赔偿责任。

普通快件服务是指不交纳保价费或保险费的快件。根据《邮政法》及其实施细则的相关规定，如果普通快件在寄递过程中出现问题，快递企

业应该按照实际损失价值进行赔偿，最高赔偿额不超过本次邮寄费的
5 倍。

5. 按照付费方式

按照付费方式，快递服务可以分为寄件人付费服务、收件人付费服务
和第三方付费服务。

寄件人付费也称交付快件，这种服务方式是指寄件人在交寄快件时，
就交付其相应的快递资费。

收件人付费也称到付快件，这种服务方式是指寄件人和收件人事先商
定，由收件人在收到快件时，支付快递资费。

第三方付费服务是指寄件人、收件人、快递企业和第三方事先商定，
在收件人收到快件时，由第三方支付快递资费。

（二）快递服务的特征

时限和安全是快递服务价值的核心。客户对快递服务有着苛刻的要
求，在时限、安全、可靠、便利、跟踪查询方面比其他运输服务有着更高
的要求，因而客户愿意为得到这些高品质的服务支付较高的价格。目前快
递市场目标客户主要来自高科技领域，从事高附加值含量的商品、半成品
或配件的生产企业，以及网上购物。表 2－1 是目标客户对国内城际快递
服务提出的要求。

表 2－1　　目标客户对国内城际快递服务的要求（表中的数字是分值）

	很高（5）	偏高（4）	适中（3）	偏低（2）	很低（1）
安全：保值要求	5				
时限：及时性要求	5				
区间：网络的覆盖面积决定服务区位要求		4			
可靠：可信赖的服务要求		4			
便利：提供门到门要求		4			
跟踪：实时查询要求		4			
价格：客户根据得到的服务愿意支付的价格			3		

资料来源：中国投资咨询网。

1. 快递服务的特征

（1）快捷性。

顾客选择快递服务的前提就是需要快速地送达。快捷是快递服务的首要特征。通常按照运输方式不同和递送距离的长短，快递服务的时限一般在2—72小时。快递服务在保证安全、准确的前提下，寄递速度是最重要的反映快递服务质量的核心要素。表2-2显示了我国客户对快递服务的递送时限期望。

表2-2   客户对快递服务的递送时限期望

递送距离	可接受的递送时间					
	当天	次日	隔日	3天	4天	5天
<100km	39.2%	42.9%				
<300km	28.6%	53.6%	3.6%			
<500km	14.3%	64.3%	14.3%			
<1000km	10.7%	46.4%	35.7%	7.1%		
<2000km	10.7%	28.6%	57.1%	7.1%	3.6%	7.1%
<3000km		17.9%	21.4%	35.7%	3.6%	7.1%
<4000km		10.7%	14.3%	32.1%	7.1%	3.6%

资料来源：中投顾问产业研究中心。

（2）安全性。

顾客除了看重快递服务的速度之外，对快递服务中快件的安全也是相当看重的。寄件人交付快件后，希望承运人既快捷又安全地将快件递送到收件人手中。

快递服务的安全性包括两个方面：

1）顾客对所投递的物品的安全性要求，既要保证投递物品的物理性能完好无损，又要保证投递物品的信息的安全。

2）国家和社会对投递的物品的安全性要求，既要保证投递的物品不会危害国家政治和经济安全，又要保证投递的物品不会危害社会的安全稳定，例如不得寄递枪支、弹药、毒品等。但是2013年的"死亡快递"由于运送了违禁的化工产品，导致客户送命。这一事件反映出法规形同虚设，所以需要加大监管和惩罚力度。

（3）服务性。

快递服务包含服务广度、服务深度和服务舒适度三个方面的含义：

1）服务广度，是指快递服务的业务种类及其满足客户需求的程度。业务种类越多，服务广度就越广；反之服务广度就越窄。

2）服务深度，是指为客户提供快递服务的完全程度和便利程度。提供的服务越完全越便利，即需要由客户自己完成的工作量越小，则服务深度就越深；反之需要由客户自己完成的工作量越大，则为用户提供的服务就越不完全，快递服务深度就越浅。

3）服务舒适度，是指以员工服务态度、服务质量和工作效率为核心，客户在使用过程中心理感受的优劣程度。企业员工服务态度好，服务质量高，工作效率高，那么客户在快递过程中就会感到越舒适。

（4）网络性。

传统的快递服务网络性表现在两个方面：

1）快递服务主要依靠各种交通运输工具如飞机、火车、汽车、轮船等组成的物理传递网络来实现，同时快递网络的建立具有实物网络的明确指向性，在网络局部拥塞或利用不足的情况下，各线路物流交叉调度的灵活性及可实现性差。

2）快递服务的全过程必须要在由不同企业合作的全国（或全球）范围内完成（或同一企业在不同区域间合作完成），即快递服务要依靠遍布全部服务区域的收寄和递送的营业服务网络以及多种运输方式。真正合格的快递企业，都拥有自身的国际国内网络或班机（含代理），包括运输车队、操作中心、通信和结算系统，而传统运输根本不可能做到这一点。

现代的快递服务发展不但要依靠各种交通工具来运输，更重要的是信息网络技术的使用。快递服务依靠物理传递网络和营业服务网络，网络覆盖面越大，递送的业务量越大，就越难以协调、控制和监督。信息网络技术提供了解决这一难题的技术方案。

信息网络技术使得快递企业能够实行全程跟踪和监控递送服务，从收取快件开始，每一个处理环节和运送环节都要记录运单，进行信息输入，依据运单编号，便可实时查询快件运输中的动态信息，以保证更加安全可靠的快递服务；同时还可以对快件信息进行分类统计结算，以保证企业内部的职责划分和利益共享。

2. 快递服务的特殊性

快递服务作为一般物流服务的一个非常重要的分支，除了具有快捷性、安全性、服务性、网络性这些与一般的第三方物流服务一样的特性，还具有其自己的特殊性：

（1）服务对象分散。

这一特点是指快递服务的对象在地理位置上比较分散。B2B、B2C 及 C2C 领域的业务是快递企业的主营业务，其特点是快件重量小、分散且数量多，因此快递企业的服务对象的分布在地理位置上具有分散的特点。

（2）服务的覆盖面积广。

快递服务对象多且地理位置的分布比较分散，而且为不同服务对象提供的服务之间的相关性非常弱，再加上不同的服务对象对快递服务的需求只由服务对象个人的主观意愿决定，以上这些都是决定快递服务覆盖范围广的主要因素，快递企业只有将服务的经营点建设得更广，才能更多地满足服务对象的个性化要求以及他们之间的差异化的要求。

（3）快件实体为大批量的小件物品。

当前快递服务主要承担着以文件资料、图纸以及贸易单证为主的函件和以处理高附加物品、样品、社会活动礼品及网络购买的商品为主的货物的传递任务。快件实体为大量小件物品的特点会随着社会经济的发展以及服务对象的需求越来越多样化、个性化而变得更加明显。

（4）快递服务有严格的时间要求。

快递服务强调速度和时效性，是快递服务的基本要求和主要特征。快递服务的实物传递性，决定了在保证安全、准确的前提下，快递服务的传递速度是最重要的反映其质量高低的重要因素。快递服务始于从发件人手中收取快件，中间经过对快件的包装、分拣、装卸搬运、运输以及提供快件的实时信息的查询等过程，最终将快件交给收件人。"快"充分体现在收、送件的全过程，因此，快递服务具有很强的时间限制条件。

三 快递服务的作用

（一）快递服务对全球经济的作用

经济的发展以及全球化，各国各地区之间的经济联系和相互依存度不断加强。通过全球化的货物贸易、资本流动、提供服务等形式，逐渐形成了大范围的有机经济体。在有机经济体的形成和发展过程中，快递服务起到了十分积极的作用。快递服务业逐渐成为新经济背景下新兴的、最具有活力的一个行业，影响着人们的生活和工作以及社会经济的进步和发展。

快递产业最重要的作用就是促进全球经济其他领域的快速发展。随着世界经济一体化进程的发展，各类企业对快速、有保障的快递服务需求越来越大，快递服务在确保企业持续的竞争力、争取出口市场和鼓励投资等方面将发挥越来越重要的作用。快递产业为世界贸易中的运输环节提供重要支持，国际企业（包含快递企业）选址最重要的考虑是离市场的远近，而快递服务则确保无论企业位于何处，都能与市场密切接触。快递服务可以最大限度提高企业运营效率，最大限度减少企业的库存成本，为小企业提供他们自己无法做到的快速送达服务，对于小企业参与国际出口市场尤为重要。快递服务将地理位置偏僻的地区与世界主要贸易中心连接起来，促进了各地区的发展。在知识密集型领域，快递服务对企业的成功尤为关键，特别是医药生物技术、金融商业服务和研发等更加依赖快递服务，因为它们提供的都是高价值和高时效性的服务及产品。

1. 快递服务促进贸易增长和提高企业竞争力

2008—2018 年，世界商品贸易预计将增加 60%，是全球 GDP 增长幅度的 2 倍，但国际贸易和全球 GDP 的短期预测较为悲观，世界商品贸易在 2009 年缩减 10%，GDP 下降 2%。[①] 工业化国家经济减缓的趋势最为明显，随着世界贸易增长减速，资本流入减缓，新兴市场国家经济发展也将明显放缓。但就中期而言，世界贸易增长将加速，这一现象部分来源于新兴市场的强劲增长。

快递服务在以下方面为企业竞争力做出贡献：

减少企业采购成本，因为快递拓宽了企业采购范围，使其能选择更便宜的供货商。

提高库存效益，因为快递使仓库得到更加集中、有效的利用和更合理的分布。

提供广泛的物流支持服务，使公司可以将此领域业务交由专业人士负责，用最经济的方式完成产品运输及相关审批程序。这不仅减少公司自备运输工具和人员的费用，还使经理们能更好地集中于核心业务。

帮助公司更好应对退货和投诉，比如，通过次日送达服务给顾客送去

---

① 参见王为民《快递业对全球经济的作用》，《中国物流与采购》2010 年第 1 期。

新的货品或修理好的货品。

提高公司研发效率，使公司不必将研发与生产集中在一个地点。例如，德国 80% 的受访公司表示快递缩短了科技成果产业化时间，使研发中心能在对科研最有利的环境中工作。

提高公司现货管理和生产技术，减少储存成本及因储运损耗导致的损失及生产线或机械故障导致的供货中断。

快递服务对发展中国家的好处尤多，可以帮助发展中国家的企业使用最新的交通和物流手段，而无须自行投资建造仓库或组织车队。此外，快递业也促进了这些国家的外商直接投资，帮助它们克服交通基础设施的不足，并与世界其他地区的跨国企业开展高效互动。

2. 提高生产力

企业不仅使用快递服务向客户递送产品，也通过快递服务提高生产效率。调查及实例研究表明，许多企业都经常或偶尔要求供货商用快递运送零配件。很多企业还使用快递服务向自己的生产部门递送配件。

通过一批德国公司的做法可以看出快递服务在提高公司效率方面的作用如下：[①]

1/3 的公司因使用快递服务而降低了生产成本。主要原因是快递服务可以迅速递送原料和配件，减少了等待和关停。

2/3 的受访公司表示快递服务促进了最新生产技术的使用，使公司能够应对客户需求的变化。例如，许多公司使用快递服务后开始承接来样定制，因送货时间的缩短使他们可以有更多时间根据客户的个别要求提供个性化的产品（如电脑）。

根据全球资讯管理公司的报告，快递服务帮助这些公司减少了 3%—5% 的供货成本。[②]

对印度公司的抽样调查证明了快递服务在帮助公司避免打乱生产程序方面发挥着重要作用。例如，受访公司认为，没有次日送达，每年会有 10 天生产无法正常进行，原因是配件或设备无法次日送达。有的公司甚至认为，会有 16 天无法正常生产。[③]

---

① 参见王为民《快递业对全球经济的作用》，《中国物流与采购》2010 年第 1 期。

② 同上。

③ 同上。

这里有一系列的例子证明快递服务在生产效率最大化方面发挥的作用：

航空公司需要配件次日送达，以避免因飞机无法起飞而增加的成本。

一家半导体生产商专门雇用快递公司负责其所有订单的送达，以减少等待时间，提高客服质量，降低库存成本。

一家跨国公司通过快递公司处理其石油加工厂的配件进口及通关。

不仅是制造业公司依赖快递服务，服务业的许多公司也都使用快递服务。

3. 能够减少公司的库存成本[1]

对北美、欧洲、拉美、亚洲的 9 个国家的公司调查表明，次日送达对生产至关重要。一半的受访公司表示因其库存维持在最低程度，故零部件的次日送达十分重要。2/3 的公司表示，在设备出现故障的情况下，他们需要零配件的紧急递送。

牛津经济研究院根据调查结果和大量实例表明，世界各地的公司维持最小库存的做法日益盛行，所以对快递服务的需求越来越大。许多公司只是维持关键配件的少量库存，同时要求供货商在生产开始后及时递送所需配件。据估计这种做法使英国的库存/产出比在过去 20 年下降了 20% 多，每年为英国公司节约 60 亿英镑。在其他发达国家也有类似的情况。

快递服务帮助公司最大限度减少库存成本。欧洲、巴西和印度的一些公司在回答"如不再提供次日送达的国际服务，你们会怎么办"的问题时，1/3 的欧洲受访公司表示会增加生产地的库存以应对生产需要，40% 的公司表示会增加库存应对客户需求。

巴西公司的回答进一步说明了这一点。这些公司表示，如果没有次日达的服务，公司平均会增加 10% 的半成品库存来满足生产需要，成品库存必须平均增加 9% 以满足消费者需求。同样，在印度 1/3 的受访公司表示快递服务帮助他们降低成本，否则公司成本将平均增加 2%。

中小企业需要快递服务，因为他们不像大企业那样拥有自己的运输设施。大公司如汽车制造企业，有条件发展自己的运输车队或将运输承包给其他公司。所以中小企业依赖快递公司这种能为大量客户提供运输服务的企业。快递服务使中小企业能够利用其规模经济效应带来的低成本、高质量的服务——兼具时效性、可靠性和可追踪性。而且他们和大公司享受的

---

[1] 参见王为民《快递业对全球经济的作用》，《中国物流与采购》2010 年第 1 期。

服务是一样的。快递服务还可以帮助通关，使中小企业不必操心烦琐的规定和准备大量的文件。

调查表明中小企业是快递服务的主要用户，例如：印度受访公司强调了快递服务帮助中小企业参与国际市场竞争的重要作用。巴西的调查表明中小公司经常通过快递服务递送包裹。如果没有次日送达服务，1/3 的巴西中小公司表示他们可能会失去部分出口订单。同样，意大利 80% 的中小企业表示，没有次日送达服务，他们可能会失去部分出口订单。

4. 有助于刺激外商直接投资

外商直接投资对许多发展中国家非常重要。快递服务运营商为跨国公司提供高品质的运输服务，不仅递送原料和零配件，还将生产设备和成品送往市场。这样，快递服务运营商就可以帮助投资者克服地域问题和交通基础设施的不足。

影响投资的因素很多，但对国际投资者的调查表明，与市场和国际运输枢纽的连接尤为重要。比如，Cushman&Wakefield 调查表明，60% 的受访公司表示与市场、客户或顾客的便捷连接是决定公司选址的决定因素。

快递服务是确保企业与市场密切连接的重要因素。比如，1/3 受访的在中国运营的公司表示，没有快递服务，他们在中国的投资和业务都将减少。同样，欧洲受访公司表示，没有次日送达服务，投资也会受阻，30% 的法国受访公司和 10% 的比利时受访公司会考虑将生产外包，35% 的葡萄牙受访公司会考虑将部分业务迁往国外。

（二）快递服务对国民经济的影响和作用

快递业是服务业的重要组成部分，是新兴产业，也是近年来增长最快的行业之一，在提升服务业、解决就业及促进国民经济结构调整等方面起到了重要作用。快递服务是一种时效特快的"门到门"、"桌到桌"甚至是"手到手"的传递服务，在城市之间的传递是以小时计算，在企业之间、城市之间的物品运输、沟通、信息交流、节约社会资源等方面起到了十分重要的作用。随着快递服务领域的不断拓宽，快递业务收入迅猛增长，推动了整个国民经济的发展。

1. 提升服务业，促进经济结构调整

在发达国家中，服务业占 GDP 的比重在 60% 以上，美国更是达到了 70%，2013 年我国为 46.1%，首次超过第二产业（43.9%）。服务业之所以发展到如此规模，一个重要原因就是像快递服务这样的新型服务业起到了重要作用：

（1）快递服务的发展促进了传统邮政业和传统运输业的改革。传统的邮政业和运输业无法满足社会对文件、样品等快速、便捷投递的特殊要求，因此，快递服务大量分流和替代了这两个行业的传统业务，并且加快了邮政系统的改革和提高效率的进程。

（2）快递业是适应经济全球化和市场经济竞争而迅速发展起来的新兴产业，有广阔的市场前景。快递业可以根据企业技术装备和增值服务能力分为高端、中端和低端三个不同层次的市场，不同层次的市场又包括国际快递、国内异地快递和国内同城快递，具有足够的发展空间，发展势头良好。

（3）民营资本的大量涌入，加快了产业结构调整的步伐。民营快递企业在没有国家投资、没有国家政策保护和支持的不平等竞争条件下，长期以来被认作是"黑速递"、"地下快递"，通过提供质优价廉的服务，赢得了市场的认可，做大了市场。民营快递企业迅速崛起，成为促进服务业发展的一支重要力量。

2. 扩大就业，一定程度上缓解就业难的问题

快递市场既包括国际、国内业务的高端市场，也包括国内同城和国内异地快递等中低端市场，不同的业务和市场需要各种不同素质的人才，从高度专业化的机场工作人员、海关人员和经理人到普通的运输司机、收件员、分拣员和投递员等，可以给不同素质和资历的人提供就业机会。在民营快递企业中，80%以上的一线业务人员来自企业下岗职工和农村富余劳动力，缓解了不断增长的就业压力。

3. 快递业对相关产业的关联效应明显

近年来，快递业高端、中端和低端市场的共同发展，进一步促进了国民经济中其他产业的发展。首先是提高出口产品的竞争力。在经济全球化的今天，国际市场瞬息万变，技术创新速度越来越快、产品更新越来越频繁，市场的竞争往往就是时间和速度的竞争，对迅速、高效、安全、门到门的快递服务需求尤为迫切，有时成为抢占订单的决定性力量，快递服务已成为出口部门建立快速反应机制的重要组成部分。其次是就业效应，尤其是间接就业方面。根据牛津经济预测机构的研究，快递业带来的间接就业比快递业直接就业的规模还大，直接与间接就业比率是 1：1.24。

(三) 快递服务对电子商务的作用

快递与电商已经逐步成为密不可分的利益共同体。根据中国电子商务研究发布的《2013 年度中国网络零售市场数据监测报告》显示，目前我国 70% 以上的网购业务需依靠快递来完成，快递行业 50% 以上营收来自电子商务。2013 年中国网络零售市场交易总额超过 1.85 万亿元，快递服务市场需求的增加引来了电商巨头的争食，考虑到成本、服务质量及战略规划等因素，京东、苏宁、易迅等 B2C 电商企业逐步向自营物流方向发展，投入大量资金构建物流仓储配送体系。

中国快递业的高速成长主要归功于电商的迅猛发展以及国家相关政策的大力扶持。电子商务带动了快递业快速发展，"十二五"以来，我国电子商务市场发展迅猛，电子商务配送成为拉动快递业大幅增长的主要力量。

据中国互联网络信息中心统计，2012 年我国网络购物消费超过 1.4 万亿元，比上年增长 66.5%。其中 70% 以上的网络购物需要通过快递实现交付。2013 年，中国电子商务交易额突破 10 万亿元，同比增长 26.8%；网络零售交易总额超过 1.85 万亿元。

我国电子商务的持续扩大和网络购物的兴起带动了快递业的高速发展。据相关行业协会测算，网络购物等电子商务带来的快递业务量占大部分中小快递企业业务量的 80% 左右，占"四通一达"① 等规模较大的民营快递企业业务量的 50% 以上。

此外，作为现代服务业的一个重要组成部分，国家和有关部门高度重视快递产业的发展。2009 年 10 月 1 日开始实施的《中华人民共和国邮政法》首次将快递业务纳入调整范畴，明确了快递企业的法律地位，确立了"鼓励竞争、促进发展"的原则。国家发展和改革委员会在 2011 年新修订的《产业结构调整指导目录》中将包括快递服务在内的邮政业纳入国家鼓励发展的产业目录。

国家邮政管理局制定的《快递服务"十二五"规划》（2011）提出了做大行业、做强企业和做优品牌三大目标，从提升服务品质、鼓励快递与电子商务融合发展、规范市场秩序等方面对快递产业的发展做出了整体

---

① "四通一达"是申通快递、圆通速递、中通速递、汇通快运、韵达快递五家民营快递公司的合称。

规划。交通运输部于 2013 年颁布实施的《快递市场管理办法》，对快递产业的市场主体、服务和物品安全作出了明确规定。

近年来，在政府各项措施的推动下，快递业务保持了快速增长势头。2011 年国家邮政局发布《快递企业等级评定管理办法（试行）》，选取了能够反映企业市场规模、竞争能力、服务水平、信息化建设程度等的关键指标作为分等级的重要依据；《关于快递企业兼并重组的指导意见》积极支持快递企业兼并重组，致力培育出一批年收入超百亿元、具有较强国际竞争力的大型快递企业。随着邮政体制改革的不断深入和市场经营环境及政策环境的不断改善，经济的持续稳定发展以及电子商务的迅猛发展，快递市场发展迅速，市场规模不断扩大。

此外，新技术提高了服务效率，也加速了快递服务业的发展，快递服务业也逐渐得到了有力的政治、社会、经济和其他因素的积极支持。中部和西部的城市化也为中国的快递行业提供了新的商机，消费者的行为在改变和促进着互联网零售业的发展，并产生了大量的快递服务需求。

随着快递服务业的蓬勃发展和快递企业间的竞争日趋激烈，顾客忠诚对于企业的生存、发展和获利的作用日益突出，保持和提升顾客忠诚已成为快递企业营销战略的重点。与此同时，对电子商务环境下物流快递企业的顾客忠诚影响因素及其作用的研究也成为关注的热点。

电子商务环境下，快递行业面临着许多新的问题，顾客需求也发生了很多新的变化，但是快递企业经营活动的最终目标仍然是依靠顾客忠诚来长久稳定地实现企业利润的增长。对电子商务环境下快递企业的顾客忠诚度进行研究，分析电子商务环境下快递企业顾客忠诚的特点及面临的问题，可以确定影响顾客忠诚度的关键因素和作用机制，便于快递企业有针对性地制定顾客忠诚度的提升策略，提高快递企业的综合竞争力，在激烈的市场竞争中立于不败之地。经济快速发展使物流需求不断扩大，快递企业之间的竞争日益加剧，而顾客决定了企业的生存和发展，获取和保持顾客忠诚成为企业保持竞争力的重要源泉。与先前受关注的低价相比，如今消费者更追求真正有"品质"的快递服务消费体验。因此，快递服务者要维系顾客忠诚，必须专注于提高顾客对服务质量的体验，有效利用网络和信息技术提供高品质服务，并构建系统的顾客关系，更有效实现顾客忠诚和利润获取。然而，从顾客角度来看，影响快递服务质量的因素有哪些，它们对培育顾客忠诚的作用如何，应采取哪些措施来改善企业与顾客间的关系等无疑是快递企业亟待解决的问题。

第二节　快递服务质量

一　服务质量概述

（一）服务质量的含义

1. 服务质量的定义

无论是有形产品的生产企业还是服务业，服务质量都是企业在竞争中制胜的法宝。服务质量的内涵与有形产品质量的内涵有区别，消费者对服务质量的评价不仅要考虑服务的结果，而且要涉及服务的过程。服务质量应被消费者所识别，消费者认可了才是真正的"质量"。服务质量的构成要素、形成过程、考核依据、评价标准均有其区别于有形产品的内涵。

对服务质量的研究始于 20 世纪 70 年代末，到了 80 年代初期，国外学者对服务质量进行了深入和广泛的研究。Garvin（1984）认为服务质量是一种感知性的质量，并非客观质量，而服务质量是顾客对于事物的主观反应，并不以事物性质或特性进行衡量。Lewis（1990）认为服务质量是衡量服务传递水准符合顾客期望的程度。美国营销学家 A. Parasuraman、Valarie A. Zeithaml 和 Leonard L. Berry（1988）则将服务质量定义为在服务传递过程中，即服务提供者和顾客互动过程中所产生服务的优劣程度，而且强调服务质量由顾客评定。美国市场营销协会（Marketing Science Institute）对服务质量进行了大规模的市场调查后指出，服务质量是一个相对标准，而非绝对观念。顾客对企业服务质量是否满意，取决于其事前所持有的期望与实际感受到的服务之间的比较。

综上所述，服务业认为符合顾客期望才是服务质量的真正本质。这种观点反过来又对工业制造业产生了巨大影响。美国企业管理学家 Buzzel 和 Gale 也采用了符合顾客期望的质量定义，认为产品质量应该依从顾客的主观看法。

国际标准化组织对质量的定义是："一种产品或服务满足明确和隐含需要的能力特性的总和。"这个定义说明了服务质量和产品质量一样，是由满足人们需要能力的不同特性组成的，但是，由于服务的无形性、不可分离性等特征，服务质量具有独特的内涵。服务质量不像普通商品质量那样可以依据商品使用耐久力、缺陷等可测量的客观指标衡量，具有更多的难把握性，是难以测量的抽象的指标；服务质量的感知由顾客期望与实际服务水平差距得来；服务质量评价不仅仅由服务结果得出，而且关系到服务传递的过程（Parasuraman et al.，1985）。

Gronroos（l983）认为顾客可以感受到的服务质量包含两个部分：技术质量和职能质量，即硬质量和软质量。技术质量也称产出质量，是指服务交易后顾客获取的实际产出价值，顾客一般可以客观地加以评价，具有一定的可感知性和传递性。例如宾馆为旅客休息提供的房间和床位，饭店为顾客提供的菜肴和饮料，航空公司为旅客提供的飞机舱位等。对于这一方面的服务质量，顾客容易感知，也便于评价。不过，技术质量并不能概括服务质量的全部。既然服务是无形的，而且服务推广的过程也就是顾客同服务人员打交道的过程，服务人员的行为、态度、穿着等将直接影响到顾客对服务质量的感知。所以，顾客对服务质量的感知不仅包括他们在服务过程中得到的东西，而且还要考虑他们是如何得到这些东西的，这就是服务质量的职能方面，即职能质量。职能质量是指服务推广的过程中顾客所感受到的服务人员在履行职责时的行为、态度、穿着、仪表等给顾客带来的利益和享受。显然，职能质量难以被顾客进行客观的评价，它更多地取决于顾客的主观感受。技术质量常常依赖于企业的硬件条件，而职能质量更多取决于企业的软件条件，例如企业的各项规章制度、服务流程设计、服务行为规范等。例如航班服务提供新式的飞机和准点安全的旅行，医院具备先进的医学设施和良好的疾病治愈效果，旅馆服务提供舒适的房间和卧具等，这些都可以称为技术质量或产出质量。但光有技术质量还不够，假设机场管理混乱、航班空姐服务不主动热情、医生不关心病人、旅馆不按时打扫房间等，这些职能质量或过程质量不行，顾客肯定难以满意。

2. 预期服务质量

服务质量是产品生产的服务或服务业满足规定或潜在要求（或需要）的特征和特性的总和。特性是用以区分不同类别的产品或服务的概念，如旅游有陶冶人的性情使人愉悦的特性，旅馆有给人提供休息、睡觉场地的特性。特征则是用以区分同类服务的不同规格、档次、品位的概念。服务质量最表层的内涵应包括服务的安全性、适用性、有效性和经济性等一般要求。预期服务质量即顾客对服务企业所提供服务预期的满意度。感知服务质量则是顾客对服务企业提供的服务实际感知的水平。如果顾客对服务的感知水平符合或高于其预期水平，则顾客获得较高的满意度，从而认为企业具有较高的服务质量，反之，则会认为企业的服务质量较低。从这个角度看，服务质量是顾客的预期服务质量同其感知服务质量的比较。

预期服务质量是影响顾客对整体服务质量的感知的重要前提。如果预期质量过高，不切实际，则即使从某种客观意义上说他们所接受的服务水平是很高的，顾客仍然会认为企业的服务质量较低。预期质量受四个因素的影响，即市场沟通、企业形象、顾客口碑和顾客需求。

（1）市场沟通，包括广告、直接邮寄、公共关系以及促销活动等，直接为企业所控制。这些方面对预期服务质量的影响是显而易见的。例如，在广告活动中，一些企业过分夸大自己的产品及所提供的服务，导致顾客对质量心存很高的预期，然而，当顾客一旦接触企业则发现其服务质量并不像宣传的那样，这样就使顾客对服务质量的感知大打折扣。

（2）企业形象和顾客口碑只能间接地被企业控制，这些因素虽受许多外部条件的影响，但基本表现为与企业绩效的函数关系。

（3）顾客需求则是企业的不可控因素。顾客需求的千变万化及消费习惯、消费偏好的不同，决定了这一因素对预期服务质量的巨大影响。

3. 服务质量的内容

站在企业角度或站在顾客角度认识的服务质量可能有所差别。从企业的角度看，服务质量是企业在对顾客的服务过程中，为使目标顾客满意而提供的服务水平，也是企业保持这一预定服务水平的连贯性程度。从顾客的角度看，企业服务的对象是顾客，服务质量的好坏最终是由顾客的意见决定的。顾客对服务质量的理解是基于他对该服务质量的感知，同一项服务会由于顾客的不同而产生不同的感知服务质量。因此，服务质量既表现在服务者提供的服务的本身效用上，又表现为顾客对他们得到的服务的满足程度上，应从以下三方面来理解服务质量的内涵：

（1）服务水平。好的服务质量不一定是最高水平，管理人员首先要识别企业所要追求的服务水平。当一项服务满足其目标顾客的期望时，服务质量就可认为是达到了优良水平。

（2）目标顾客。目标顾客是期望或需要得到特定服务的消费者群体。随着经济的发展和市场的日益成熟，市场的划分越来越细，导致每项服务都要面对不同的需求，企业应当根据每一项产品和服务选择不同的目标顾客。

（3）连贯性。连贯性是服务质量的基本要求之一。它要求服务提供者在任何时候、任何地方都保持同样的优良服务水平。服务标准的执行是最难管理的服务质量问题之一。对于一个企业而言，服务的分销网络越分散，中间环节越多，保持服务水平的一致性就越难，服务质量越依赖员工的行为，服务水平不一致的可能性就越大。

（二）服务质量的构成要素

在之前介绍服务质量的定义时 Gronroos 已经提出服务质量包括技术质量和职能质量。顾客在接受服务时，不仅注重服务结果，更注重服务过程。因此，服务质量由技术质量和功能质量（也就是职能质量）两部分构成：

1. 技术质量

技术质量是服务过程的产出质量，也就是客户从服务过程中所获得的实际产出的水平，反映企业为顾客提供的服务结果的质量状况，故又被称为结果质量。由于技术质量是最容易被感知的，所以通常情况下，客户是通过对服务企业或服务组织提供的服务产出水平来评价服务质量的。

快递服务的技术质量表现为在较短的时间内，将客户托付的物品安全、准确、完好地送达目的地。一般来说，技术质量都有比较客观的评价标准，从而使客户能够比较客观地作出评价。

2. 功能质量

功能质量是在服务推广的过程中客户通过服务环境、服务设备、服务人员等相关服务要素所获得的感官利益和享受，它反映的是客户是如何获得相关服务的，故又被称为过程质量。

快递服务好的功能质量表现为整洁利索的服务环境、专业的服务设备、精简的服务流程、恰当的服务方法、优质的服务态度等方面。

功能质量不仅与服务地点、服务时间、服务顺序、服务方法、服务行为方式、服务态度等有关，而且与客户的个性、学识、行为、态度等要素有关。因此，客户对服务功能质量的评价是一种比较主观的判断。

（三）服务质量的评价

顾客在服务消费后，会同时从服务的技术质量和功能质量两方面进行综合评价。然而，由于服务的无形性与差异性的特点，顾客通常是通过可靠性、响应性、保证性、移情性、有形性这五个方面来感知和评价服务质量的。

1. 可靠性

可靠性是服务企业或服务组织在规定的条件下、规定的时间内完成规定的服务功能的能力，它意味着服务以相同的方式、无差错地准时完成。快递企业向其经常服务的老客户提供始终如一的安全、高效、准确的物品递送体现了服务质量的可靠性。

2. 响应性

响应性是服务企业或服务组织能够帮助客户并迅速、有效地提供服务的愿望。较高水平的响应性体现在以下几方面：能够迅速、准确地识别客户的需求，并采取恰当的方式及时满足；减少客户的等待，特别是无原因、无效的等待；出现服务过失与差错时，能够迅速采取行动解决问题，消除客户的抱怨与不满，最后使客户满意。

3. 保证性

保证性是服务企业员工友好的态度和胜任工作的能力。它能增强客户对企业服务质量的信心和安全感。礼貌、亲切的服务态度是客户与服务企业或服务组织进一步交往的基础，而服务人员高超的专业技能则是服务质量的有力保证。因此，友好态度和胜任能力两者是缺一不可的。保证性包括如下特征：完成服务的能力、对客户的礼貌和尊敬、与客户有效的沟通、将客户最关心的事放在心上的态度。

4. 移情性

移情性是服务企业或服务组织能够设身处地地为客户着想、对客户给予特别的关注和适当地满足其合理、特殊的要求。移情性包括以下特征：接近客户的能力、敏感性和有效地理解、满足客户需求。

5. 有形性

有形性是与服务有关的一切可视化要素，其内容包括服务环境、服务设施、服务设备、服务人员、各种服务宣传资料等。由于服务的有形性使客户较容易、较直观地感知企业的服务质量，所以它成为客户感知服务质量的有形线索和基本依据。

在实践中，这五个方面对顾客的评价重要性是有差异的。根据统计，其重要性由高到低排列为：可靠性、响应性、保证性、移情性、有形性。顾客从这五个方面将预期的服务和接受的服务相比较，最终形成自己对服务质量的判断，期望与感知之间的差距是服务质量的量度。从满意度看，既可能是正面的也可能是负面的。

服务质量的评估是在服务传递过程中进行的。顾客对服务质量的满意可以定义为：将对接受的服务的感知与对服务的期望相比较。当感知超出期望时，服务被认为是具有质量的，顾客会表示满意；当服务没有达到期望时，服务注定是不可接受的；当期望与感知一致时，质量是满意的。

（四）服务质量的特性

服务质量是顾客感知的对象；服务质量既要有客观方法加以制定和衡量，更多地要按顾客主观的认识加以衡量和检验；服务质量发生在服务生产和交易过程之中；服务质量是在服务企业与顾客交易的真实瞬间实现的；服务质量的提高需要内部形成有效管理和支持系统。服务质量建立在顾客的需求、向往和期望的基础上，不是客观决定的，而是顾客对服务的主观感知，对于绝大多数服务来说，其最重要的特性主要有三个：服务是由单一活动或一系列活动（而不是有形物）所构成的过程；服务至少在一定程度上具有生产与消费的同步性；顾客或多或少地参与服务的生产过程。顾客参与服务的生产与传递过程，并且在这个过程中感知服务的作用。服务最重要的特性就是其过程，这个过程是由一系列活动所组成的，这些组成其过程的活动消耗各种资源，通过服务提供与顾客的互动，资源消耗的结果是顾客与企业一起寻找到顾客问题的解决方案。

在服务过程中，顾客亲自参与。顾客的这种参与构成了服务过程的重要组成部分。服务的其他特性都源自这种过程特性。只有服务过程中的有形部分才对顾客有影响，至于其他部分，顾客体验的只是结果。服务质量研究表明，尽管服务结果是必要的，但对服务过程的感知，对于总的服务质量来说却更重要。在很多情况下，利用服务结果是无法与竞争对手区分开的。良好的服务质量既包括服务结果的质量，也包括服务过程的质量，只有两者都优异时，顾客所感知的服务质量才能提高。而且在顾客的眼中，服务结果是理所当然的事情，所以影响服务质量的最重要的因素就是服务过程。从顾客的角度看，服务过程的消费结果，如感知服务质量和感知价值，是由这个过程中一系列资源要素所决定的，企业须有能力将这些资源有机地结合起来，并为顾客提供他们所需要的价值。

顾客的需求可分为精神需求和物质需求两部分，评价服务质量时，从被服务者的物质需求和精神需求来看，可以归纳为以下 6 个方面的质量特性：

（1）功能性。功能性是企业提供的服务所具备的作用和效能的特性，是服务质量特性中最基本的一个。

（2）经济性。经济性是指被服务者为得到一定的服务所需要的费用是否合理。这里所说的费用是指在接受服务的全过程中所需的费用，即服务周期费用。经济性是相对于所得到的服务质量而言的，即经济性是与功能性、安全性、及时性、舒适性等密切相关的。

（3）安全性。安全性是指企业保证服务过程中顾客、用户的生命不受危害，健康和精神不受到伤害，货物不受到损失。安全性也包括物质和精神两方面，改善安全性重点在于物质方面。

（4）时间性。时间性是为了说明服务工作在时间上能否满足被服务者的需求，时间性包含了及时、准时和省时三个方面。

（5）舒适性。在满足了功能性、经济性、安全性和时间性等方面的需求的情况下，被服务者期望服务过程舒适。

（6）文明性。文明性属于服务过程中满足精神需求的质量特性。被服务者期望得到一个自由、亲切、受尊重、友好、自然和谅解的气氛，有一个和谐的人际关系。在这样的条件下来满足被服务者的物质需求，这就是文明性。

二　快递服务质量

（一）快递服务质量

现代快递的服务质量要求是由用户的需求决定的。快递服务的前提条件是站在用户的角度认识快递服务的质量。快递服务质量的形成主要来自三个方面：设计来源、供给来源、关系来源。设计来源，即分析客户类型和客户需求；供给来源，即设计好快递服务提供给客户的方式；关系来源，即快递服务人员与客户之间的关系。同时，快递服务质量也是快递技术质量和快递职能质量的统一。客户对快递服务的结果非常关心，但是，客户对获取快递技术质量的过程即职能质量同样敏感。如果客户在得到快递技术质量的过程当中，因不愉快的事情留下了不佳印象，这样即使快递服务的结果即快递技术质量是完全相同的，客户对快递服务质量的总体评价也会存在较大的差异。随着竞争的加剧，以往集中企业资源提高快递服务的技术质量的做法已经无法满足客户个性化的需求，企业应重视和提高快递服务过程的质量，以建立长期的良好的客户关系以及战略伙伴关系作为自己的竞争手段。

　　快递企业的服务以市场竞争为基础，满足个性化需求为宗旨，提供个性化的增值服务，实行差别化的竞争性定价策略。快递企业提高自身竞争力的关键手段是服务质量的管理和改进，快递企业通过提高服务质量，让消费者在接触服务的过程中感受高质量的服务、优于同行业内其他企业的服务质量从而赢得顾客的满意与支持。对于消费者来说，快递企业的服务质量主要体现在是否能够快速、准确、安全地递送标的物，这也是快递行业的核心服务，也是快递企业提高竞争力的根本。快递企业可以通过提高技术水平、建立更加完善的信息系统等来实现对核心服务质量的控制。高质量的附加服务也可以使消费者的满意度提高，同时企业的综合竞争力也会得到提高，在激烈的竞争环境中，越来越多的快递企业在做好核心服务的基础上尽量为顾客创造良好的附加服务体验。消费者在选择能提供同质的核心服务的快递企业时，往往更加倾向于有着良好附加服务的快递企业。

　　快递服务是一种市场竞争性业务，具有私人产品性质。它源于现代社会市场竞争的需要，其本身的发展也是市场竞争的结果。快递产业以满足个性化需求为宗旨，以市场竞争为基础，提供个性化的附加服务，实行差别化的竞争性定价政策。我国快递市场的竞争一直处于比较混乱的状态，长期以来缺乏监管造成快递市场鱼龙混杂，对快递企业的投诉也一直居高不下，包裹丢失、损坏，送达延误等情况时有发生。为此由国家邮政局制定并颁发了《快递服务邮政行业标准》，并且于 2008 年 1 月 1 日起开始实施，证明国家开始意识到快递行业对社会生活的影响。核心服务质量的控制可以通过提高技术水平、建立更加完善的信息系统等来实现。好的附加服务可以提高顾客的满意度，提高企业的竞争力，在激烈的竞争环境中，越来越多的企业在做好核心服务的基础上尽量为顾客创造良好的服务体验。在能提供同质核心服务的企业中，顾客更加倾向于选择有着良好支持服务的企业。在快递服务中，收取快递和投递快递的员工是直接与顾客接触的，这些员工的素质为顾客留下了对于企业最直观的印象，加强对这些员工的培训直接影响到支持服务的质量。

　　（二）快递服务质量与物流服务质量的区别

　　在我国，快递服务质量内容与物流服务质量内容是有很大区别的。主要表现在以下 3 个方面：

1. 从定义上区分

物流服务是指物流企业或是企业的物流部门从处理客户订货开始，直至商品送达客户的过程中，为满足客户要求，有效地完成商品供应、减轻客户物流作业负荷所进行的全部活动。

快递服务是指为商务文件和包裹提供最快捷、最安全的"门到门"的全程服务，它要求快递企业收取发件人托运的快件后，利用多种快捷的运输方式，按照发件人指定的时间运送到指定的地点，并送交给指定的收件人，将运送情况向有关人员提供及时信息查询服务。所以从上述定义可知，快递产业服务质量与一般的物流服务质量还是存在很大的差异。

2. 配送规模

物流服务是大批货物的集中发运，而快递服务是小件物品的寄出和收取，即使只有一件也要运送。狭义的快递概念剔除了物流配送，物流配送是快递企业发展到一定规模才拓展的领域。

3. 仓储功能

快递企业也具备物流企业的基本功能：仓储运输。与物流企业不同之处在于，快递的仓储是时点的暂存，而物流是时段的暂存或长存，快递的服务功能重在分拣和准时送递；而物流的服务功能重在运输和仓储。目前快递服务有两种主要的方式：以文件资料处理、图纸、贸易单证为主的函件快递；处理样品、高附加物品、社会活动礼品和家庭高档商品以及网购商品的货物快递。

（三）快递服务质量的内容

从以上与物流服务的区分和联系我们可以看出快递服务质量是企业服务水平的直接体现，它关系着顾客的满意度和忠诚度，会影响顾客与企业长期合作关系的建立，对企业的经营发展有着重要的影响。快递服务质量是快递活动本身固有的特性满足顾客要求的程度，它表现为顾客对所提供的快递服务的满意程度。快递服务质量包括快递对象质量、快递工作质量、快递顾客服务质量三方面的内容：

1. 快递对象质量

快递对象质量是在物品运送过程中对物品原有质量（性质、形状、重量等）的保证。快递的对象是具有一定质量的实体，快递过程在于保护和转移物品的这些质量，最终实现对顾客质量的保证。快递企业可以通过采用包装、加工等现代运输手段和技术，并严格遵循业务操作规范开展工作来尽量避免物品的破损。

2. 快递工作质量

快递工作质量是快递服务各环节、各工种、各岗位具体的工作质量。良好的快递工作质量表现为：采取恰当的措施使货物在储存期间维持良好的状态，货物在数量和质量方面未发生变化；根据顾客的要求和货物的特点，选择合适的运输方式和运输路线，安全、及时、准确地送达货物等等。

3. 快递顾客服务质量

在产品和服务的同质化趋势越来越强的市场竞争形势下，顾客服务成为企业的制胜法宝。快递顾客服务质量是快递企业在开展快递业务过程中为了使顾客满意而向顾客提供的相关服务活动的程度。快递企业通过应用GPS定位系统，使顾客对货物的运送情况能够随时跟踪与了解；快递企业提供上门取货和代收、催收货款等等这些服务反映了较好的快递服务质量。

在快递服务质量的各项内容中，快递对象质量是快递服务质量的基础与核心，可以直观反映出快递服务质量的基本水平，而快递工作质量则是快递服务质量的重点，它对整个快递服务质量状况起着关键性的影响，因为顾客对快递服务质量的感知与评价主要从快递工作质量方面着手。快递顾客服务质量是快递服务质量的增值要素，随着市场竞争形势的日益加剧，它正逐渐成为快递企业树立和强化竞争优势的重要内容。

（四）快递服务质量评价的范围

快递产业以满足个性化需求为宗旨，以市场竞争为基础，提供个性化的附加服务，实行差别化的竞争性定价政策。对于顾客来说，快递企业的核心服务是能够快速、准确、安全地递送承运人所投递之物，这也是快递企业提高竞争力的根本。快递产业还提供个性化的附加服务，附加服务是快递企业为了使顾客得到核心服务而提供的一些必要的方便性服务和增益性服务，如预订服务、上门取货、网上跟踪查询订单等。要想建立全面的快递企业服务质量评价体系，需要全面观察服务系统，了解评价的范围。

1. 快递服务质量评价的内容

服务质量的评价主要包括核心服务质量评价和支持服务质量评价。快递产业的核心服务质量如客户投诉率、包裹丢失率、包裹损坏率、递送延迟时间等，这些指标在一定程度上是可以客观评价的。像员工服务态度、专业程度、着装统一等支持服务质量指标，主要考察的是顾客对员工服务的满意度，属于主观范畴，很难进行客观评价。

2. 快递服务过程

快递企业服务过程是指企业从接收快件到送达目的地的整个过程。快递服务过程一般包括收件、投递和签收三个大的服务环节。过程评价就是通过一定方法来评价服务流程是否合理，服务过程是否出现失误的环节。如收件后是否能够及时送达配送中心；快件如何分拣，分拣效率和准确性如何；快递员递送路线如何选择等。通过对服务过程、作业流程的评价，可以发现和改正服务工作中的协调性与行动顺序上的问题，并不断改善服务质量。

目前，快递行业所采用的通常是全面质量管理，服务质量评价仅仅作为其中的一个环节，而且其评价也大部分依据可靠性这一个感知维度，大部分是从快递企业的角度来判断服务是否到位，属于企业的自我评价，如FedEx，UPS，DHL等企业通过统计包裹投递的丢失、损坏、延迟的比例，对服务质量进行定时的检测和控制。其中最典型的例子为美国联邦快递企业的服务品质指数（Service Quality Index），它包括了每天都会发生的12个错误，每个错误都对应一个相应的分值，根据错误发生的次数和权重，最后得出每天的分值，这样就能够很直观地对服务人员的服务失误进行量化和控制。

第三节　快递服务质量的评价

一　快递业顾客感知价值

（一）顾客感知服务质量模型

顾客感知价值是在一定的关系期间，对企业提供一种产品或者服务所感知到的所有权益与感知到的所有成本的差额。1982年，瑞典著名服务市场营销学专家克·格鲁诺斯提出"顾客感知服务质量模型"，认为顾客对服务质量的评价过程实际上就是将其在接受服务过程中的实际感觉与他接受服务之前的心理预期进行比较的结果：如果实际感受满足了顾客期望，那么顾客感知质量就是上乘的，如果顾客期望未能实现，即使实际质量以客观的标准衡量是不错的，顾客可感知质量仍然是不好的。在模型中，顾客感知的服务质量被分成了技术质量和功能质量，技术质量是指提供什么样的服务，功能质量是指如何提供服务（过程性的特点）；顾客感知的差距模型是通过比较顾客感知与顾客期望之差，来评价服务质量的。以 P 来表示顾客期望，E 来表示顾客感知，当 P < E 时，是令顾客感到惊喜的服务质量；当 P = E 时，是令顾客感到满意的服务质量；当 P > E 时，是令顾客感到失望的服务质量。这一模型的意义是非同凡响的，它对服务质量的过程性这一特点做了研究，使得企业不仅仅要注意服务的结果，还要看重提供服务的方式，清晰地规划如何提高服务过程质量。顾客感知服务质量综合模型，如图 2 - 1 所示。

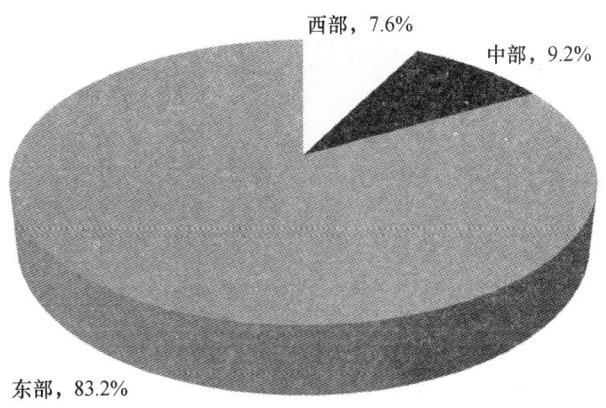

图 2 - 1　顾客感知服务质量综合模型

但是，这一模型也有缺点：虽然提出了期望—感知的差距去衡量服务水平的结论，但是没有提出详细的影响维度、指标。顾客感知价值具有多维性，价值是一个多维度函数，具有动态性，顾客在不同情境下、消费的不同阶段以及与企业的不同关系阶段，对价值的感知具有很大的差别，根据 Sheath （1991） 和 Sweeney （2001） 等人的模型，顾客感知价值的影响因素可以分为几个不同的维度。但是由于研究对象、时代背景等不同，学者们提出的模型也不尽相同。

（二）顾客感知价值的影响因素

Sheath 等人 （1991） 从消费者的角度提出了价值的五个维度：社会价值、情感价值、功能价值、认知价值和条件价值。在他的模型中，社会价值是指消费者从产品或服务中获取的社会效用；情感价值指的是消费者从产品或服务中获取的情感上的效用；功能价值指的是消费者所感知的产品或服务的质量和期望性能；认知价值是指产品令人惊奇和新鲜的方面；条件价值是指在特殊环境下感知到的价值。然而值得注意的是，这五个维度并不是在任何时候都存在的，这与所研究的具体的产品或服务相关。

Sweeney 和 Soutar（2001）区分了功能价值的两个方面——质量和价格，并发展了一个"PERVAL"模型。在这一模型中，认知价值（产品令人惊奇和新鲜的方面）和条件价位（在特殊环境下感知到的价值）被排除在外。因为这两个维度对于他们研究的问题（对耐用品的研究）来说是不适用或者不重要的。但总的来说，在现有研究中，功能性价值、经济性价值、社会性价值、情感性价值是四个被学术界普遍接受的维度。

1. 功能性价值

功能性价值是给顾客带来功能性利益的重要因素。Parasuraman 曾指出，顾客价值是对所获得的质量和付出的价格权衡的感知。Gronroos 根据认知心理学提出了顾客感知服务质量模型，认为服务质量包括技术质量和职能质量。功能性价值与产品或服务的效用有关，是指顾客对快递服务是否解决其快递功能性问题的感知，是顾客拥有产品或服务的利益。顾客付出成本购买的是服务的实体性价值，比如服务质量的好坏，是否解决了顾客的问题等。具体到快递服务企业来说，顾客通过购买和使用快递服务，期望这些服务能解决企业在快递运作上的问题，提高企业的快递服务水平，进而提高企业的竞争力。具备高功能性价值的服务必定能解决顾客的问题，使顾客的期望得到满足。相反，功能性价值低的服务，其质量和性能肯定达不到顾客的期望，从而降低顾客的感知价值。主要表现在：（1）是否有效解决了企业的物流问题；（2）是否提高了企业的物流运作水平；（3）是否提高了企业对顾客的服务水平；（4）是否提升了企业的市场竞争力。

2. 经济性价值

经济性价值是顾客对产品或服务给顾客带来的经济上的感知，是指顾客购买产品或服务时在经济上的期望与评价。不同行业不同产品或服务给顾客带来的经济价值不一样，顾客对快递企业的经济价值感知是指顾客对快递服务给其带来的经济利益方面的感知，包括该快递服务是否值得、购买该快递服务是否划算、是否节约快递成本、是否经济实惠、是否是好的交易、经济效益如何等方面的内容。顾客购买产品或服务以及在使用的过程中,期望产品或服务能给自己带来一定的经济利益。产品或服务给顾客带来的经济利益越明显,顾客在经济上的感知价值就越高。在快递服务行业,顾客通过选择价格合理的快递服务商,期望获得的经济利益包括节约企业的快递成本、提高绩效,进而提高企业的经济效益。经济性价值是顾客选择服务时考虑的重要因素,它包括顾客购买服务时的经济成本以及从服务中获得的经济利益。

3. 社会性价值

社会性价值是指一个产品或服务能使顾客与其他社会群体联结,是顾客使用产品或服务过程中给顾客带来的社会性影响。有时候在顾客使用产品或服务的主要目的之外,还包含为了取得社会群体的认同,或是符合其社会规范,或是借以展现其内在的形象的目的。顾客的目的不仅仅是为了满足功能上的需求,还要能够显示出自己的社会地位。社会性价值包括购买服务后给顾客带来的社会影响等方面的内容。具体来说,它包括是否提高了顾客的形象,是否提升了知名度等内容。顾客购买、使用产品或服务除了给顾客带来实体性价值之外,还给顾客带来非实体性的影响。质量好、价格合理、知名度高的产品或服务会给顾客带来良好的社会性影响。

4. 情感性价值

情感性价值是指产品或服务所具有的改变消费者情感或情绪状态的能力或效用,是指顾客从产品或服务中获取的情感上的效用,这些感知内容主要是指顾客的心理状态。使用一个具有情感性价值的产品或服务能触发消费者某些情感,或是使情感更增强更持久。驱动顾客选择的情感可能是正面的如忠诚、怀旧、兴奋,也可能是负面的如恐惧、罪恶感、生气的。顾客在使用服务的过程中及服务完成之后会对快递企业产生情感性的感知。情感性价值的内容包括是否对该企业的服务感到放心,与该企业合作是否愉快,该企业是否值得信赖等等。高的情感性价值感知能提高顾客的感知价值,进而对顾客的购买意向产生影响。

(三) 快递业顾客感知价值

通过对以上指标进行归纳分析,最终确定快递企业顾客感知价值影响因素,如表 2 – 3 所示。

表 2 - 3　　　　　　　　　　快递企业顾客感知价值影响因素

顾客感知价值影响因素	影响因素的内容
功能价值	有效解决顾客的快递需求
	该企业的快递运作过程高效（包括快递运送所需的时间问题；快递员送抵时的服务问题；快递包裹的包装问题等）
	该企业的服务水平高
	该企业具有一定的市场竞争力
经济价值	该企业的服务价格合理
	该企业的快递成本低
	该企业的快递服务更好
	该企业的经济效益高
社会价值	该企业的形象好
	该企业的知名度高
	该企业具有一定的社会认同感
情感价值	与该企业合作我很放心
	与该企业合作我很愉快
	与该企业合作我很省心
	该企业值得信任

二　快递业服务质量影响因素

（一）服务质量的评价

评价服务质量是一项挑战，因为顾客满意是由许多无形因素决定的。评价服务组织的服务质量的一个合适方法就是测量顾客的质量感知，即顾客的满意程度。西方服务业普遍采用一种名为 SERVQUAL 的方法来评价服务质量，它是以服务质量差距模型为基础的调查顾客满意程度的有效工具。然后对比两种评价的结果，找到其中的差距而得到最后的对服务质量的评价。

1985 年，美国营销学家 A. Parasuraman、Valarie A. Zeithaml 和 Leonard L. Berry 等人在回顾了质量评估方面的相关研究文献之后得出结论，服务质量不能依赖于传统的产品质量理论进行定义或测量，服务质量较之于产品质量更难测量。

此外，三位学者还提出了下面两个主要观点：服务质量是实际服务绩

效感知与服务期望之间的比较结果；顾客对服务质量的感知包括在服务的
交付过程及结果中。他们还特别指出，服务质量水平的高低取决于服务过
程中顾客接受的服务与服务期望之间差异程度的大小。该理论得到了学者
们的广泛认同，并成为服务质量研究的经典理论基础。A. Parasuraman、
Valarie A. Zeithaml 和 Leonard L. Berry 拓展了上面的观点并进一步提出，
服务质量是一个与"态度"相类似的概念。他们认为，服务质量是顾客
对服务质量相关影响因素实际表现的感知同服务的期望之间的比较结果，
这个关系可以概括为式 2 - 1 所示的公式。

$$服务质量（Q）= 绩效感知（P）- 服务期望（E）$$

（式 2 - 1）

研究表明，顾客在评估服务质量时只是参照以往的经验，基于上述结
论，顾客感知的服务质量进一步被假设为一系列从理想化的质量到完全不
可接受的质量之间的连续排列。在此排列中，其中只有一部分代表了顾客
满意的服务质量。国内有一种观点认为服务质量包括设计质量、技术质
量、行为质量和感觉质量四个方面。设计质量是指企业向消费者提供什么
服务和如何提供服务；技术质量是指进行服务所需要的场地、建筑、设备
以及一切客观实体和管理操作技术；行为质量也称操作质量，它包括服务
人员的态度、外表、衣着、语言、行为、对本职工作的忠诚、对顾客的热
情以及和同事的合作精神等；感觉质量是由顾客所期望的服务和实际接受
的服务所决定的。

1985 年，A. Parasuraman 等人对小额银行业务、信用卡、证券交易和
产品维修 4 个行业的顾客进行了焦点访谈。他们认为，如果不考虑服务种
类，消费者在评估服务质量时使用基本相同的标准。他们还将这些标准总
结为 10 个关键类别，称其为"服务质量的决定因素"。1988 年，他们又
将 10 项关键因素归纳为可靠性、响应性、保证性、移情性和有形资产 5
类因素，并提出了著名的服务质量评价方法——SERVQUAL 评价模型，
如图 2 - 2 所示。

（二）快递业服务质量的影响因素

以修正的 SERVQUAL 为依据，从可靠性、有形性、保证性、响应性
和移情性这五个指标分析影响快递企业的服务质量因素。

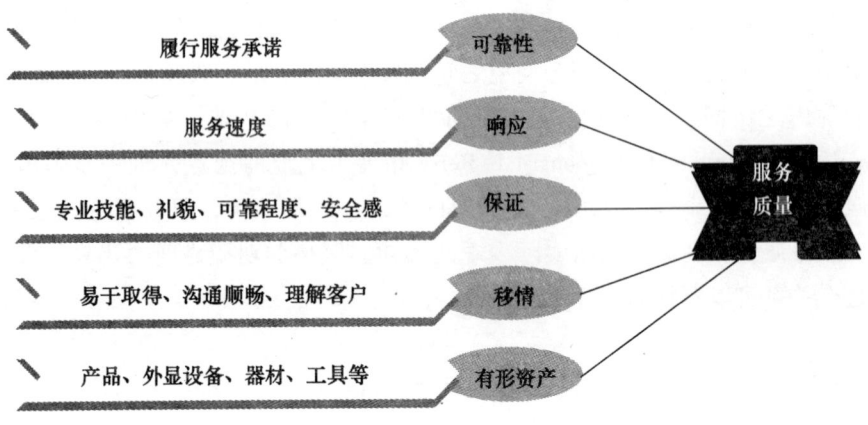

图 2 - 2　SERVQUAL 模型

1. 可靠性

可靠性指可靠地、准确地履行服务承诺的能力。这是快递服务最重要的属性，能否准确、快捷地将快件送达，是否出现快件丢失或损坏的情况是顾客衡量服务质量最重要的依据。快递企业应该在递送过程中严格执行各种程序和标准，尽量地减少失误，确保消费者的权益不受到损害。几乎所有快递企业都非常重视可靠性，并且通过各种技术和管理手段提高服务的可靠性，从而增加竞争力。顾客绝对不会选择不可靠的快递企业，是否具有可靠性是快递企业能否生存的关键属性。最新的《快递产业服务标准》中对快递企业的服务时限、安全性和准确性都做了规定。参照此标准，结合 SERVQUAL 量表在可靠性维度下的指标说明，我们将快递企业可靠性维度指标划分为：能够快速送达、中途不出现快件丢失的现象、中途不出现快件损坏现象和递送的准确性四个指标。

2. 有形性

有形性指企业提供的服务在外部顾客心目中感受到的和留下的"有形部分"，即有形的设备、设施、人员和沟通材料的外表。对于快递企业来说有形性指标具体包括设施、设备、服务人员仪表、收费和网站情况。相比修正的 SERVQUAL，结合快递企业的特点，本体系增加了网站的设计简洁、使用方便指标。这也符合《快递产业服务标准》对快递企业"信息管理"标准的要求，标准规定："快递服务组织按照不同的服务内容，信息管理应满足以下要求：提供同城快递服务的组织应具备存储服务统计信息、顾客信息和投诉信息的设施，满足信息存储和查询的需要；提供国内异地、国际快递服务的组织还应具备计算机处理系统，能够提供覆盖服务范围的即时查询服务。"这些有形的服务环境可以给顾客留下直观的印象，从而影响顾客对整体服务的感知，因此，经营者应该尽可能地为顾客创造良好的有形环境。

3. 保证性

保证性指员工自身的专业技术、知识水平、服务态度和礼节。保证性指标可以激发顾客对企业的信任感。顾客与快递企业合作，基本上整个配送过程顾客是看不到的，能够直接接触到顾客的企业员工仅仅是前台服务人员和终端配送人员，所以这些服务人员的专业知识、服务态度以及处理顾客问题的能力也会大大影响到顾客对企业的印象。为此，企业应重视员工培训，提高员工的专业技能，让员工掌握服务过程中需运用的记忆、表达、分析、理解等能力和技巧，使得顾客对企业的服务倍感安全和放心。

4. 响应性

响应性指企业帮助顾客并迅速地提高服务愿望的能力。即服务企业要随时准备为顾客提供快捷、有效、及时的服务并愿意帮助顾客，从而给顾客感知的服务质量带来积极的影响，同时也反映了企业的服务理念。响应性强调服务人员在处理顾客要求、询问和投诉、问题时的专注和快捷。对于快递企业，响应性指标具体是：服务热线要畅通，顾客可以随时寻求帮助；能够及时提供上门服务和排队等候时间短，方便顾客；顾客都希望随时掌握自己所邮寄快件的动向，所以快递的跟踪查询功能也是快递企业响应性的一个重要指标。随着生活节奏的加快，人们对服务效率的要求越来越高，等候时间的长短是关系到顾客感知的服务质量优劣的重要因素，让顾客等待或不及时解决问题都会给质量感知带来消极影响。对于快递行业，这一点又尤为重要，在整个服务过程中，快递企业都要力争"快"。

5. 移情性

所谓的移情性主要是指企业和员工为顾客提供个性化服务、免费和延伸项目的提供以及跟踪回访等方面，即指企业员工设身处地为顾客着想并对他们给予充分的关注，使顾客充分感受到来自服务企业的尊重和重视。快递企业主要的移情性指标是指重视顾客的意见、能够与顾客很好地沟通和合理处理顾客投诉。例如，工作人员递送信件时是否充分考虑到顾客的时间和地点，当出现服务失误的时候能否恰当地处理顾客的投诉等。能够时时为顾客着想，让顾客获得最满意的服务，将会得到最好的评价。

快递企业的服务特点决定了以上的特性，将它们结合起来，就是快递企业整体的服务质量。对于每个顾客来说，对这五项维度的感知程度都是不同的，对有些顾客来说，可能可靠性会更加重要，而有些顾客可能更重视响应性。快递企业可以根据调查研究，找出需要改进的服务，采取相应的措施，尽量为顾客提供优质的服务。快递企业服务质量影响因素如表2-4所示。

表2-4   快递企业服务质量影响因素

快递企业服务质量影响因素	影响因素的内容
可靠性	准时发货
	准时到达目的地
	对在途货物各项记录的准确性
	企业的信誉是可靠的，值得顾客信赖
有形性	快递网点的设施与环境良好
	服务人员的着装仪表得体
	收费合理、公开、透明
	运输工具先进、快捷
	网站设计简洁、使用方便
保证性	企业有良好的形象
	服务人员的专业水平高
	服务人员的态度好
	服务人员能妥善处理顾客需求
响应性	服务热线畅通
	能够及时提供上门服务
	排队等候时间短
	能够实时跟踪查询快件状况
移情性	能够很好地与顾客沟通
	对顾客的问题很重视
	合理处理顾客投诉

　　快递企业可以结合表 2 - 4 的内容针对顾客进行相应的调查，通过调查对来自于顾客的信息进行计算和分析，从分析的结果中找出服务中存在的问题，从而找到需要改进的地方，并对此采取相应的措施，目的是改善服务，尽量为顾客提供优质的服务。

三　快递服务质量差距模型

　　服务往往很难达到顾客的期望质量，究竟在服务质量与顾客期望之间存在哪些差距呢？1985 年 A. Parasuraman、Valarie A. Zeithaml 和 Leonard L. Berry 提出了服务质量的差距模型，也称 5 GAP 模型。模型说明了服务质量是如何形成的。图 2 - 3 服务质量差距模型中的上半部涉及与消费者有关的现象，期望的服务是顾客的实际经历、个人需求以及口碑沟通的函数。模型的下半部表示受到企业营销沟通活动的影响。实际经历的服务，在模型中称为感知的服务，它是一系列内部决策和内部活动的结果。在服务交易发生时，管理者对顾客期望的认识，对确定组织所遵循的服务质量标准起到指导作用。当然，顾客亲身经历的服务交易和生产过程是作为一个与服务生产过程有关的质量因素，生产过程实施的技术措施是一个与服务生产的产出有关的质量因素。

　　分析和设计服务质量时，这个基本框架说明了必须考虑哪些步骤，然后查出问题的根源。要素之间有五种差异，也就是所谓的质量差距。质量差距是由质量管理前后不一致造成的。"差距分析模型"给出了差距形成的总体过程，因此可以借助该模型对快递企业服务质量差距形成的过程进行详细分析，这对于快递企业服务质量的评价和控制有重要的作用和意义，如图 2 - 4 所示。

　　快递服务质量差距分析模型说明了快递服务质量差距是怎样形成的。该模型的上半部分是与顾客相关的要素，下半部分是与快递企业相关的要素。通过该模型可以发现有 5 种质量差距存在于快递服务质量形成过程中，并可以知道且能够找到每种质量差距形成的原因，这能够很好地帮助快递企业管理层针对每种差距采取合理的措施来缩小差距，提高服务质量。

　　1. 差距一

　　管理者认识的差距，顾客期望与管理者认知之间的差距，即企业管理层对于顾客期望理解上的差距，称之为知识差距或认知差距。原因如下：

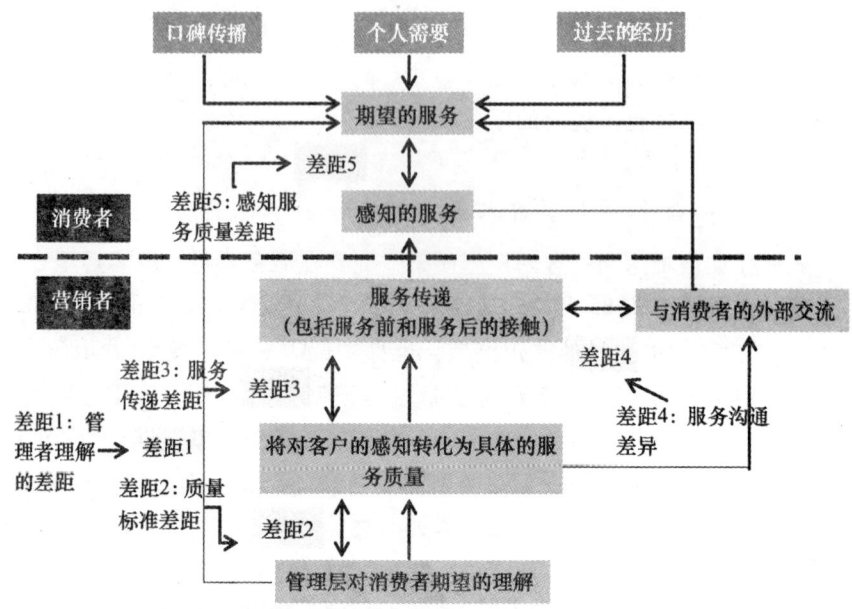

图 2 - 3   服务质量差距模型（5 GAP MODEL）

企业没有做过认真的市场调研和需求分析，缺乏准确的市场信息或理解偏颇；对期望的解释信息不准确；从企业与顾客联系的层次向管理者传递的信息失真或者丧失；臃肿的组织层次阻碍或改变了在顾客联系中所产生的信息等。

　　对于以上原因产生的问题其解决措施各不相同。如果问题是由管理引起，显然或者是改变管理，或者就是改变对服务竞争特点的认识。不过后者一般更合适一些。因为正常情况下没有竞争也就不会产生什么问题，但管理者一旦缺乏对服务竞争本质和需求的理解，就会导致严重的后果。

　　在快递服务中这是由于快递企业管理层对顾客期望的服务质量理解不够准确造成的。质量差距一在大多数企业中都存在，因此现在很多的企业都会在适当的时候进行客户满意度调查，以此来消除顾客和企业管理层对服务质量的理解的差距。当然，当质量差距一出现以后，企业的管理层必须足够重视，尽快想办法找到差距并消除差距，以此来制定企业的质量管理战略。

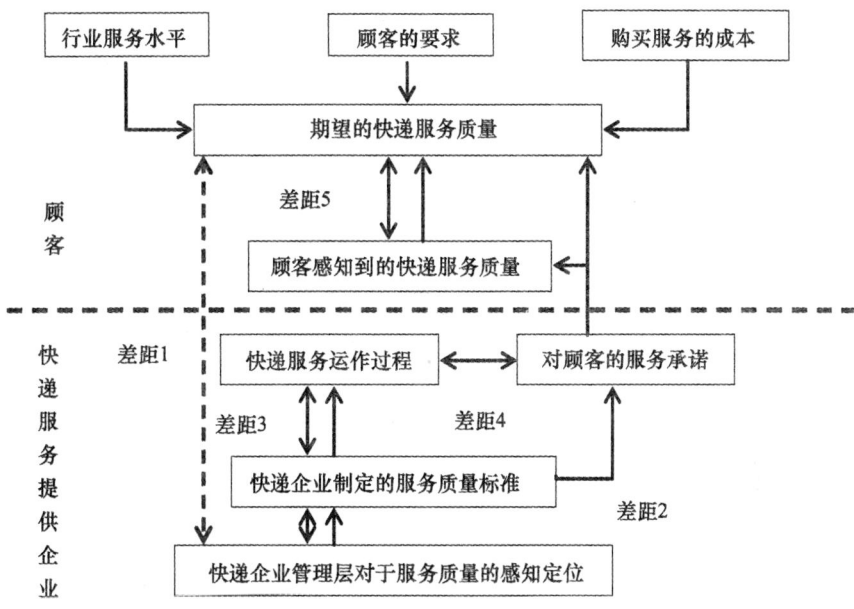

图 2-4　快递服务质量差距形成过程

2. 差距二

质量标准差距，管理者认知与服务质量标准间的差距，即企业管理层根据对顾客期望的理解，制定相应的服务规范时，产生的偏差，称之为质量标准差距。

原因如下：企业对服务规范重视不够；制定规范的方法有问题；质量标准与管理者对质量的认识不一致即服务质量的计划得不到企业管理层的支持；规范的描述不清楚；组织缺乏明确的目标；计划管理混乱等。

第一个差距的大小决定计划的成功与否。但是，即使在顾客期望的信息充分和正确的情况下，质量标准的实施计划也会失败。出现这种情况的原因是，最高管理层没有保证服务质量的实现。质量没有被赋予最高优先权。解决的措施自然是改变优先权的排列。今天，在服务竞争中，顾客感知的服务质量是成功的关键因素，因此在管理清单上把质量排在前列是非常必要的。总之，服务生产者和管理者对服务质量达成共识，缩小质量标准差距，远远比任何严格的目标和计划过程重要得多。

在快递服务中这表示快递企业制定的服务质量标准和企业的管理层对于质量标准的感知定位有一定的差距。它是企业内部问题，需要企业上下层之间顺畅沟通，制定出适合企业现状和能满足顾客对服务质量要求的质量标准，以此达到提升企业服务质量的目的。

3. 差距三

服务交易差距，服务质量标准与服务交付（包括交付前和交付后）之间的差距，即企业制定的服务规范和实际提交的服务质量之间的差距，称之为提交差距或服务传递差距。主要是指服务生产和交易过程中员工行为不符合质量标准。

原因如下：企业制定的服务规范太复杂，不便于操作；一线员工不理解、不认可或不愿意执行这些规范；服务标准与现有的企业文化相冲突；企业内部服务生产管理混乱；内部营销管理不充分或根本不开展内部营销工作；技术和系统没有按照服务标准为工作提供便利等。

可能出现的问题是多种多样的，通常引起服务交易差距的原因是错综复杂的，很少只有一个原因在单独起作用，因此解决措施不是那么简单。

在快递服务中产生质量差距三的主要因素是人，为了避免这种差距的产生，快递企业的领导层需要经常深入基层，和基层作业人员沟通，使基层作业人员明白管理者的意图。另外需要经常对企业基层员工进行职业培训，以提高他们的专业技能和执行力。

4. 差距四

营销沟通的差距，服务交付与外部沟通之间的差距，即企业在对外沟通上存在的差距，称之为沟通差距或市场营销传播差距。主要是指营销承诺与实际提供服务不一致。

原因如下：企业没有协调好市场营销宣传和实际服务运营的关系；传统的市场营销和服务生产之间缺乏协作；营销沟通活动提出一些标准，但组织实际不是或没有能力按照这些标准完成工作；营销中夸大了服务质量和服务承诺，而企业实际难以完成。

引起这一差距的原因可分为两类：一是外部营销沟通的计划与执行没有和服务生产统一起来；二是在广告等营销沟通过程中往往存在承诺过多的倾向。在第一种情况下，解决措施是建立一种使外部营销沟通活动的计划和执行与服务生产统一起来的制度。例如，至少每个重大活动应该与服务生产行为协调起来，达到两个目标：第一，市场沟通中的承诺要更加准确和符合实际；第二，外部营销活动中做出的承诺能够做到言出必行，避免夸夸其谈所产生的副作用。在第二种情况下，由于营销沟通存在滥用

"最高级的毛病"，所以只能通过完善营销沟通的计划加以解决。解决措施可能是更加完善的计划程序，不过管理上严密监督也很有帮助。

这一差距在快递服务中是由于快递企业所许诺的服务质量与客户对服务的感知不一致所造成的，因此快递企业在进行销售宣传时要实事求是，切忌不可为了扩大业务量而夸大自己的服务水平，这样如果承诺的服务不能兑现，将变成对顾客的欺骗行为，会对企业造成灾难性的后果。

5. 差距五

感知服务质量差距，表示客户所感知到的服务质量与期望的服务质量差距，即服务差距或服务感知差距，是指顾客体验和感知到的服务质量与顾客期望不一致。

这个差距是前面四个差距的综合效果，它会导致以下后果：消极的质量评价和质量问题；不良的口碑；对企业形象的消极影响；丧失企业的业务和市场。第五个差距也有可能产生积极的结果，它可能导致相符的质量或过高的质量。感知服务差距产生的原因可能是本部分讨论的众多原因中的一个或者是它们的组合。当然，也有可能是其他未被提到的因素。

这个差距是服务质量中最主要的差距，是顾客评价服务水平的一个关键指标，也是在服务过程中各个因素综合作用的结果，因此在快递产业服务质量管理中我们不仅要关注质量差距五，同时必须关注其他的差距，从而找到问题产生的根源，找到具体的针对性措施以提高服务质量。

第四节　快递服务存在的问题

一　××快递企业服务质量差距分析

下面是我们收集到的某一快递企业的信息，结合上一节快递服务质量的知识，对该快递企业进行服务质量差距分析。

××快递企业在我国快递行业已打拼多年，是一家服务较好、价格稍贵、速度最快的直营快递企业。该企业一般使用空运，能通达全国主要的一、二、三级城市，每一个城市都有配送范围，但超出范围需要增加服务费。下面将利用该企业 2013 年 1—5 月的业务数据，通过快递服务质量差距分析模型，选取遗失率、损坏率、一般失误率、中转准点率 4 个指标，对该快递企业服务质量进行分析，剖析产生服务质量问题的原因，提出相关的解决措施。××快递企业 2013 年 1—3 月份的快件中转量基本成稳定增加趋势，3 月份中转业务量达到最大值，4—5 月份则有微小的下降。2011 年国家邮政局发布的《快递服务"十二五"规划》指出：我国重点快递企业省会及重点城市间快件 72 小时投递率将达到 90% 以上；快件延误率降低到千分之八、损毁率降低到万分之一、丢失率降低到十万分之五以下；快递服务的社会用户总体满意度须达到 70 分以上。这对快递企业的服务质量评价提供了标准。

（一）快件遗失

快件遗失是快递服务中最严重的一类失误，它将使得快递企业对客户的服务承诺完全无法兑现，顾客期望的服务质量与感知的服务质量之间的差距最大化，也就是质量差距五最大，客户满意度最低。表 2 - 5 是 × × 快递企业 2013 年 1—5 月份快件遗失率统计情况。

表 2 - 5　　　× × 快递企业 2013 年 1—5 月份快件遗失率统计表

月份	中转量（单位：票）	遗失率（十万分之一）						
		遗失件汇总			整票遗失		部分遗失	
		目标值-	票数（单位：十万票）	遗失率	票数（单位：十万票）	遗失率	票数（单位：十万票）	遗失率
1	6393582	0.56	45.5	0.71	35.5	0.56	10.0	0.16
2	7296004	0.56	29.5	0.40	18.0	0.25	11.5	0.16
3	8871396	0.56	35.5	0.40	26.0	0.29	9.5	0.11
4	8629988	0.56	39.0	0.45	22.0	0.25	17.0	0.20
5	8428877	0.56	24.5	0.29	13.5	0.16	11.0	0.13

通过表 2 - 5 可以发现，× × 企业的遗失率（包括整票遗失和部分遗失）只有 1 月份高于目标值，在 2—3 月份快件中转量增加的情况下遗失率总体保持下降，4 月份略有反弹，但是 5 月份则下降。该企业目前在遗失率控制方面整体表现不错，低于 2011 年国家邮政局制定的标准（低于十万分之五），但是远没有达到零遗失这个最优目标，可以进一步采取措施来降低遗失率，争取向零遗失靠近。

1. 快件遗失的主要原因分析

（1）内部员工顺手牵羊。快递送达业务需要人工操作，几乎所有快递环节的人员都有可能对货物做手脚。快递员、运货司机、搬运工、扫描员、分拣员、客服人员等都有机会接触包裹，遇到素质不好的员工，难免出现顺手牵羊的现象。

（2）快递员在送货过程中，货物被别人偷走。

（3）操作不规范产生的快件遗失。当快件积累到一定量的时候，比如"爆仓"，就会减少扫描次数，从而导致部分物品丢失短少。

（4）员工责任感不强，工作疏忽，在分拣、分拨中的遗失。

2. 降低遗失率的措施

（1）企业的管理层必须充分认识到快件遗失的巨大危害，加强对遗失率控制的重视程度，消除质量差距一。

（2）根据遗失率的变化适时调整遗失率目标值，消除质量差距二。

（3）改善软硬件设备，加强对员工的职业培训，提高他们的专业技能，比如在仓库安装摄像头，保证不存在任何死角，从而杜绝仓库内货物丢失；要求快递员尽量将车子停放到保安能看到的地方；为一线快递人员每人配备一个手持移动终端，可实时地将包裹收送情况扫描到企业系统内，做到责任到人，以此消除质量差距三。

（4）如果遗失事件发生，则应当积极理赔，争取把顾客的损失降到最低，避免给企业形象和声誉带来更深层次的负面影响。

（二）快件损坏

顾客得到的物品是损坏件，这使得快递企业对于顾客的服务承诺无法兑现，客户满意度降低。表2-6是××快递企业2013年1—5月份快件损坏率统计情况。

表2-6　　××快递企业2013年1—5月份快件损坏率统计表

月份	中转量（单位：票）	损坏率（十万分之一）		
		目标值	票数（单位：十万票）	损坏率
1	6393582	3.41	185	2.89
2	7296004	3.41	128	1.75
3	8871396	3.41	240	2.71
4	8629988	3.41	240	2.78
5	8428877	3.41	234	2.78

通过表 2 - 6 可以发现，××企业 1—5 月份的损坏率都低于目标值，也低于 2011 年国家邮政局制定的标准（低于万分之一）。2 月份在快件中转量增加的情况下损坏率下降，3—5 月份在业务量上升的情况下则略有反弹，但仍低于目标值。该企业目前在损坏率控制方面整体表现较好，但仍有提升的空间，可以进一步采取措施来降低损坏率，争取达到零损坏。

1. 快件损坏的主要原因分析

（1）收件时包装不当。有些快件是由顾客自己包装的，快递员缺乏责任心，不检查包装质量，导致快件损坏。

（2）快件在分拣中心以及在机场的野蛮装卸导致物品摔坏。

（3）快件在分拣中心以及在机场装卸时员工踩踏导致快件损坏。

（4）员工能力不够或者缺乏责任意识，工作中的操作不当引起的损坏。

（5）堆码时不遵循大不压小，重不压轻的堆码原则导致快件损坏。

2. 降低损坏率的措施

（1）快递企业的管理层应该充分认识到快件损坏的危害，适时调整损坏率控制目标值，加强对损坏率的控制，消除管理者差距一。

（2）易损的快件包装时一定要让快递员打包，切勿让客户自己打包，而且要选取合理的包装材料和方法，箱内填充物应充实填满空隙，消除质量差距二。

（3）改善装卸设备和条件，制定装卸作业工作标准，减少野蛮装卸和踩踏造成的快件损坏；按照基本堆码原则码放物品，易碎物品应注意在明显位置张贴易碎等标识，运输环节注意重不压轻、大不压小的装载要求，消除质量差距三。

（4）加强对员工的职业培训，提高员工业务能力，减少操作不当引起的损坏，搬运物品要做到轻拿轻放，货物摆放应有序，工作过程中严格执行既定的服务标准，确保对顾客的服务承诺得以实现，消除质量差距四。

（5）如果损坏事件发生，则应当积极理赔，争取把顾客的损失降到最低，避免给企业形象和声誉带来更深层次的负面影响。

（三）快件一般失误

快件一般失误是指由于电话写错（或者电话不通）联系不到收件人、收件地址错误、快件分拣出现错误等原因导致快件不能按时送达到收件人手中。快件一般失误使得顾客不能及时得到承诺的服务，导致客户满意度降低。表 2 - 7 是 ×× 快递企业 2013 年 1—5 月份快件一般失误率统计情况。

通过表 2 - 7 可以发现，×× 企业 1—5 月份的一般失误率都低于目标值，在 2—3 月份快件中转量增加的情况下一般失误率持续下降，4—5 月份在中转量下降的情况下则略有反弹，但都低于目标值。虽然目前该企业的一般失误率低于目标值，但数据反映出来还是存在一些问题，为了进一步降低一般失误率，需要不断修正目标值来控制一般失误率，达到降低一般失误率的目的。

表 2 - 7　　×× 快递企业 2013 年 1—5 月份快件一般失误率统计表

月份	中转量（单位：票）	一般失误率（十万分之一）		
		目标值	票数（单位：十万票）	一般失误率
1	6393582	12.29	772.5	12.08
2	7296004	12.29	717.0	9.83
3	8871396	12.29	664.5	7.49
4	8629988	12.29	489.5	5.67
5	8428877	12.29	551.0	6.54

1. 快件一般失误的主要原因分析

（1）分拣出现错误，导致快件流向错误。

（2）快递员不愿意二次投递，没有将物品送到正确的收件人手上。

（3）顾客随意填写面单。

2. 降低一般失误率的措施

（1）企业的管理层必须充分认识到一般失误危害，消除质量差距一。

（2）调整一般失误率控制目标值，并从上到下加以贯彻执行，消除质量差距二。

（3）加强对员工的职业培训，增强员工的责任意识，减少分拣失误和投递失误，做到收送件全程按照企业既定标准服务，消除质量差距三。

（4）快递员在顾客填写面单时应当积极指导，填写完毕需认真核对，确保面单填写准确无误。

（5）如果失误事件发生，及时告知顾客具体的情况，积极理赔，争取把顾客的损失降到最低，避免给企业形象和声誉带来更大的负面影响。

（四）中转准点率

中转准点率关系到快件能否按时送达顾客手中，是快递中最常出现，也是客户最关心的一类问题。如果中转准点率高，将保证顾客能够及时得到自己的货物，有助于提升客户满意度。表 2 - 8 是 × × 快递企业 2013 年 1—5 月份快件中转准点率统计情况。

表 2 - 8　　× × 快递企业 2013 年 1—5 月份快件中转准点率统计表

月份	中转量（单位：票）	中转准点率		
		目标值	延误次数	准点率
1	6393582	96.5%	63	98.54%
2	7296004	96.5%	8	98.81%
3	8871396	96.5%	25	99.52%
4	8629988	96.5%	35	99.32%
5	8428877	96.5%	0	100%

通过表 2 - 8 可以发现，× × 企业各月份的中转准点率都高于目标值，在 1—3 月份随着快件中转业务量持续提高，中转准点率也是逐渐提高的，4—5 月份在业务量比较稳定的情况中转准点率也稳定在 99% 以上，远高于目标值，特别是 5 月份中转准点率达到 100%。该企业在中转准点率方面控制得很好，但还需提高目标值以加强对中转准时性的控制，以此提高投递速度。

1. 中转延误的主要原因分析

（1）天气原因造成交通堵塞，航班延误、取消，高速公路封闭，国道公路交通处于拥堵、半瘫痪状态，导致中转延误。

（2）年关爆仓以及员工流失导致中转延误。

（3）其他人为因素造成的快递中转延误。

2. 提高中转准点率的措施

（1）延误是目前顾客投诉最多最关注的问题，企业的管理层必须高度重视包裹快件投递速度，适时调整中转准点率，消除质量差距一。

（2）对于天气等不可抗力因素，事前做好预案，尽量减少不可抗力因素的影响，消除质量差距二。

（3）对于年关出现的爆仓情况提前做好预案，保证员工队伍的稳定，及时完成中转工作。

（4）制定中转作业流程，加强员工的培训，减少人为要素造成的中转延误，消除质量差距三。

（5）如果中转延误事件发生，及时通知顾客具体的情况，积极理赔，争取把顾客的损失降到最低，避免给企业形象和声誉带来更深层次的负面影响。

（五）总述

快件遗失、损坏、中转延误给企业带来的负面影响主要有：影响企业声誉和形象；流失潜在客户；赔偿客户经济损失，减少企业营收；增加客服部及其他相关部门工作量。

因此在服务过程中，快递企业除了要防止物品的丢失损坏，及时快速地把物品送到顾客手中外，还要进一步加强管理，提升快递服务水平以及客户满意度，树立良好的声誉和企业形象。首先，企业的管理层要准确认识到对于服务的期望水平，制定合理的服务标准，消除质量差距一；其次，制定合理的作业流程和标准，招聘合格的员工并适时对其进行职业培训，确保企业制定的作业标准能够顺利贯彻执行，消除质量差距二和差距三；再次，要实事求是进行销售宣传，保证承诺的服务一定要兑现，消除质量差距四；最后，要适时回访老顾客，企业内部沟通要顺畅，确保制定的服务标准合理并且能够实现，消除质量差距五。

二　快递服务存在的问题

中国快递产业随着国民经济的提高也在飞速发展，外资企业进入中国后，带来了先进的技术和管理理念，同时激活了市场竞争意识，推动了和加快了快递市场的发育和成长，我国快递产业的服务质量和服务意识有了很大的提升，但与快递产业的高速发展以及人们对快递服务质量的需求不断提升及服务需求多样化相比，快递产业的服务质量显然还有较大的提升空间。

（一）从服务提供方角度分析

在我国快递企业中，民营快递企业问题较为集中：

1. 从业人员素质较低

从事快递产业的一线员工大多数是下岗职工、城镇待业青年和农村务工人员，文化程度普遍较低，企业管理人员中文化水平及管理水平均不高。由于快递产业的一线工作辛苦、工作环境相对较差且工资普遍偏低很难吸引高素质的稳定的员工。

2. 服务水平偏低

由于快递产业从业人员多数文化素质较低，而且缺乏系统、正规的培训，普遍存在业务不熟、技术不精、服务不到位不及时等问题，再加上很多快递企业实行加盟制的扩张战略，使快递企业对一线员工的管理不到位，以致出现损坏丢失顾客快件，将贵重快件物品据为己有等恶性事件发生。

（二）从服务质量角度分析

我国快递服务的问题主要集中于快件递送过程中：

根据中华人民共和国国家邮政局 2012 年、2013 年对快递产业消费者申诉情况的统计分析，可以看到目前我国快递服务存在的问题。

2013 年共受理关于快递业务的有效申诉 196046 件，与 2012 年相比同比增加 58695 件，增长 42.7%。其中，反映快件延误的 85164 件，占43.4%；反映快件丢失及内件短少的 30921 件，占 15.8%；反映服务态度差（包括投递服务和收寄服务）的 63212 件，占 32.3%；反映快件损毁的 12562 件，占 6.4%；反映代收货款问题的 2046 件，占 1.0%：反映违规收费的 1691 件，占 0.9%；反映其他问题的 450 件，占 0.2%，如表2 - 9 所示。

表 2 - 9　　　　快递业务有效申诉问题 2013 年与 2012 年比较表

	延误	投递服务	丢失短少	损毁	收寄服务	代收货款	违规收费	其他	合计
2012 年（件）	63138	37455	21993	8273	3392	1535	1213	352	137351
问题占比例（%）	46.0	27.3	16.0	6.0	2.5	1.1	0.9	0.3	100.0
2013 年（件）	85164	57412	30921	12562	5800	2046	1691	450	196046
问题占比例（%）	43.4	29.3	15.8	6.4	3.0	1.0	0.9	0.2	100.0
同比增加（件）	22026	19957	8928	4289	2408	511	478	98	58695
同比增长（%）	34.9	53.3	40.6	51.8	71.0	33.3	39.4	27.8	42.7

资料来源：通过国家邮政局公布的数据信息整理得出。

　　2013 年快件延误、丢失及内件短少、损毁和服务态度（包括投递服务和收寄服务）不好等四项问题的有效申诉量比上年有较大幅度的增长，四项问题占有效申诉量的 97.9%，特别突出的是快件延误和投递服务。快件延误有效申诉量同比增加 22026 件，增长 34.9%，占有效申诉量的 43.4%；丢失短少有效申诉量 30921 件，同比增加 8928 件，增长 40.6%，占 15.8%；投递服务有效申诉量增长 53.3%，占 29.3%，收寄服务有效申诉量增长 71%，占 3%；快件损毁有效申诉量增长 51.8%，占 6.4%。2013 年消费者对快递服务申诉的主要问题是快件延误，其次是服务态度不好、丢失短少、快件损毁。

　　从表 2 - 9 中得知 2013 年度快递行业延误晚点问题最为严重，占了行业总投诉量的 43.4%。究其原因：企业的人员配备以及物流硬件设备的更新换代跟不上业务量的增长；快件在投递过程中存在众多不可控因素，如天气、道路交通情况因素等；客户对快递企业服务质量在准时性方面的要求有明显增加。

　　快件丢失及内件短少（15.8%），是由于部分快递企业没有固定的快件内部分拣处理场地和相对稳定的快件运输、投递网络，在快件流转过程中缺乏追踪，揽收到快件后委托其他快递企业进行投递，极易发生快件丢失及内件短少的问题。同时快件丢失及内件短少的可能原因还包括快递企业管理不到位、一线员工素质不高、对顾客货物不负责。

　　快件损毁（6.4%），大都是在运送中转和投递过程中造成的，主要原因在于：（1）快递企业目前的硬件保障设备还不完善，在中转和投递的过程中可能发生了货物碰撞，从而导致货物的损毁；（2）大多数快递企业在快递的流转过程中没有明确的操作规范，导致操作过程没有规范；（3）从业人员素质不高，操作不规范，在运送过程中存在粗暴野蛮操作的问题，从而使货物遭到人为的损坏。由于从业人员的素质不高、经营管理方式落后等问题，加上部分企业片面地追求经济利益，习惯性采用格式合同、加盟的方式进行企业扩张，致使快递企业在解决用户的纠纷时，态度较差，遇到问题喜欢推诿。

　　代收货款（1.0%），造成快递企业代收货款业务出现问题的主要原因是：（1）快递企业对入网企业没有进行严格资质审核，快递企业利用其先交款再验货的规定进行代收货款业务时，消费者发现货物质量存在问题、自己被骗时，货款已无法追回；（2）快递企业一线从业人员素质不高也容易致使代收货款业务出现问题。

违规收费（0.9%），问题出现的原因主要在于：企业一线从业人员素质不高，快递企业管理制度存在问题，缺乏对业务员的严格监管，导致业务员违规收费存在可能。

图 2 - 5 中的数据反映了 2013 年与 2012 年各月快递有效申诉数量（包括全国所有快递企业的）。

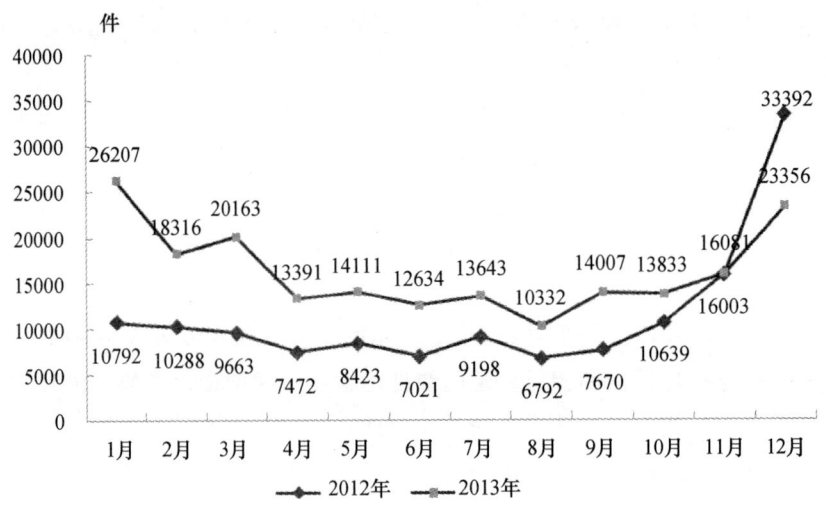

图 2 - 5　2013 年与 2012 年各月快递有效申诉数量图

资料来源：中华人民共和国国家邮政局：《2013 年邮政行业发展统计公报》，http://www. spb. gov. cn/。

从图 2 - 5 可以看到，2013 年度的月投诉量基本都高于 2012 年同期，究其原因，主要的因素在于高新技术的发展、国际贸易量增加、电子商务网上购物量的增加等，顾客对时间的要求越来越高，现在越来越多的用户和企业在寄送物品或文件时，会首选快递，随着用户群体的增加，投诉量也会在一定程度上相应地增长。但是整个曲线走势呈波动式上扬，这也从另一个侧面反映出企业已经注意到了客户投诉的问题，并在一定程度上予以解决，但是还存在一定数量的问题没有解决。

2013 年顾客对快递企业投诉的问题主要有以下几类，如图 2 - 6 所示。从图 2 - 6 可以看出，2013 年客户对于快递服务中的问题主要集中在投递服务（即服务态度）、快件延误、快件丢失及内件短少、快件损毁、代收货款问题、违规收费等方面。而投递服务、快件延误和快件丢失短少，占快递服务有效申诉量的大部分。

我国快递产业飞速发展，对快递产业服务质量的关注也在不断提高，在向国际快递企业学习的同时，部分国内的学者运用模糊综合评价法对邮政服务质量进行了简单的评价，但在维度的设计上欠缺科学论证、也没有对模型的可靠性、有效性进行严谨的检验，还没有形成科学的测评体系。

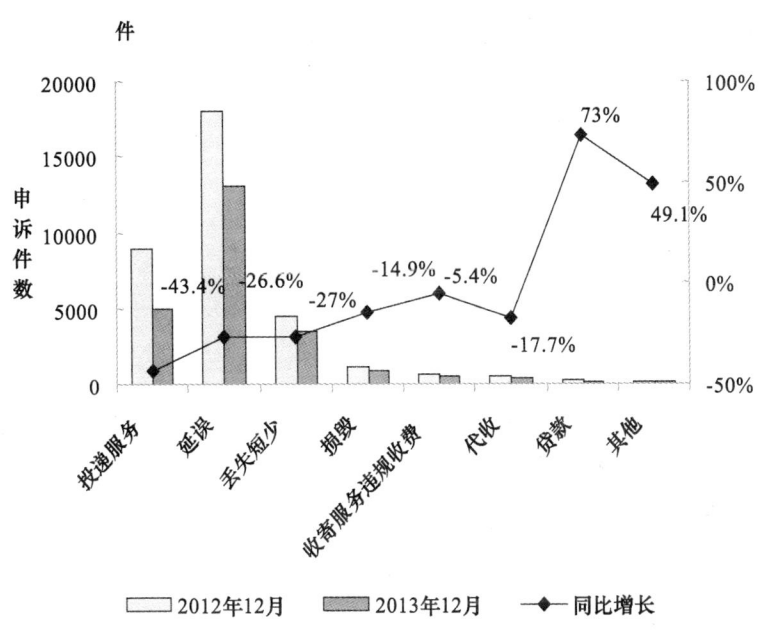

图 2 - 6　2013 年 12 月快递业务申诉问题同比增长图

资料来源：中华人民共和国国家邮政局：《2013 年邮政行业发展统计公报》，http：// www. spb. gov. cn/。

三　提高快递服务质量的措施建议

要想在激烈的市场竞争中，提高自己的服务质量，从而不断地提高自己的市场竞争力，应该从以下几方面改进：

（一）加强宏观管理，加快体制建设

我国快递行业的管理体制极不完善，准入管理存在政出多门，条块分

割的问题，使许多不具备营业条件或资金实力的营业主体大量涌入快递行业，对整个快递物流业的发展造成很大的负面影响。国家邮政局要加快《邮政法》的修改进程，解决好邮政专营权问题、市场监管问题，并尽快出台《快递市场管理办法》，使快递市场的管理和整治有法可依，为快递企业的发展提供一个良好的发展环境。同时，我国快递产业应尽快形成全国统一的行业组织，充分发挥行业协会等组织在政府与企业间的桥梁作用，并加强业内企业的横向沟通与协调。另外，政府应在宏观上将快递产业的发展纳入整体经济规划之中，通过制定强有力的快递发展战略规划和发展政策来引导快递物流业的发展，加大快递基础设施的投入，在经济发展重点城市建立统一的配送分拣中心，推动快递产业向集约化、规模化发展，形成合理的市场布局。

（二）转变经营理念，强化服务意识

要转变经营理念，就是要用"以人为本"的管理理念来代替以自我为中心这种传统的管理理念。在这一理念的指导下，快递物流企业可以寻求与各方势力的优势互补、互惠互利，形成较好的规模效应，以保证服务的效率和质量。同时，还要进一步强化服务意识。主动将顾客引进门，为顾客设计提供细致贴心的优质服务，根据顾客的需求来更新拓展业务领域，通过全天候、门到门、桌到桌、质优价廉的服务产品来赢得顾客的满意，与顾客建立长期的合作伙伴关系。另外，快递企业的服务意识还体现在市场敏感度上，要对市场需求和顾客需要具有敏锐的洞察力，能超前预见，为顾客提供更加丰富、新颖的服务方式。只有如此，我国快递产业才能不断提高服务水平，在日益激烈的竞争中持续健康发展。

（三）加强企业信息化建设和专业人才培养

加强企业的信息化建设既能提升企业内部管理，同时又能为顾客提供更加方便快捷的服务。快递物流企业内部管理信息化，首先能提高企业处理突发事件的能力。快递物流风险的多样性、复杂性以及风险发生地和管理地之间的远程性等都要求我们通过网络信息技术的应用，提高企业快速获取动态信息的能力，从而动态地、及时地进行风险管理。其次，还能对系统中的数据进行统计分析，提高管理水平。快递企业通过客服管理信息化，能准确掌握顾客信息与需求，能为顾客提供相互交流与合作的平台。本书后面的信息技术对快递服务中存在的问题有详细的解决措施。

随着业内管理水平的提高和技术的不断进步，快递企业迫切需要高素

质的专业人才来承担快递工作，这就要求我们必须重视专业人才的培养。同时，随着劳动力成本的增加，快递物流业也面临着从劳动密集型向技术密集型转向，只有注重快递专业人才的培养，建立专业队伍，不断学习和应用新技术、新方法，才能推动技术进步，促进快递产业的转型。

（四）强强联合，注重创新

快递产业的发展应寻求业内企业间的合作，其中与外资快递企业的合作最为敏感。与外资快递相比，我们在经营理念、技术装备、服务水平等方面都存在很大差距，只有通过合作方式，我们才能充分利用对方的有利资源、吸收先进的管理经验。但是外资快递强大的实力使得我们在合作过程中面临很大的风险，因此必须探寻灵活的合作方式，实现双赢。

快递企业还应广泛寻求与相关行业间的合作。目前主要是在电子商务配送上，快递企业要注重从价值链构建的角度去适应和满足电子商务的发展需求，解决好与电子商务企业在配送费用分摊上的矛盾，建立长期的战略合作关系。要顺利广泛地开展合作，首先要求我们创新经营思维，不断更新经营理念，创新合作方式，以灵活的方式真正做到从合作中获利。其次要通过技术创新，将我们学习引进的先进技术创新运用，使其为我所用，提高我国快递企业的实力。

第 三 章

快递服务市场

第一节　快递服务市场

一　快递服务需求

（一）快递服务需求的界定

快递服务需求可以界定为：在一定时期内、一定社会经济结构下，顾客（包括个人消费者和集团消费者）对信函、文件、包裹等不需储存的物品，按照承诺时限以最快的运输方式运送和配送到收件人或指定地点的快速寄递服务的需要，以及在实现快速寄递过程中对包装、保险、快件查询等附加服务的需要。快递服务需求不同于实物产品需求，快递服务需求以"抽象概念"的形式存在于人们的意识中，不像实物产品需求可以用具体的实物反映出来。但是，由于快递服务需求是人们对快递服务各方面要求的体现，因此可以从快递服务的质量、服务时限、服务内容等人们经常关注的方面来描述快递服务需求，得出快递服务需求的大体"形状"，再根据人们对服务各方面的具体要求程度来说明快递服务需求的"尺寸规格"，最终得出快递服务需求的"形体"模型。如图 3 - 1 所示，层次越高的快递需求，其"形体"越复杂。

根据快递服务需求的定义，快递服务需求是消费者对快递服务的主观需要，在外界环境的影响下，再加上快递消费者的消费欲望、购买行为和购买习惯等方面的不同，快递消费者最终表现出来的快递需求在不同方面存在差异，即快递服务需求"形状"和"尺寸规格"上的差异。如果将在相同的几个方面具有类似需求倾向的快递服务需求，即具有相同"形状"、相似"尺寸规格"的快递服务需求归集为一类，具有同一类快递服务需求的消费者属于同一个子市场，那么不同类别的快递服务需求便共同形成了快递市场需求结构。

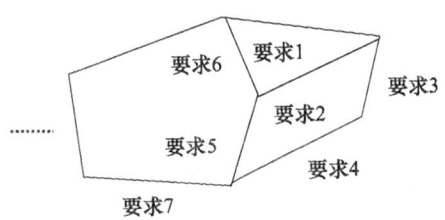

要求1——时限="次日达",或其他;　　　要求4——价格="高价位",或其他;
要求2——质量="高水平",或其他;　　　·······
要求3——服务内容="运输、包装",或其他;要求n——快递服务的其他方面=具体要求程度。

图 3 - 1　快递服务需求 "形体" 模型

资料来源:林颖娟:《基于个人消费的快递市场需求结构研究》,硕士学位论文,中南大学,2008 年。

(二) 快递服务需求的特征

随着电子商务和网上购物的不断升温,快递市场迅猛发展。而快递服务需求是十分活跃、非常复杂的经济现象,快递服务需求的变化同时又具有一定的规律。快递服务需求的特征主要有以下几点:

1. 可变性

不断变化是快递服务需求最基本的属性。从具体的需求内容或满足需求的服务分析,在一个较长的时期内,快递服务需求的扩张、萎缩或稳定这三种状态会交替出现,并表现为快递市场需求的结构变化。从总体趋势上考察,在经济社会发展过程中,快递服务需求是不断增长、无限扩展的,因为人类的需要和欲望是无止境的。因此,快递服务需求的可变性既包括总量的扩张,也包括结构的变化。

2. 多样性

快递服务需求多样化属性首先来自于需求主体的不同,对于同样服务内容,不同的顾客由于社会阶层、消费层次、文化背景等各不相同,消费需求往往存在很大差异。同一个顾客,也会同时具有各种各样的需求。即使是相同的需求,由于消费时间、地点、环境、气氛、心情等不同,其服务消费需求的强度也会有所不同。快递服务需求的多样性随社会、经济的发展和环境状态而变化。

3. 关联性

快递服务需求的不同内容与满足需求的不同服务之间，存在着种种联系或影响。在客户选择了某种快递服务的同时，其可能会进一步有其他相关需求，消费者针对自身实际情况要求快递企业提供货到付款、签收单返回、包装、报关等增值服务，甚至为其设计包括库存规划和管理、流通加工、订单处理等活动在内的快递服务方案，这是快递服务需求的关联性。快递服务需求的关联性不仅影响需求总量，而且也是需求结构变化的主要途径。

4. 非均衡性

快递服务需求在时间、空间和方向三个方面有一定的非均衡性。时间不平衡性主要表现为不同经济发展阶段对快递服务需求的影响不同，并且一年中各个时期的快递服务需求量也不同，节假日前夕总会出现需求高峰。空间和方向上的不平衡主要是由于自然资源的分布、生产力布局、地理位置、运输网络布局等的不同使快递服务需求呈现出地域差异和分布形态，这些都是造成快递服务需求空间和方向上的非均衡性的主要原因。

5. 派生性

快递服务需求的派生性是快递服务需求的一个重要特征。快递服务需求是社会经济活动派生出来的，在多数情况下，快递服务需求主体提出的空间位移或时间要求不是目的，而是手段，是为实现生产或生活中的某种目的而必须完成的一种中间过程，这是快递服务需求的本质所在。

二　快递服务市场需求结构

（一）快递服务市场需求结构的划分

快递服务需求所包含的内容较广，不同视角下的快递服务市场需求结构是不同的，根据快递服务市场需求的发展状况，将从不同侧面概述快递服务市场需求结构的情况。

1. 按快件投递范围划分

（1）国际快递服务需求：寄件人和收件人分别在中华人民共和国和其他国家或地区的快递服务需求。

（2）国内快递服务需求：寄件人和收件人都在中华人民共和国内的

快递服务需求。国内快递服务需求又可进一步细分为城际快递服务需求与同城快递服务需求。对于城际快递服务需求，其信件、包裹的比例因地域不同而不同，且一般在三个工作日内送达。对于同城快递服务需求，一般是以文件递送为主，样品、礼品为辅，且要求在一个工作日内送达。

2. 按快件性质划分

（1）信函类快递服务需求：是指对具有通信内容的文件的快递服务的需求。根据现行的《邮政法》第八条规定：信件和具有信件性质的物品的寄递业务由邮政企业专营。因此该类需求只能由邮政快递来实现，私人及快递企业不允许经营。

（2）文件类快递服务需求：对包括商业合同、工程图纸、照片、照相复印品、金融票据、有价证券（不包括各国货币和无记名支票）、证书、单据、报表及手稿文件等全部印刷方式印制、复制的各种纸制品的快递服务的需求。

（3）包裹类快递服务需求：指对所有适于寄递的样品、馈赠礼品以及其他物品等的快递服务的需求。

3. 按对快递服务完成的时间要求划分

（1）当日达快递服务需求，即快件当日承运且当日送达，同城快递服务大多对应的就是该类需求。

（2）次日达快递服务需求，即快件在承运后第一个工作日送达，该类需求对应的快递服务包括联邦快递企业（FedEx）的隔夜快递（在第二个工作日早上 10：30 到达目的地）、"第一隔夜快递"（在第二个工作日早上 8：00 前送到）、隔夜快递信件、隔夜快递箱和隔夜速递员 pack；宅急送的"2D10"（第二天 10 点到达目的地）、"2D17"（第二天 17 点送到目的地）；邮政 EMS 的"次晨达"快递服务等。

（3）隔日达快递服务需求，即快件在承运后第二个工作日内送达，该类需求对应的快递服务包括联邦快递企业（FedEx）的两日快递（1976年推出）、两日快运（1989 年推出）等。

（4）三日达快递服务需求，即快件在承运后第三个工作日内送达，该类需求主要对应于交通不便的县级及以下的城镇人群。

4. 根据对应的快递业务形式划分

（1）门或桌到机场：是指发件人电话通知快递企业，快递企业接到通知后上门取件，然后将所收到的快件集中到一起，根据目的地分拣整理、制单，报关后发往世界各地。到达目的地后，由快递企业通知收件人自己去机场办理通关手续并提货。采用这种方式的多是海关当局有特殊规定的货物或物品。

（2）门或桌到门或桌：是最常见的一种快递服务需求形式。首先，发件人在需要时电话通知快递企业，快递企业接到通知后派人上门取件，然后将所有收到的快件集中到一起，根据目的地分拣整理、制单，报关后发往世界各地。到达目的地后，再由当地的分支企业办理清货、提货手续，并送到收件人手中。

（3）专差（Courier on Board）：是指由快递企业指派专人携带快件在最短时间内将快件直接送到收件人手中，快递的起源就是这种方式。专差最可靠、最安全，同时费用也最高。

（4）自取：因消费者提出要求，由收件人到指定地点领取快件的快递服务需求。

5. 按照消费者对快递服务价格的接受程度划分

（1）一般价位快递服务需求，此类快递需求对应价格承受能力较低的消费者。民营快递企业正是针对该类需求提供低价位快递服务。

（2）高价位快递服务需求，此类快递需求对应价格承受能力较强的消费者。邮政 EMS、航空快递等都是高价位快递服务的提供者。

6. 按照快件的重量划分

在一般情况下信函文件类快件的重量在 0.5 千克以下，包裹类快件重量在 0.5 千克以上；国家邮政局发布的关于中华人民共和国《快递服务行业标准》中规定快件的单件重量不宜超过 50 千克；《邮政法》修改稿对邮政专营范围进行了界定，然而《邮政法》修改草案已经九次修改，修改草案第八稿规定 150 克以内的信件为邮政专营范围，修改草案第九稿中有关邮政专营的条款空缺，现第十稿仍在讨论中。根据以上情况，将快递服务需求按照快件重量划分为：

（1）快件单件重量在 0.15 千克以内的快递服务需求，该类需求是信函文件类的快递需求，其中的信函类快递为邮政专营。

（2）快件单件重量在 0.15—0.5 千克以内的快递服务需求，该类需求是信函文件类的快递需求。

（3）快件单件重量在 0.5—50 千克以内的快递服务需求，该类需求是包裹类的快递需求。

7. 按照消费者对快递服务质量的要求划分

（1）高质量快递服务需求，即对快递人员的服务态度、按时送达率、快件完好率、售后服务和理赔等多方面有较高要求。一般国际快递服务需求、个性化快递服务需求、集团快递服务需求对服务质量要求较高，并且该类快递服务需求大多对应较高的服务价格。

（2）一般质量快递服务需求，即只对快递服务提出部分要求，而这些要求快递企业一般都能达到。价格承受能力较低的消费者的快递服务需求多数属于此类。

8. 按快递服务需求层次划分

（1）基本快递服务需求，即只对"门到门"快速递送服务（包含一定的信息服务）有需求。大多数个人消费者的快递需求就属于这种情况。

（2）个性化快递服务需求，即除运输外，消费者针对自身实际情况需要快递企业提供货到付款、签收单返回、包装、报关等增值服务，甚至为其设计包括库存规划和管理、流通加工、订单处理等活动在内的服务。该类快递需求对服务质量的要求较高，且具有鲜明的针对性，所对应的服务价格较高。个人消费者一般是对个别增值服务的需求，而集团顾客大多是对整套快递服务方案的需求。

9. 按照快递服务需求的稳定性划分

（1）短期快递服务需求，即只需要维持短时间的交易关系的快递服务需求。对于大多数个人消费者来说，一般都是短期快递服务需求。

（2）长期快递服务需求，即需要维持长时间交易关系的快递服务需求。对于集团消费者来说，一般都是长期快递服务需求。

10. 按快递服务消费者划分

（1）集团快递服务需求，也就是各类企业或团体对快递服务的需求。该类需求所占的市场份额较大，需求比较稳定，一般为 B2B 或 B2C 形式，所涉及的快件品种繁多，快件重量从十几克到五十千克不等，且单次交易量较大、交易时间较长。集团快递服务需求可根据行业类别细分为政府机构快递服务需求、电子行业快递服务需求、医药业快递服务需求、金融机构快递服务需求、纺织业快递服务需求、汽车行业快递服务需求等。

（2）个人快递服务需求，是指个人对快递服务的需求。该类需求所占的市场份额较小，但该类需求发展非常迅速。个人快递服务需求受客户个人因素、周围环境因素等诸多方面的影响，需求波动较大。所涉及的快件多与人们生活相关，快件重量一般在 30 千克以内。个人快递服务需求单次交易量很小，且交易时间短。然而，随着个人创业现象的增多以及个体工商户、民营企业的成长与发展，个人消费者的快递服务需求规模随着自己企业的成长得以扩大，当规模扩大到一定程度时，原来表现为个人性质的快递服务需求就会转化为集团快递服务需求。

（二）快递服务市场需求结构

现将各类快递服务市场需求进行归纳，如表 3 - 1 所示。

表 3 - 1　　　　　　　　快递服务市场需求概况

观察视角	快递市场需求构成			
快件投递范围	国际快递服务需求		国内快递服务需求	
快件性质	信函类快递服务需求	文件类快递服务需求	包裹类快递服务需求	
服务时间	当日达快递服务需求	次日达快递服务需求	隔日达快递服务需求	三日达快递服务需求
业务形式	门或桌—机场	门或桌—门或桌	专差	自取
消费者对价格的接受程度	一般价位快递服务需求		高价位快递服务需求	
快件单件重量	0.15kg 以内的快递服务需求	0.15—0.5kg 的快递服务需求	0.5—50kg 的快递服务需求	
质量要求	高质量要求的快递服务需求		一般质量要求的快递服务需求	
需求层次	基本快递服务需求		个性化快递服务需求	
需求的稳定性	短期快递服务需求		长期快递服务需求	
消费者类别	集团快递服务需求		个人快递服务需求	

以上各类快递服务需求相互交织，某一类快递服务需求可能同时包含了其他几类快递服务需求，各类快递服务需求按不同的方式相互组合，共同形成了当前快递服务市场的需求结构。上述快递服务市场的划分是基于

需求方的角度；而第一章的快递服务的分类是从供给方的角度来划分的。

三　影响顾客对快递服务需求的因素分析

影响个人快递服务需求的因素是纷繁复杂的，在现有运输需求、物流需求等研究中，大多数从各自研究角度综合分析了各种影响因素，其主要包括：自然资源、地理条件、技术进步、生产力布局、国民经济发展水平、经济结构、国家政策、消费水平、信息化水平、运输网布局等等。

（一）外部环境因素

1. 外部宏观因素

（1）经济因素。

顾客对快递服务的需求是派生需求，是由人们的社会经济活动所引起的。因此，经济因素对个人快递消费市场需求结构的影响是不能忽视的。经济高速增长时期，物品的运输频率增加必然产生较强的快递需求，并且经济的发展会带动社会购买力的提高，顾客对快递服务的需求受购买能力的限制减小；国民经济的产业结构的变化会引起社会产品结构变化，不同的产品对快递服务的数量和质量需求有所不同；经济在空间分布上的特点也引起顾客对快递服务的需求在空间上呈现一定的规律。

（2）政策法律因素。

国家的政策法律在很大程度上影响着快递企业的发展，同时给人们的消费观念也带来影响。例如，中国加入 WTO 后国际快递企业进入中国市场，从而引起国内快递产业对服务技术与质量的重新审视，以及消费者对快递的进一步认识；《邮政法》中第八条信件和其他具有信件性质的物品的寄递业务由邮政企业专营的规定，大大限制了消费者选择快递服务供应商的范围；2007 年 5 月中国民航总局公布关于限制携带液态物品乘坐民航飞机的公告，使得手机、相机等带有电池的物品和液体等无法进行空运，从而对航空快递造成影响等。

（3）人口因素。

人口因素对个人快递市场结构影响是深远的。在人口因素中，应重点关注人口总量与其增长、地理分布以及人口构成。人口越多，顾客对快递服务的需求量以及需求种类也就越大，人口的增长速度会影响未来个人快递消费市场的规模；人口地理分布会影响顾客对快递服务的需求量的分布，不同地区的人有不同的消费需求、购买习惯和行为从而形成不同的顾客对快递服务的需求；人口构成包括年龄结构、职业构成、教育程度等，其将直接影响个人快递消费市场的需求结构。

（4）科技因素。

技术进步是影响顾客对快递服务的需求结构的重要且长远性因素。货物载运工具的改造和革新，仓储设备的机械化、自动化，物流信息技术的进步，都能够使个人快递需求量增加或使潜在的顾客对快递服务的需求得到释放，而技术落后则会抑制某些顾客对快递服务需求的实现。

（5）文化因素。

主要指一个国家、地区的民族特征、价值观、生活方式、风俗习惯、教育水平等的总和，它影响人们的购买欲望和水平。例如，中国人有中秋吃月饼的习俗，在中秋节前夕市场对月饼的需求很大，中国邮政 EMS 抓住这个文化习俗推出"思乡月"国内特快专递服务，为广大客户提供月饼选购、寄递"一条龙"速递服务。

2. 供给因素

（1）交通运输业。

一方面，整个交通运输业的发展会促进快递行业的发展，同时刺激快递需求，例如运输网络的建设与布局、运输行业管理机制、运输业的整体运输效率等都与快递有着紧密联系。另一方面，虽然快递服务与普通运输有明显的区别，但都属运输服务，两者之间有一定的可替代性。随着运输工具的改进、信息技术的应用以及运输组织管理技术的提高，普通运输服务在质量、速度方面将会有较大程度的提高，可能促使部分低要求的顾客对快递服务的需求转变成普通运输需求。

（2）快递行业。

快递行业作为快递服务的供给方，虽然不是快递需求的第一影响因素，但是对快递需求的刺激与抑制作用是不可被忽视的，特别是对现实快递需求以及快递量的影响尤为明显。快递企业的运输网络、运输设备、管理技术、信息化程度、营销能力、品牌知名度等体现企业服务能力和社会形象方面的因素都会对个人快递需求造成影响。

（二）个人消费者因素

顾客从产生需求的念头开始，到对自己的快递需求有了清晰认识并开始购买快递服务这一过程中，受到自身各种因素的影响和制约，最终形成不同"形体"的快递需求。影响快递需求的个人消费者因素主要有个人特征因素和个人背景因素。从影响的直接性来看，个人特征因素的直接性比个人背景因素的直接性强。

1. 个人特征因素

个人特征因素是影响顾客对快递服务的需求最直接、最易识别的因素。主要包括消费者的经济条件、生活方式、需求偏好以及价值观念等。

（1）经济条件。包括消费者可支配收入、储蓄、资产、债务、借贷的能力以及对待消费与储蓄的态度等。经济因素是决定购买行为是否发生及其发生规模的首要因素。因此在分析快递需求时，应密切注意消费者的收入、支出、储蓄等方面的变化。

（2）生活方式。是指人们在活动、兴趣和见解上表现出来的生活模式。生活方式不同会造成人们对快递服务的需求不同。例如经常了解新闻资讯、喜好接触新事物的人对快递服务的内容以及质量方面的要求较一般人来讲要多些。

（3）需求偏好。消费者受其教育程度、消费水平、收入等的限制，其需求偏好多种多样。个人消费者的需求偏好主要有求实偏好（消费者注重的是快递服务的实际使用价值）、求廉偏好（注重快递服务的价格）、求名偏好（注重快递服务的品牌）、求新偏好（追求新的快递服务项目）、安全偏好（追求快递服务的安全性）、从众购买偏好（一种随大流的消费心理）、习惯偏好（消费者的消费习惯比较固定）等。

（4）价值观念。由于个人所处的环境和生活经历不同，会造成人们价值观念的差别。价值观对消费者行为有很大影响。具有相同或相似观念的消费者对价格和其他营销刺激因素往往会有相同或相似的反应。价值观与人们的消费模式存在一定的对应关系。比如，环保意识较强的消费者会对快递的包装、快递企业的环保理念等方面比较看重。同时价值观还影响消费者观看电视节目和阅读报纸、杂志的习惯，这些都可能影响快递企业营销信息的传播。

2. 个人背景因素

（1）相关群体。消费者相关群体是指直接或间接影响消费者意识及行为的个人或集体。相关群体对个人快递消费者行为的影响主要表现在三个方面。一是示范性，即相关群体对快递服务以及快递企业的选择为个人消费者提供了可供选择的模式。二是仿效性，即相关群体的快递消费行为引起个人消费者仿效的欲望，影响个人消费者最终快递需求的形成。三是一致性，即由于相关群体之间的快递消费行为的仿效，导致人们的快递需求趋于一致。

（2）文化背景。文化是指人们从生活实践中建立起来的价值观、道德、理想等，它是决定人们欲望和行为的基本因素，文化背景不同的人，其消费观念和偏好有很大差别。

（3）社会阶层。社会阶层是社会科学家根据人们的职业、收入来源、价值观、教育水平和居住区域的不同而进行的一种社会分类。社会阶层是按层次排列的、具有相同性质和持久性的社会群体。相同社会阶层的人具有更为相似的快递服务的需求。

在以上诸多因素的共同影响下，个人快递消费者主要在快递服务内容、快递服务时效、快递服务价格、快递服务质量以及快递服务供应商选择等方面表现出不同偏好，而这种需求的差异性促成了相应的个人快递市场需求结构，如图 3 - 2 所示。

四　快递服务市场的顾客忠诚

（一）顾客满意度

顾客满意度是服务业研究较多的领域之一。顾客满意度是反映顾客对其明示的、通常隐含的或必须履行的需求和期望已被满足的程度的感受。满意度是顾客满足情况的反馈，它是对产品或者服务性能，以及产品或者服务本身的评价；给出了（或者正在给出）一个与消费的满足感有关的快乐水平，包括低于或者超过满足感的水平，是一种心理体验。顾客满意度是一个变动的目标，能够使一个顾客满意的东西，未必会使另外一个顾客满意，能使得顾客在一种情况下满意的东西，在另一种情况下未必能使其满意。只有对不同的顾客群体的满意度因素非常了解，才有可能实现100%的顾客满意。

顾客期望可能有三种不同的类型。第一种是顾客的服务预期，反映顾客相信企业可能达到的服务水平。第二种是顾客期望的服务理想，是比服务预期更高的期望，表现顾客希望得到的理想的服务水平。这两种期望主要源于服务企业明确和隐含的服务承诺，口头的沟通和顾客过去的经验；而理想的服务期望还可能来自某种对于服务更高期望的刺激，例如某些顾客希望得到比其他顾客更多的服务，或希望通过该服务向其他人炫耀等。第三种是适当的服务期望，是最低的服务期望，反映顾客认为企业应当可

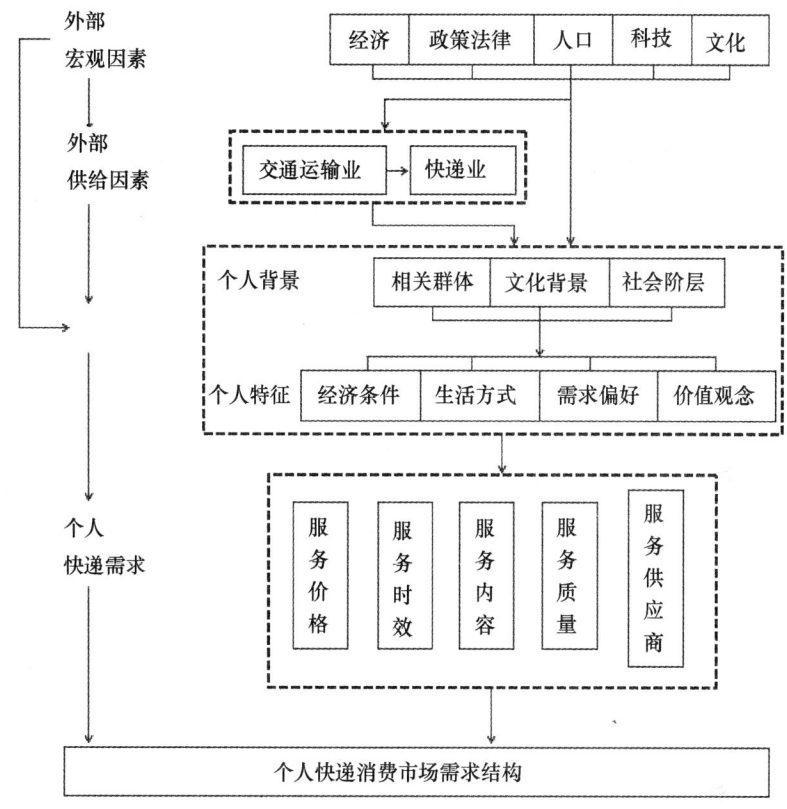

图3-2　各因素对个人快递消费市场需求结构的影响

以提供的服务水平，这主要源于顾客过去的经验。

顾客满意度是实际感受和服务预期对比的结果，实际感受和服务理想对比得到的是服务优势的评价，而与适当服务期望相比只是得到服务的认同。

因为顾客的期望不同，同一顾客在不同情况下的期望也不同。能使一位顾客满意，未必会使其他顾客也满意；能使顾客在一种情况下满意，未必能使其在另一种情况下也满意。因而，顾客满意度因人而异、因时而异。

顾客满意度是一个相对概念。对于一家服务业而言，顾客满意度的真正价值不在其本身绝对值的升降，而在于和竞争对手顾客满意度的相对值升降。即使一个企业的顾客满意度和自己相比确实提高了，但仍远低于竞争对手，对于企业而言情况就不乐观，所以我们要关注相对满意度。

提高客户满意度，是服务行业的目标。提升顾客满意度并不是企业的最终目的。提高顾客满意度的目的是提升顾客忠诚度。通常认为，所谓的忠诚就是反复购买这个企业的产品或服务，就应该比一般顾客消费更多的费用，就应该是企业的 VIP 顾客。一般情况下认为，顾客满意度越高，顾客忠诚度也就越高。或者说提高顾客的满意度可以提高顾客的忠诚度。

（二）顾客忠诚

顾客忠诚是多种因素共同作用的结果。费尔德曾针对金融服务业提出顾客产生忠诚的六种原因：

1. 兴奋造成忠诚

这种忠诚最强，它超越了服务价格和给顾客好处的影响，顾客感到自己是企业的一部分。

2. 价格造成忠诚

这种忠诚源于顾客想少付款的愿望。但是价格本身不能保持顾客的忠诚，如果竞争对手采取同样策略连续攻击，很容易摧垮。

3. 长期刺激造成的忠诚

这种忠诚依赖于持续奖励反复购买的顾客。

4. 垄断造成忠诚

因为垄断而别无选择。如果打破垄断引入竞争，这种忠诚也就会发生变化。

5. 惰性造成的忠诚

这种忠诚其实不能算是忠诚，尽管很多顾客可能对企业并不是很满意。但由于惰性并不愿意离去。他们往往不愿意花费更多的时间和精力寻找新的服务企业，也不愿意承担其他可能的风险。

6. 服务造成的忠诚

为形成顾客忠诚最常用的策略之一就是提供更多的服务，给顾客更高的消费价值。这种策略很有效，因为服务企业了解了顾客的真实需求，能够按照顾客的需求不断调整和增设新的服务种类和提高服务水平，就能够满足顾客新的需求和提高服务价值。

这里指出六种对忠诚的影响因素，是为了引发大家对服务行业忠诚度影响的思考。

（三）影响顾客忠诚的因素

大量研究表明在服务行业中，影响顾客忠诚的因素一般认为包括顾客满意、顾客价值、服务质量、顾客信任、企业形象、转换成本、社会规范和情境因素等。本部分对转换成本、企业形象、社会规范和情境因素等作简单阐述。

1. 转换成本

转换成本是指当顾客从一个产品/服务的提供者转向另一个提供者时所必需付出的一次性成本，通常包括金钱、时间、精力和情感等。例如，如果顾客从一个企业转向另一个企业可能会损失大量的时间和精力或者是金钱和关系，那么他们一定会很慎重，哪怕他们对原有企业的服务不满意。Fornell（1992）研究发现转换成本会影响顾客满意对顾客忠诚的影响方式。王月兴（2002）认为转换成本能促使顾客重复购买，但是无法改变顾客满意度。严浩仁（2004）对国内移动通信市场的研究也证实了转换成本对顾客忠诚的影响。

2. 企业形象

在市场营销学文献中，企业形象被认为是一种主观认知或商品特征，包括企业名称、企业信誉、价格水平、产品口碑等，甚至企业的标识、广告的层次也会对企业形象产生影响。Fornell（1992）认为企业形象会通过顾客满意间接影响顾客忠诚。Michael（2001）认为企业形象直接作用于顾客忠诚，因为良好的企业形象有助于顾客了解有关产品/服务的信息，从而有利于顾客忠诚。刘新燕（2004）对大型超市的研究证实，顾客对企业形象良好的超市期望值更高，购买过程中获得的满意度更大，也更为忠诚。

3. 社会规范、情境因素和其他因素

Ajzen 和 Fishbein（1980）认为各种社会规范会约束人们的行为，例如当顾客认为自己的购买行为不符合社会规范的要求时，就会约束其消费行为。Smith 和 Swinyard（1983）认为情境因素会影响顾客忠诚，例如环境、天气甚至竞争对手的促销诱惑都可能影响顾客的心情和购买行为。Mittal 和 Kamakura（2001）认为个人特征（年龄、性别、受教育程度、职业等）可以导致顾客满意和顾客忠诚之间的联系方式产生差异。

笔者认为，通常情况下转换成本确实是构成企业竞争壁垒的重要因素，这一点在通信行业尤其突出，因为顾客更换电信运营商就必须更换号码，这会带来许多不便。但是电子商务环境下的快递行业门槛较低，各家快递企业所涵盖的业务日趋同质，顾客更换快递企业基本不会增加成本，对顾客本身也基本不会带来什么不好的后果。所以快递用户的转换成本很低，用户频繁更换快递企业的现象不断出现，可见转换成本对于顾客忠诚的影响程度较低。

通常情况下转换成本、社会规范和情境因素等对于顾客忠诚确实都有一定的作用；但是对于电子商务环境下的快递企业而言，这些因素与顾客忠诚的关系不大，对顾客忠诚的影响比较小。所以，在电子商务环境下，影响快递企业顾客忠诚的因素主要有顾客满意、顾客价值、服务质量和顾客信任。顾客忠诚是顾客满意的结果，是快递企业与顾客关系的最高境界；顾客忠诚是快递企业为顾客提供高性价比的顾客价值和优质服务质量所得到的报酬；顾客忠诚是顾客对快递企业的信任，是企业的无形资产。

第二节　快递服务定价分析

一　影响快递服务定价的因素

对于快递企业来说快递服务价格的制定十分重要，但同时又比较敏感，且难以控制。不同的信息结构、竞争环境、策略及服务方式对快递服务的定价都有很大的影响。而在现实中，快递企业在制定价格之前应该充分考虑影响价格的诸多因素，然后采取合适的定价策略及定价方法来确定企业的服务价格。本书认为影响快递企业制定服务价格的因素可以分为以下几种：

（一）快递企业定价目标

所谓定价目标，是指快递企业通过制定服务价格以求达到的目标。在快递企业价格的决策中，选择正确的、符合企业自身发展的定价目标非常重要，它既是服务价格决策的前提条件和主要内容，同时也在一定程度上决定了快递服务价格决策的其他内容，对于企业服务价格的决策和方法的选择有很大的影响。

（二）服务内容及服务质量水平

不同的快递企业提供的服务内容和服务水平是不同的，快递企业根据其自身的基础设施条件提供服务内容、确定服务质量水平，其服务价格在很大程度上取决于所提供的服务内容及服务质量水平。快递服务质量水平与快递服务成本之间存在"效益背反",[①] 快递服务质量水平与快递服务成本的效益背反是指快递服务的高水平必然带来企业业务量的增加、收入的增加,同时却也带来企业快递成本的增加,使得企业效益下降,即高水平的快递服务必然伴随着高水平的快递成本,而且快递服务水平与成本之间并非呈线性关系。

(三) 运营成本

成本是快递服务价值的基础部分,它决定着快递服务价格的最低界限。快递企业的成本费用主要表现为营运间接费用,直接费用较少,尤其是直接材料,很多快递服务几乎不需要花费直接材料。快递企业作为营利性组织,通过资金、场地、设施、人员等投入在市场上取得收益,运营成本是决定企业服务价格制定的重要因素,是价格的主要组成部分。按成本的性质可将成本划分为固定成本和变动成本。固定成本是指在一定的生产规模内不随所提供服务的数量变动而变动的成本。例如,对于以航空运输为主的快递企业来说,固定成本应包括配送中心、运输工具、信息系统等的初始投资建设费所形成固定资产的折旧费以及其他管理费等费用。变动成本是指在一定的生产规模内随着所提供服务的数量及质量变动而引起变动的成本,就快递服务变动成本而言,包括燃料、税金、信息通信费及其他管理费用等。

(四) 市场需求

市场需求影响着消费者对快递服务价值的认识,决定着快递服务的最高价格。不同地点、不同时间、不同消费者对快递服务的需求并不一样,对快递服务的价格反应也各不相同。快递服务需求具有较强的季节波动性,主要是指快递需求在一个周期内各个阶段的不同需求,可以分为快递服务需求的淡季及快递服务需求的旺季。在快递服务需求的旺季,例如,在春节、节假日等大型节日前后由于业务量的加大,导致快递企业管理成本的增加,进而影响快递服务价格。

(五) 竞争状况

市场竞争状况直接影响着快递服务定价策略的选择。在竞争性很强的市场上,快递企业无力控制服务价格,企业将在一定价格下选择合适的服

---

① "效益背反"又称为二律背反,即两个相互排斥而又被认为是同样正确的命题之间的矛盾。

务量及服务质量；相反，在缺乏竞争的市场上快递企业将同时选择价格、服务量和服务质量。快递企业在定价时结合自身所处的市场竞争环境，考虑自己采取某种定价策略及价格水平后，根据竞争对手可能采取的行动来确定当前时期企业的定价行为。目前我国快递市场自由化竞争程度较高，市场竞争异常激烈，企业在对快递服务定价之前，应充分考虑竞争对手的规模、战略、优势、服务质量、服务价格等因素。

（六）其他影响因素

政府或行业组织的价格约束。政府为了维护经济秩序，或为了其他的目的，可能通过立法或者其他途径对快递产业的价格进行干预。定价者往往在定价过程中考虑需求者的议价能力，自己先去确定一个最低利润率底线，在实际中与需求者沟通谈判，争取利润的最大化。此类心理因素也在一定程度上影响快递服务价格。此外经济周期、快递服务产品的周期，税收等因素均能对快递服务定价产生影响。

二　快递服务定价的目标

快递服务定价的目标是指快递企业通过制定快递服务价格希望达到的目标。在快递企业价格制定的决策中，选择正确的、符合企业发展的定价目标非常重要，它既是价格决策的前提条件和主要内容，同时也在一定程度上决定了价格决策的其他内容，对于快递企业价格的决策和方法的选择有很大的影响。快递企业定价目标主要有以下几种：

（一）利润最大化目标

不断地获取利润是快递企业生存及发展的前提条件，因此，利润最大化目标是快递企业定价的最终目标。利润最大化，是指快递企业在一定时期内可能获得的最高盈利总额。快递企业追求利润的最大化并非是把快递服务的价格定得很高，而是根据市场的需求量及行业间的竞争环境制定合适的价格，由此推动市场上的需求量的增加，使得快递企业能够获得长期的利润。为使快递企业能够获得长期的最大利润，短期的亏损也许在某种程度上就不可避免。利润最大化目标要求快递企业在定价时目光长远，考虑企业的长期综合效益。

（二）预期收益目标

快递企业前期所投入的资金与各种设备的投入均希望在一定时期内收回并获得一定的收益，这样就决定了快递企业在给快递服务定价的过程中，往往在总成本及费用的基础上再增加一定比例的预期收益。这样，在所提供快递服务成本费用的基础上，快递服务价格的确定很大程度上取决于快递企业所确定的预期收益率的高低，二者的变化方向是一致的。

（三）提高市场占有率目标

市场占有率是指一个企业的销售量（或销售额）在市场同类产品中所占的比重。快递市场占有率就是指快递企业所提供的服务数量（或营业收入）在同类市场中所占的比重。市场占有率是企业的产品（快递企业的产品就是提供快递服务）在市场上所占的比率，也就是企业对市场的控制能力。企业市场占有率不断增加，可以使企业获得某种形式的垄断，这种垄断既能带来垄断利润又能保持一定的竞争优势。企业的盈利和发展，要以一定的市场占有率为前提。一般而言，企业的利润水平与市场占有率向同一方向变化，市场占有率提高了，企业的利润也会相应地增加。快递企业在市场中的占有率是受多方面的影响的，如企业规模的大小、服务能力的高低、服务水平的高低、竞争能力的强弱等。市场占有率高，不仅是代表快递企业的管理水平高，而且说明其所提供的快递服务有很强的市场竞争力，甚至左右市场中快递服务的价格。

（四）竞争导向目标

竞争导向目标是根据市场竞争的需要制定的定价目标。常见的竞争导向目标有以下几种：

1. 维持企业生存的目标

对于快递企业来说，当行业竞争日益激烈时，快递企业的服务定价目标就应是保障本企业在激烈的竞争中不被淘汰，维持企业的生存发展。

2. 稳定价格目标

稳定价格目标的实质即是通过快递企业自身的服务定价来左右整个市场的服务价格，避免不必要的价格波动。当同行业内企业之间因价格竞争造成的损失过大时，快递企业可以通过采取稳定价格的定价目标，使市场价格在一个较长的时期内相对稳定，减少损失。稳定的价格通常是大多数企业获得一定目标收益的必要条件，市场价格越稳定，经营风险也就越小。

3. 避免和应付竞争的目标

有些企业将应付或防止竞争作为定价的主要目标。价格定得低，定得合理，就会刺激需求，对消费者有吸引力，在市场竞争中也会增强企业的竞争力；价格定得过高，就会抑制需求，减弱对消费者的吸引力，削弱企业的市场竞争力。企业应付或防止竞争的定价目标与维持或提高市场占有率的定价目标是同时并用的，两者互相影响。

4. 企业形象目标

快递企业的形象是指消费者通过快递企业的服务质量、服务价格、投递人员的着装统一度和态度等建立起来的对快递企业的总体印象，是快递企业的无形财富以及文化建设的核心。快递服务价格制定得是否合理，对快递企业形象的树立起到关键的作用，快递服务价格是塑造快递企业形象的有力手段。所以快递服务价格的制定应符合快递企业形象的要求，要有利于快递企业在消费者中树立良好的形象。例如，对从事快递服务一线作业人员进行专业的培训、统一服装，有利于树立快递企业的形象，但也加大了管理成本，企业的服务定价就相应地提高。

第三节　快递服务市场的发展分析

一　中国快递服务市场的现状

（一）中国快递服务市场的现状①

在行业整体环境日趋完善、电子商务强劲发展的刺激下，快递业出现迅猛发展的势头。2006—2013 年间，中国快递业务量翻了三番多，年均增长 36%。尤其是 2010 年以来，快递市场规模增势愈发迅猛，年均增长达 57%。2013 年 11 月和 12 月的单月快件量已经超过了 2006 年全年水平。

2010 年 9 月 15 日，中国规模以上快递企业日处理量突破 1000 万件，成为继美国和日本之后第三个快件日处理量突破千万件的国家，拥有邮政快递（EMS）、顺丰速运、申通快递、圆通速递、韵达快递和中通速动等6 家日处理能力超过 100 万件的快递企业，快递业务涵盖了全球主要国家和地区。截至 2012 年年末，全国纳入规模以上统计范围的快递服务企业共有 13000 多家，完成业务量 56.9 亿件、业务收入 1055.3 亿元，规模总量居世界第二，最高日处理量突破 3000 万件。

2013 年快递业迅猛发展的势头不减。根据国家统计局发布的《2013

---

① 本部分数据来源：国家邮政局，www.spb.gov.cn/。

年国民经济和社会发展统计公报》，2012 年邮政行业业务总量完成 2036.8 亿元，2013 年邮政行业业务总量完成 2725.1 亿元，同比增长 33.8%，比 2012 年提高 7.1 个百分点；2012 年邮政行业业务收入（不包括邮政储蓄银行直接营业收入）完成 1980.9 亿元，2013 年邮政行业业务收入（不包括邮政储蓄银行直接营业收入）完成 2547.8 亿元，同比增长 28.6%，比 2012 年提高 1.7 个百分点；其中，邮政业务总量 2725 亿元，增长 33.8%；函件业务下降明显（2012 年函件业务量完成 70.7 亿件），邮政业 2013 年完成邮政函件业务 63.4 亿件，同比下降 10.4%。

快递业务快速增长。2012 年全国规模以上快递服务企业业务量完成 56.9 亿件，2013 年全国规模以上快递服务企业业务量完成 91.9 亿件，同比增长 61.6%；快递业务收入完成 1441.7 亿元，同比增长 36.6%。

快递业务收入在行业中占比继续提升。2012 年快递业务收入占邮政行业总收入的比重为 53.3%，2013 年快递业务收入占邮政行业总收入的比重为 56.6%，比 2012 年提高 3.3 个百分点。

同城快递业务增长迅猛。2012 年同城快递业务量完成 13.1 亿件，实现业务收入 110.2 亿元；2013 年同城快递业务量完成 22.9 亿件，同比增长 74.1%，实现业务收入 166.4 亿元，同比增长 51%。

异地快递业务增势显著。2012 年异地快递业务量完成 41.9 亿件，实现业务收入 635.5 亿元；2013 年异地快递业务量完成 66.4 亿件，同比增长 58.4%，实现业务收入 829 亿元，同比增长 30.5%。

国际及港澳台快递业务快速增长。2012 年国际及港澳台快递业务量完成 1.8 亿件，实现业务收入 205.6 亿元；2013 年国际及港澳台快递业务量完成 2.6 亿件，同比增长 43.6%，实现业务收入 270.7 亿元，同比增长 31.7%。

快递业务结构基本稳定。2012 年，同城、异地、国际及港澳台快递业务量占全部业务量的比例分别为 23.1%、73.7% 和 3.2%，同城、异地、国际及港澳台快递业务收入占全部业务量的比例分别为 10.4%、60.2% 和 19.5%；2013 年，同城、异地、国际及港澳台快递业务量占全部业务量的比例分别为 24.9%、72.2% 和 2.9%，同城、异地、国际及港澳台快递业务收入占全部业务量的比例分别为 11.5%、57.5% 和 18.8%，与 2012 年相比，同城快递业务比例继续上升。

东、中、西部市场占比基本稳定。2012 年东部地区完成快递业务量

46.6 亿件，实现业务收入 868.1 亿元；2013 年东部地区完成快递业务量 74.7 亿件，同比增长 60.4%，实现业务收入 1199.2 亿元，同比增长 38.1%。2012 年中部地区完成快递业务量 6.0 亿件，实现业务收入 98.7 亿元；2013 年中部地区完成快递业务量 9.9 亿件，同比增长 66.3%，实现业务收入 132.8 亿元，同比增长 34.5%。2012 年西部地区完成快递业务量 4.3 亿件，实现业务收入 88.6 亿元；2013 年西部地区完成快递业务量 7.3 亿件，同比增长 67.8%，实现业务收入 109.7 亿元，同比增长 23.9%。东、中、西部地区快递业务量比重分别为 81.3%、10.8% 和 7.9%，快递业务收入比重分别为 83.2%、9.2% 和 7.6%。

民营快递企业发展迅速。2012 年国有快递企业业务量完成 13 亿件，实现业务收入 299.1 亿元；民营快递企业业务量完成 42.9 亿件，实现业务收入 638.7 亿元；外资快递企业业务量完成 1 亿件，实现业务收入 117.5 亿元。国有、民营、外资快递企业业务量市场份额分别为 22.8%、75.4% 和 1.8%，业务收入市场份额分别为 28.4%、60.5% 和 11.1%。而 2013 年国有快递企业业务量完成 18.2 亿件，实现业务收入 291.5 亿元；民营快递企业业务量完成 72.5 亿件，实现业务收入 973.8 亿元；外资快递企业业务量完成 1.1 亿件，实现业务收入 176.4 亿元。国有、民营、外资快递企业业务量市场份额分别为 19.9%、78.9% 和 1.2%，业务收入市场份额分别为 20.2%、67.5% 和 12.3%。

2013 年快递业务量排名前五位的省份依次是广东、浙江、江苏、上海和北京，其快递业务量合计占全部快递业务量的比重达到 68.4%。快递业务收入排名前五位的省份依次是广东、上海、浙江、江苏和北京，其快递业务收入合计占全部快递业务收入的比重达到 70.1%。

2012 年全邮政行业拥有各类营业网点 9.6 万处，其中，快递服务营业网点 8.9 万处；2013 年全邮政行业拥有各类营业网点 12.5 万处，比 2012 年增长 30.9%，快递服务营业网点 11.8 万处，比 2012 年增长 32.4%。2012 年全邮政行业拥有各类汽车 16.9 万辆，其中快递服务汽车 12.1 万辆；2013 年全邮政行业拥有各类汽车 20.7 万辆，比 2012 年增长 22.4%，其中快递服务汽车 15.7 万辆，比 2012 年增长 30.4%。2013 年快递服务企业拥有计算机 29.2 万台，手持终端 44.4 万台。

(二) 中国快递服务市场发展原因分析

目前中国快递市场规模已升至世界第二位，最高日处理量超过 6500万件，继续保持了快速发展的良好势头，2013 年快递服务市场得以快速发展的主要原因可以概括总结为以下几个方面：

1. 国家相关政策的出台，使快递行业发展环境得到进一步优化

《快递市场管理办法》等 6 部规章修订顺利完成，《快递条例》列入国务院年度立法计划，地方立法持续推进。国家邮政局推动出台有利于跨境电子商务寄递服务发展的政策，联合发布《关于推进快递服务制造业工作的指导意见》，促进行业融入社会生产和消费的产业链、供应链和服务链。联合发布《加强和改进城市配送管理工作的指导意见》，进一步解决快递车辆进城难、通行难、停靠难的问题。出台《关于提升快递末端投递服务水平的指导意见》和《智能快件箱》行业标准，多措并举解决"最后一公里"瓶颈。

2. 市场监管工作不断强化

全面开展快递业务经营许可地域范围和经营范围专项清理整顿，市场秩序进一步好转；三级邮政管理体制运行顺畅，依法行政能力不断增强，市（地）邮政管理机构在市场检查执法方面发挥了重要的基础性作用，有力净化了快递市场环境；安全监管力度进一步增强，全面开展收寄验视①专项整治活动，组织快递行业安全生产大检查，行业安全情况得到明显改善；信息化监管水平进一步提升，与电商平台的对接协调效应逐步显现；对外交流合作的范围和领域也在不断地扩展。

3. 快递服务质量稳步提升

国家邮政局每年发布的《快递服务公众满意度调查结果通告》显示：

2010 年快递服务总体满意度平均为 68.7 分。其中，公众满意度平均为 70.9 分；实地测试满意度平均为 66.4 分。公众对快递服务环节中的受理服务和揽收服务满意度较高，分别为 74.8 分和 70.9 分；对投递服务和

---

① 即收寄验视制度。《邮政法》第二十五条规定："邮政企业应当建立并执行收寄验视制度。""用户交寄的信件，必要时邮政企业可以要求用户开拆，进行验视，但不得检查信件内容。用户拒绝开拆的，邮政企业不予收寄。""对信件以外的邮件，邮政企业收寄时应当当场验视内件。用户拒绝的，邮政企业不予收寄。"第五十九条规定，第二十五条关于邮政企业的规定，适用于快递企业，即快递企业对快件也应当执行收寄验视制度。国家邮政局 http：//www.spb.gov.cn/。

售后服务满意度稍低，分别为 64.3 分和 65.7 分。

2011 年快递服务总体满意度为 68.9 分，比 2010 年提升 0.2 分。其中，公众满意度为 72.9 分，较 2010 年提升 2 分；实地测试满意度为 64.9 分，较 2010 年降低 1.5 分。公众对快递服务环节中的受理服务和揽收服务比较满意，满意度分别为 76.5 分和 71.0 分，其中受理服务比 2010 年提升了 1.7 分，揽收服务与 2010 年基本持平；公众对投递服务和售后服务满意程度一般，满意度分别为 66.1 分和 65.8 分。

2012 年快递服务总体满意度 71.7 分，较 2011 年提升 2.8 分。其中，公众满意度 74.5 分，较 2011 年提升 1.6 分。从公众满意度看，公众对快递服务环节中的受理服务和揽收服务比较满意，满意度分别为 81.3 分和 83 分，较 2011 年分别提升 5.1 分和 8.6 分；公众对投递服务和售后服务不满意，满意度分别为 72.5 分和 63.9 分，比 2011 年分别下降 1.9 分和 4.2 分。

2013 年快递服务总体满意度为 72.7 分，较 2012 年增加 1.0 分，行业服务水平稳步提升。其中，公众满意度为 77.1 分，较 2012 年提升 2.6 分。公众满意度方面，受理和揽收环节满意度均突破 80 分，分别达到 85.2 分、84.7 分，较 2012 年分别提升 3.9 分、1.7 分；派送和售后环节均突破 70 分，分别达到 76.3 分、71.0 分，较 2012 年分别提升 3.8 分、7.1 分。快递服务"重前不重后"的现象有所缓解，但仍有进一步缩小服务差距的空间。

连续四年的快递服务满意度调查结果数据显示，我国快递服务整体水平呈稳步提升态势。这归功于消费者申诉与市场监管联动机制的建立，多家快递企业强化了服务质量管理；在"双十一"来临之前提前谋划快递业务高峰保障工作，及时采取"错峰发货均衡推进"的调控方式，顺利实现了业务高峰"全网运行不瘫痪、重要节点不爆仓"的目标；"诚信、服务、规范、共享"的行业核心价值理念被积极倡导，开展"寻找最美快递员"专题活动涌现出以"快递托举哥"为代表的一批先进典型，传递出快递从业者的正能量。

二　中国快递服务市场的发展问题

快递服务市场发展迅速，快递服务简便快捷、方式多样、费用便宜，受到消费者普遍欢迎。同时，快递服务依托现代信息技术和互联网，互联网在全世界的迅速发展，标志着电子商务时代的到来。随着互联网用户规模持续扩大，电子商务成为快递发展新的增长点，快递服务与电子商务合作日趋密切，范围不断拓展，水平不断提升。网络时代必将使快递服务迎来新的发展机遇和挑战。据统计，全国快递服务 1/3 的业务量是由电子商务牵动完成的，这也标志着快递服务成为电子商务实现实物配送的主要途径。

然而，相对于快速扩张的服务规模，我国快递服务在其他层面的发展问题仍不容乐观。比如，从整个行业看，快递服务的整体质量仍有待进一步提升，快递服务市场的秩序仍需加强规范，快递行业各传统和新兴竞争主体的利益格局也面临进一步调整，由巨大市场需求引发的运输资源能力保障和利用也需协调发展，由国内市场向外资开放引发的行业安全监管问题也需系统完善等等。基于上述发展背景和形势要求，从行业持续健康发展和科学有效监管的角度，需要重新梳理未来我国快递服务市场的发展问题，并提出相应的对策思路。

（一）市场准入问题

快递服务的"市场准入"问题至少又可以分为两个层面，一是对"市场"本身的界定，二是对从事快递服务的企业的资质界定。关于前者，主要涉及邮政专营范围和快递服务范围之间边界的划分。关于后者，尽管业内对从事同城、异地和国际业务的企业资产方面的规定还存在一些分歧，但总体上在执行中的问题并不大。这里重点讨论第一个问题。

2009 年，作为新《邮政法》的配套法规，《国务院关于邮政企业专营业务范围的规定（草案）》对邮政专营权范围的具体规定是："单件重量在 100 克以内（国家规定的特大城市市区内互寄的单件重量在 50 克以内）的信件国内快递业务由邮政企业专营。"然而，由于在具体实践中，我国本土企业同城快递 90%、异地快递 30% 的业务都是文件业务，重量都在 150 克以下，这一规定会在较大程度上挤压快递行业的生存空间，因此直至目前，邮政专营权范围尚未得到法定化。

但是，邮政专营权的问题不能也不应该始终悬而不决。根据国外发达国家的实践，为使快递市场更加开放，邮政专营权的范围有逐渐缩小的趋势，在界定方法上通常采用"重量加资费"的原则。因此，未来在快递服务市场准入方面，需要考虑我国快递市场发展状况，进一步平衡各相关主体的利益，科学合理界定邮政专营权的范围，而不能简单以强化国有邮政企业垄断地位为目的。

（二）服务标准问题

1. 服务标准规范

从需求者角度来看，"货损货差"和"及时送达"是快递服务质量中消费者最为关注的两个重要方面。而从目前快递行业的整体服务水平来看，这两方面还存在较大的差距，消费者对快递企业的投诉主要集中在这两方面。

2011 年国家邮政局发布的《快递服务"十二五"规划》提出了快件延误率、损毁率、丢失率分别控制在千分之八、万分之一、十万分之五以内。同年，国家还出台了快递行业第一个国家标准《快递服务标准》，从服务时限、服务费用、赔偿标准和从业人员等方面对快递服务做出了规范。但是，业内对该标准中的国内快件赔偿时限、赔偿标准和最低服务费等方面的规定也有质疑。比如《快递服务标准》规定"国内快件超过 7 天还收不到，寄件人可以索赔"，但显然 7 天的时限已经超出快递的定义。不过，《快递服务标准》的出台和快递服务"十二五"规划所提出的相关目标，已经为快递服务质量的改进指明了方向。值得注意的是，无论是规划目标，还是相应的标准或规范，都还不具备法律意义上的强制力，而且伴随电子商务与快递的融合发展，快递服务的内容及作业链条本身又有了新的拓展，比如涉及代收货款、第三方支付、零售商发货延迟造成快递延误等新问题，还需要进一步的法律规范，促进快递企业提高服务质量，以更好地保障消费者的权益。

2. 服务层次拓展

不断发展变化的市场需求，特别是差异化、个性化的市场需求，会要求快递企业在传统的价格竞争之外，实施差异化的竞争策略。行业管理者可以通过快递企业等级评定、快递服务评价等措施进一步引导市场需求，促进快递企业创新服务模式，拓展快递服务领域，发展实物流、资金流、信息流"三流合一"的融合型业务，调整完善产品结构，提供多层次、多样化和个性化的产品体系，进而提升整个快递行业的服务水平。

（三）运营组织问题

运营组织问题主要涉及快递产业的运营组织模式、运输资源保障等方面的问题，但考虑到这些问题会影响快递行业的服务范围、供给能力及服务质量，并且常常需要行业之间、政府主管部门之间的协调配合，这一问题实际上并不只局限于快递企业层面的考虑范围。

1. 运营组织模式

关于快递产业的运营组织模式，主要是涉及快递网络的构建模式。目前，快递行业中主要的网络运营组织模式分为直营和加盟两种。其中，直营模式是指快递网络的组建、扩张基本上是由快递企业自身投资运作形成，快递企业对网络具有完全的控制权、管理权；而加盟模式是通过总部和网络加盟者缔结契约，按照"统一领导、统一服务标准、统一市场策略"等原则形成的经营模式，是连锁经营的一种表现。一般认为，直营模式具有整体优化配置资源、组织控制力强等优势，但网络构建时期的投资很大，而加盟模式具有投资少、扩张快等优势，但存在稳定性较差、结算方式复杂、异地协调难度大等劣势。当然，在充分发挥市场机制的作用下，上述两种模式自会相得益彰，而无论未来的经营模式会如何多样化，其中的关键是快递网络中的各个参与者之间"责权利"关系能够得到清晰界定和法律保障。从行业管理者的角度，主要需要关注的是防范和控制快递网络构建过程中由于兼并、重组等行为产生的垄断，促进行业的充分竞争。

2. 综合交通运输资源优化

利用关于快递服务的运输资源保障，从综合交通运输体系的视角来看，主要涉及各种运输方式在网络覆盖和运输能力上的保障，在基础设施和装备标准方面的关联配合，在空间上长途短途及市内运输的连接，在功能上仓储与运输的协调等等问题，这些都会影响快递服务的质量和运作成本。因此，需要加强与各种运输方式的衔接，从快递收寄场地、处理场地、仓储场地、运输工具、运输路线等方面进行统筹规划，加强快递网络资源的优化利用。

这里着重讨论航空运力资源的安全有效利用及城市配送两个目前相对突出的问题。一方面，快递行业中存在由于运输安全或航空运力相对紧张、部分区域延误率较高等原因造成服务延误或时效性降低的问题。在这种情形下，一些资金实力雄厚的快递企业通过组建自有机队来保障运输服务的能力和水平。另一方面，当前民航自身的货运能力并没有得到充分发挥，因而也曾试图向附加值较高的快递业务拓展，只不过终端配送网络的构建并不是一件可以很快完成的事情。

这些问题其实都反映出快递与民航运输的发展仍不够协调，未来仍需充分发挥各自优势，特别是严把快递物品安全关，以及改善民航运输服务的时效性，实现优势互补。而在城市配送方面，目前的市内配送车辆还很不规范，比如许多中小型快递行业采用电动自行车及其他安装有动力装置的非机动车进行市内配送，这些类似问题都属于装备标准的不协调不匹配，当然这和我国快递行业发展的阶段现实有关，但从快递行业的长远发展来看，城市配送与城市交通管理之间的相互掣肘问题仍需以规范的管理加以解决。

此外，在当前高速铁路大发展的背景下，相关部门也有必要从设施设备标准、运营组织模式、网络布局及定价策略等方面探索并实施利用高铁开展快递服务的具体方案，发挥铁路在快递干线网络运输中的优势，促进快递服务优化利用各种铁路运输资源。目前，城际之间的高铁和动车网络逐渐完善，班次又多，速度快，成本低，在快件运输中可以充分利用这一资源。

（四）行业竞争问题

1. 竞争基本格局

经过 30 多年的发展，我国快递行业基本形成了国有、民营、外资"三足鼎立"的竞争格局，其中，国有企业凭借其在网络覆盖和政策方面的优势，在国内及国际市场均占据一定份额；民营企业凭借其灵活性在国内"三大"区域快递市场、电子商务快递业务和同城快递业务方面占据较大份额；而外资凭借其资金、设备、技术与管理优势，在国际市场上占据主导，并已进一步加大在华投资，准备深入涉足国内市场，给内资企业带来巨大威胁。

上述竞争格局的逐步形成推动了快递产业的蓬勃发展，而未来快递行业的竞争格局将往一个更激烈、市场集中度更高、更深层次竞争的方向发展，在新的竞争格局形成过程中，仍需进一步处理好竞争与效率、竞争收益与规模优势、开放市场与产业安全之间的关系。

2. 市场竞争环境

新《邮政法》和一系列部门、地方法规的陆续出台，以及国家、区域及地方层面的快递行业规划的实施，对建立统一开放、竞争有序的市场环境起到了积极作用。但考虑到快递行业不断发展变化的形势，未来仍需进一步完善有关配套法律法规，全面推进依法监管，不断完善市场监管机制，规范企业的竞争行为，打破行政垄断和地区封锁，保持整个快递行业的竞争活力，提升行业的整体竞争效率。

3. 竞争收益与规模优势

在鼓励市场充分竞争的同时，也要注重快递企业发展的规模优势，鼓励具备一定经营实力和管理经验的企业，遵循市场经济规则，依托市场机制开展跨行业、跨区域、跨所有制的兼并重组，实施集约化经营，进一步提升网络覆盖率、服务质量和品牌声誉，做强做大，参与国际竞争。围绕快递服务在规模化、专业化、个性化、信息化等方面的发展方向，发挥规划、标准和政策的引导作用，促进快递企业开展深层次的竞争。

4. 行业安全风险

目前，同国外大型快递企业相比，我国快递企业除具备本土化优势外，在服务机制、管理水平、规模效益、竞争能力等方面均处于劣势（详情可参照本书第一章第三节最后一个版块的介绍）。一方面，应当进一步深化包括邮政体制在内的各项改革，从总体政策上引导快递企业创新经营模式、优化作业流程、完善内部管理、增强竞争实力。另一方面，要进一步加强快递行业安全监管体系建设，依法严格确定和规范外资经营范围，完善寄递渠道安全监管，加强应急管理和航权管理，防范外资垄断风险。

（五）产业融合问题

近年来，电子商务的发展给快递行业发展带来了巨大的市场需求。据统计，2009 年，由电子商务引发的快递业务量大约占到快递总业务量的一半，而几家国内知名快递企业甚至有 70% 以上的业务均来源于电子商务。与此同时，极端重视终端消费体验的电子商务企业也不断向快递领域拓展，而一些传统的快递企业也纷纷建设或运用电子商务平台增强自身实力，这使得电子商务和传统快递的融合已成为一种趋势。此外，一些具备高附加值的大型制造企业对生产型的快递服务的需求也逐渐增长。伴随我国产业结构升级和转移，制造业与快递产业之间的联合也有可能进一步增强。

为适应快递行业与制造业、电子商务的联动、融合发展，相关政府部门应进一步优化产业融合发展的环境，鼓励生产和商贸企业根据分工协作的原则，剥离或外包产品配送功能，引导快递企业加快进入制造业供应链服务环节，承接电子商务配送服务，鼓励电子商务入股快递企业或电子商务企业和快递企业成立合资企业，实现产业上下游联合经营，发挥双方优势，打造网络购物快递新产品、新模式。

综上所述，为促进未来快递服务的持续发展和行业的有效监管，在市场准入方面，应进一步科学合理界定邮政专营权的范围，并尽快出台相关配套法规和政策，促进快递市场的进一步有序开放。

在服务质量和标准方面，一是要明确规划方向，完善标准规范，提升法律效力，保障消费者权益；二是要引导快递企业创新服务产品和服务模式，促进快递服务差异化发展。

在运营组织方面，一是清晰界定和保护产权，鼓励运营模式多样化发展；二是从综合交通运输视角统筹快递网络规划建设，优化利用各种运输资源。

在促进行业有序竞争方面，一是进一步完善开放有序的市场环境，依法监管，规范企业竞争行为，提升行业竞争效率；二是统一竞争收益和规模优势，促进规模化、专业化、个性化、信息化的深层次竞争；三是深化体制改革，增强内资企业实力，加强产业安全监管体系建设，防范外资垄断风险。在产业融合方面，应进一步优化市场外部环境，鼓励引导快递企业与电子商务、制造业等关联企业、上下游企业加强联合，建立战略联盟，开展一体化经营。

针对我国快递服务市场存在的问题，工商机关应加大对《邮政法》等法律、法规的宣传力度，向快递服务企业重点讲解《企业法人登记管理条例》、《快递业务经营许可管理办法》、《快递产业服务标准》等，让经营者知道从事快递服务必须依法取得经营资格，并且在日常经营中遵守相关规定。工商机关应严把市场准入关，严格按照有关法律、法规的规定受理和审查申请人提交的申请材料，严格审查快递执业人员资格以及经营场地情况；应针对快递服务市场的现状制定措施，注意加强行政指导，引导企业增强诚信意识，着力建立长效监管机制；应深入调查研究，认真审查目前快递服务市场中常见的格式合同，看有无"霸王条款"、模糊条款现象，积极推广使用快递服务合同示范文本，引导快递服务企业规范经营行为，切实维护消费者的合法权益；应与邮政部门加强合作，努力规范快递服务企业的市场主体资格，查处不正当竞争行为，并积极推动成立快递行业协会，提倡"阳光服务"，加强行业自律。

第 四 章

基于电子商务环境的快递产业

第一节 电子商务概述

互联网在全世界范围内的迅速兴起，标志着电子商务时代的到来。人们在家里就可以享受到企业或者他人提供的各种便捷的服务，享受电子商务带来的个性化的服务成果。互联网以前所未有的发展速度将用户、信息和信息系统紧密联系在一起。2014 年 1 月 16 日，中国互联网络信息中心（CNNIC）在京发布第 33 次《中国互联网络发展状况统计报告》（以下简称《报告》）①。《报告》显示，截至 2013 年 12 月，中国网民规模达 6.18 亿人［中国互联网络信息中心对中国网民的定义为平均每周使用互联网一小时（含）以上的中国公民］，全年新增网民 5358 万人，互联网普及率为 45.8%，较 2012 年底提升 3.7 个百分点。其中，手机网民规模达到 5 亿人，年增长率为 19.1%，继续保持上网第一大终端的地位。网民中使用手机上网的人群比例由 2012 年底的 74.5% 提升至 81.0%，远高于其他终端设备上网的网民比例，手机依然是中国网民增长的主要驱动力。"2013 云计算及信息安全技术国际研讨会"上公布的数据显示，预计到 2020 年，中国移动互联网用户将达 14.9 亿人，全球移动互联网用户将突破 100 亿人，移动宽带用户将突破 70 亿人，移动互联网将成为未来上网的主要方式，预计 2015 年前后，移动互联网用户将超过固定互联网用户。预计到 2020 年，我国 3G 基站将达 183 万个、4G 基站将达 124 万个②。

---

① 中国互联网络信息中心，http：//www.cnnic.net.cn/hlwfzyj/hlwxzbg/hlwtjbg/201403/t20140305_ 46240.htm。

② 2013 云计算及信息安全技术国际研讨会，http：//www.bast.net.cn/art/2013/9/17/art_ 8966_ 214427.html。

一 电子商务定义

电子商务源于英文 Electronic Commerce，简写为 EC。其内容包含两个方面，一是电子方式，二是商贸活动。是利用简单、快捷、低成本的电子通信方式，买卖双方不谋面地进行各种商贸活动。电子商务可以通过多种电子通信方式来完成，主要是以 EDI（电子数据交换）和 Internet 来完成的。从贸易活动的角度分析，电子商务分为两个层次，较低层次的电子商务如电子商情、电子贸易、电子合同等；最完整的也是最高级的电子商务应该是利用 Internet 网络能够进行全部的贸易活动。随着国内 Internet 使用人数的增加，利用 Internet 进行网络购物并在网上以银行卡或者第三方支付平台付款消费的购物方式逐渐兴起，市场份额也在迅速扩张，各类电子商务网站也如雨后春笋纷纷涌现。

二 电子商务分类①

（一）企业与企业之间的电子商务 B2B（Business to Business）

B2B 电子商务是指以企业为主体，在企业之间进行的电子商务活动。它是指进行电子商务交易的供需双方都是商家（或企业、公司），它们使用了 Internet 的技术或各种商务网络平台，完成商务交易的过程。这些过程包括：发布供求信息，订货及确认订货，支付过程及票据的签发、传送和接收，确定配送方案并监控配送过程等。其代表是马云的阿里巴巴电子商务模式。国内外主要贸易综合类 B2B 平台见表 4 - 1 和表 4 - 2。

表 4 - 1　　　　　　　国外主要贸易综合类 B2B 平台

网站域名
Mfg. com
Tradekey. com
Ec21. com
Thomasnet. com
Globalspec. com
Indiamart. com

---

① 亿帮动力网，http：//www.ebrun.com/。

B2B 主要是针对企业内部或者企业与上下游协同厂商之间的资讯整合，并在互联网上进行的企业与企业间交易。借由企业内部网（Intranet）建构资讯流通的基础，及外部网络（Extranet）结合产业的上中下游厂商，达到供应链（SCM）的整合。因此透过 B2B 的商业模式，不仅可以简化企业内部资讯流通的成本，更可使企业与企业之间的交易流程更快速、更减少成本的耗损。

表 4 – 2   国内主要贸易综合类 B2B 平台

网站域名	名称（或公司名）	服务定位
alibaba. com	阿里巴巴	综合类 B2B
globalsources. com	环球资源企业网	
made-in-china. com	中国制造网	
hc360. com	慧聪网	
chemnet. com	中国化工网（含全球化公网）	行业垂直类 B2B
mysteel. com	我的钢铁网	
gonkong. com	中国工控网	
aliexpress. com	全球速卖通	小额批发类 B2B
dhgate. com	敦煌网	
1688. com	1688 批发大市场	
315. com. cn	金银岛网交所	大宗商品交易类 B2B
ssec-steel. com	上海大宗钢铁电子交易中心	
ex-cp. com	浙江塑料城网上交易市场	
manynet. net	杭州美连网络科技有限公司	整合营销类 B2B
netcec. com	宁波互联创业电子商务有限公司	
alldao. com	南京奥道信息技术有限公司	

资料来源：亿帮动力网。

（二）企业与消费者之间的电子商务 B2C（Business to Customer）

B2C 就是企业透过网络销售产品或服务给个人消费者。这是消费者利用因特网直接参与经济活动的形式，类同于商业电子化的零售商务。即企业通过互联网为消费者提供一个新型的购物环境——网上商店，消费者通过网络在网上购物、在网上支付。其代表是亚马逊电子商务模式。由于这种模式节省了客户和企业的时间和空间，大大提高了交易效率，特别对于工作忙碌的上班族，这种模式可以为其节省宝贵的时间。

（三）消费者与消费者之间的电子商务 C2C（Consumer to Consumer）

C2C 是指消费者与消费者之间的电子商务模式。由于是个人与个人之间的交易，C2C 的特点就是大众化交易。C2C 商务平台就是通过为买卖双方提供一个在线交易平台，使卖方可以主动提供商品上网拍卖，而买方可以自行选择商品进行竞价。其代表是 eBay、taobao 电子商务模式。

例如消费者可同在某一竞标网站或拍卖网站中，共同在线上出价而由价高者得标或由消费者自行在网络新闻论坛或 BBS 上张贴布告以出售二手货品，甚至是新品。

（四）消费者与企业之间的电子商务 C2B（Consumer to Business）

C2B 是商家通过网络搜索合适的消费者群，真正实现定制式消费。通常情况为消费者根据自身需求定制产品和价格，或主动参与产品设计、生产和定价，产品、价格等彰显消费者的个性化需求，生产企业进行定制化生产。对消费者而言，是一种理想化的消费模式。由客户发布自己要些什么东西，要求的价格是什么，然后由商家来决定是否接受客户的要约。假如商家接受客户的要约，那么交易成功；假如商家不接受客户的要约，那么交易就失败。

这是一种创新型的电子商务模式，不同于传统的供应商主导商品，这是通过汇聚具有相似或相同需求的消费者，形成一个特殊群体，经过集体议价，以达到消费者购买数量越多，价格相对越低的目的。

（五）O2O（Online to Offline）

O2O 将线下商务的机会与互联网结合在了一起，让互联网成为线下交易的前台。这样线下服务就可以用线上来揽客，消费者可以用线上来筛选服务，还有成交可以在线结算，预计将很快形成一定的规模。该模式最重要的特点是：推广效果可查，每笔交易可跟踪。"O2O"一头是电商，一头是线下的实体零售商，线下实体零售商可借用线上的大数据资源、流量资源、供应商资源、移动支付技术等，电商也可借用线下实体零售商的会员资源、物流、区域供应商资源等，双方可实现优势互补，互利共赢。

（六）O2P（Online to Partner 生态圈）

通过构建各方参与者（厂商—经销商—门店—消费者）多赢的格局，

以形成具有核心竞争力的互联网生态圈，成为相关标准定义者与游戏规则的制定者。其中包括三大 P（Platform、Place、People）作为实现手段，具体如下：

O2Platform（平台），通过针对区域合作伙伴及门店的应用需求而定制的平台，包括前端平板、后台管理系统、短信平台、400 电话、移动 APP、云服务等构成。

O2Place（本地化），通过移动互联网的技术手段，构建具有本地化、社交型的线上线下互动的电商平台，帮助渠道运行区域合作伙伴，推进渠道向社区化、乡镇网点全覆盖，多品牌多品种类型运作，形成富有竞争力的立体化的渠道网络。

O2People（消费者），通过互联网化的产品展示方式与平板综合应用，渠道全网点的布局优势，结合短信及全国统一 400 电话的手段，推进门店形象、销售及售后服务的标准化，提升消费者满意度，形成长期的竞争优势。

（七）企业与政府间的电子商务 B2G（Business to Government）

主要是指政府通过网上服务，处理企业与政府的各种事务。此类电子商务包括政府在网上采购，企业以电子方式响应；政府项目或工程进行网上招标，企业在网上竞标；政府通过网上审批企业上报的各种手续或单证，例如，网上报关、报验、网上产地证申请；通过电子的方式发放进出口许可证、配额、开展统计工作；网上征税、缴税；政府在网上发布与企业相关的管理条例与经济信息，提供咨询服务等，可以为企业提供决策依据和商机。因此，它也是电子政务的有机组成部分。

（八）政府与政府公务员之间的电子政务 G2E（Government to Employee）

G2E 电子政务也称政府（Government）与政府雇员（Employee）之间的电子政务，也有学者把它称为内部效率效能（IEE）电子政务模式。G2E 电子政务是政府机构通过网络技术实现内部电子化管理的重要形式，也是 G2G、G2B 和 G2C 电子政务模式的基础。G2E 电子政务主要是利用 Intranet 建立起有效的行政办公和员工管理体系，为提高政府工作效率和公务员管理水平服务。

（九）B2M（Business to Marketing）

B2M 是相对于 B2B、B2C、C2C 电子商务模式的一种全新的电子商务模式。这种电子商务模式相对于以上三种模式的本质区别在于目标客户群的性质不同，前三者的目标客户群是作为消费者出现的，而 B2M 的目标客户群是该企业或该产品的销售者或者是其雇佣者，而不是最终消费者。

B2M 指的是面向市场营销的电子商务企业（电子商务公司或电子商务是其重要营销渠道的公司）。B2M 电子商务公司是根据客户需求为核心而建立起的营销型站点，并通过线上和线下多种渠道对站点进行广泛的推广和规范化的导购管理，从而使得站点作为企业的重要营销渠道。

（十）生产厂家对消费者 M2C（Manufacturers to Consumer）

生产厂家（Manufacturers）直接对消费者（Consumers）提供自己生产的产品或服务的一种商业模式，特点是流通环节减少至一对一，销售成本降低，从而保障了产品品质和售后服务质量。

（十一）消费者与政府间的电子商务 C2G（Consumer to Goverment）

它是指政府通过因特网来管理公民的社会活动，如通过网络交纳个人所得税、发放养老金、进行车辆年检等。政府在网上发布与消费者、公民生活相关的管理条例，提供咨询服务等。它也是电子政务的有机组成部分。

我国电子商务主要为 B2B、B2C、C2B、C2C、O2O 五大类模式，不同模式都有提升的趋势。

三 电子商务发展背景及现状

从世界范围看，随着以互联网、云计算、物联网等为代表的信息技术飞跃发展，电子商务与实体经济深入融合，对生产、消费乃至人们的生活带来深刻影响。在某种意义上，电子商务已经成为当前商务领域最前沿、最活跃、影响最广泛的热点之一，作为一种营销方式、一种商业模式，其地位作用已经大大超出了商业本身，成为信息化、网络化、市场化、国际化新条件下的一个重要的资源配置途径，成为引领经济社会发展进步的一种重要力量。大力发展电子商务，已经成为美国、日本、韩国等一些国家和地区提高国家竞争力的重要战略举措。

我国电子商务虽然起步晚，但发展快，越来越受到企业和消费者的青睐。"十一五"期间，我国电子商务保持了持续快速发展的良好态势，交易总额增长近 2.5 倍。2012 年，我国电子商务交易总额是 8 万亿元，在全球排在第二位，仅次于美国。2013 年我国电子商务交易额超过 10 万亿元，电商已经到一个临界点和引爆点。电子商务发展的内生动力和创新能力日益增强，正在进入密集创新和快速扩张的新阶段。目前，我国电子商务发展呈现以下几个突出特点。[①]

（一）发展势头迅猛

进入 21 世纪，我国电子商务迅速发展。2006 年交易规模跨上万亿元台阶，达到 1.5 万亿元。金融危机以来，我国电子商务逆势上扬，2007 年至 2010 年增速均超过 30%，2011 年的交易规模接近 6 万亿元。2013 年我国电子商务交易额超过 10 万亿元，其中，B2C 年交易额是 1.3 万亿元，占全部商品零售总额 10% 以上；B2B 年交易额达 8.2 万亿元，占全部商品零售总额的 80.4%，同比增长 31.2%，见图 4 - 1。

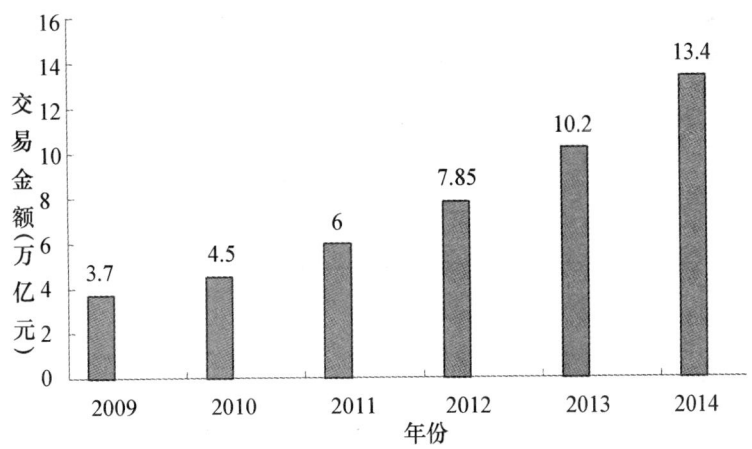

图 4 - 1 2009—2014 年中国电子商务市场交易规模

资料来源：中国电子商务研究中心。

（二）刺激消费作用明显

网络零售，是电子商务直接服务于居民消费的一个重要领域。2007 年我国网络零售额仅为 542 亿元，之后仅用 3 年时间，2010 年达到 5231 亿元，增长接近 10 倍，年增长率超过 100%。网络零售商品种类也由图

---

① 参见商务部电子商务司《商务部副部长姜增伟在全国电子商务工作会议上的讲话》，ht-tp：//dzsws. mofcom. gov. cn/article/dzsw/wangzhanjianjie/201204/20120408070878. shtml。

书和数码产品为主，发展到实体市场存在的几乎各类商品，甚至扩大到实体市场难以实现的游戏装备等虚拟商品。2012 年中国网购用户规模达2.47 亿人，而 2011 年数据为 2.03 亿人，同比增长 21.7%。截至 2012 年年底，我国网络零售市场交易规模达 13205 亿元，同比增长 64.7%，占社会消费品零售总额比重增至 6.3%。互联网正为社会生活带来全新方式和体验。据中国电子商务研究中心发布的《2013 年中国网络零售市场数据监测报告》[①]，2013 年全国网络购物交易规模达 18851 亿元，同比增长42.8%，占社会消费品零售总额的 8.04%，见图 4 - 2。

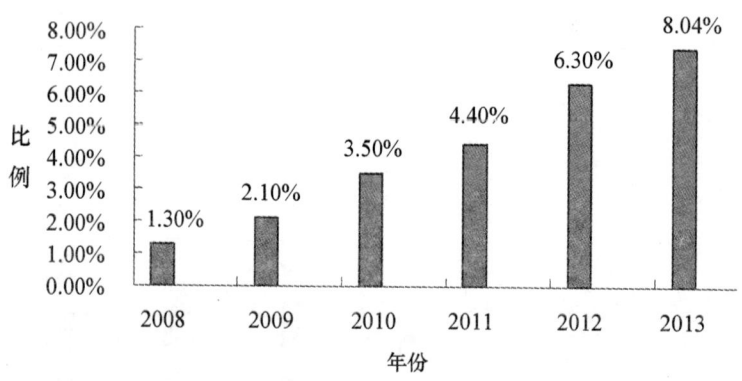

图 4 - 2   2008—2013 年网购规模占社会消费品零售总额比例

资料来源：中国电子商务研究中心。

如图 4 - 3 所示，2012 年我国网络零售市场规模为 13205 亿元，超过日本的 6911 亿元（不包括在线旅游），预计 2015 年网络购物市场交易规模将达到 26364 亿元，规模将超过美国，无论是从网络零售市场交易规模方面还是网络购物用户规模方面，都将成为全球最大的网络零售市场，见图 4 - 4。

（三）成为企业市场开拓利器

电子商务借助互联网技术突破了时空限制，极大拓宽了买卖双方的市场空间。特别是通过第三方电子商务平台，中小企业以更低的成本、更快

_____

① 参见中国电子商务研究中心《2013 年中国网络零售市场数据监测报告》，http：//www.100ec.cn/。

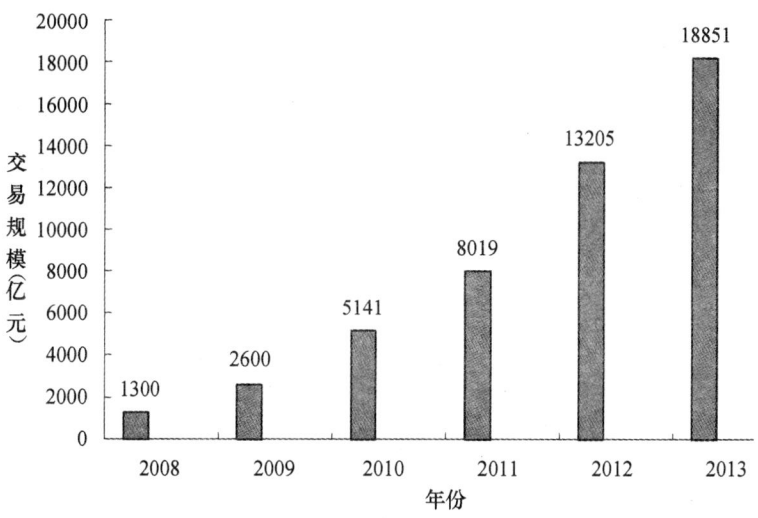

图4-3 2008—2013年中国网络零售市场交易规模

资料来源：中国电子商务研究中心。

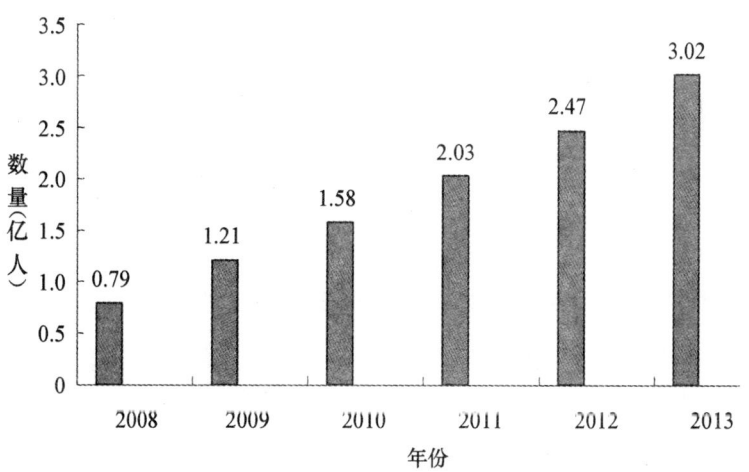

图4-4 2008—2013年中国网购用户规模增长图

资料来源：中国电子商务研究中心。

捷的速度进入国内外市场，获得与大企业同样的市场竞争机会。据有关研究证明，利用第三方电子商务平台，平均投入 1 元人民币可带来近 600 元的销售额。这充分体现了利用电子商务开拓国际市场的强大威力。目前，越来越多的中小企业开始尝试利用电子商务手段开拓国内外市场。

（四）带来生产生活方式的重大变革

电子商务，史无前例地减少了流通环节，降低了流通成本，缩小了生产者与消费者之间的距离，加速了产品的产业化、市场化进程，颠覆了传统的产品生命周期理论，打破了生产商→一级批发商→二级批发商→三级批发商→零售商→消费者的传统产品流通路径，消费者→生产商（供应商）式的新型生产、流通、消费模式日渐形成，产品研发、设计、生产、销售、物流、支付、售后服务等相关服务链条紧密融合，"宅生活"成为一种时尚。由此可见，电子商务促进了产业链上各环节的资源优化配置和生产流程再造，服务链条更加简洁清晰明了，人类生产生活方式因电子商务的出现发生了巨大的改变。

（五）带动现代服务业发展

支撑电子商务普及应用的信息技术服务、信用服务、电子支付、现代物流和电子认证等行业得到了较快发展。截止到 2013 年 7 月，已有 250 多家非金融机构获得第三方支付牌照，电子商务服务企业突破 15 万家，电子商务服务业收入达到 1200 亿元，2013 年第四季度中国第三方支付企业互联网收单交易额规模达 18641 亿元人民币；[1] 2013 年全国规模以上快递企业业务量达 91.9 亿件，同比增长 61.6%，业务收入累计完成 1441.7 亿元，同比增长 36.6%，其中网络零售带动的业务量占快递总量的一半左右。2010 年底，有效电子签名认证证书持有量超过 1530 万张，电子证书正在电子商务中得到广泛应用。截至 2013 年，我国电子商务服务企业直接从业人员超过 220 万人，由电子商务间接带动的就业人数超过 1600 万人，[2] 如图 4–5 所示。

---

① 参见易观智库《易观分析：2013 年第 4 季度中国第三方支付市场互联网收单交易规模达 18641 亿》，http：//www.enfodesk.com/SMinisite/maininfo/articledetail-id-400332.html。

② 参见人民网《电商直接从业人员超 220 万》，http：//finance.people.com.cn/n/2013/1103/c1004-23414812.html。

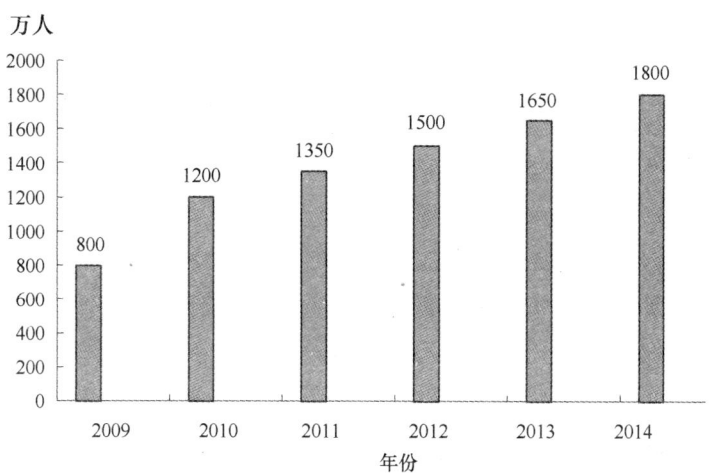

图 4 - 5　2009—2014 年中国电子商务服务企业带动从业人员规模

资料来源：中国电子商务研究中心。

（六）电子商务不断普及和深化[①]

电子商务在我国工业、农业、商贸流通、交通运输、金融、旅游和城乡消费等各个领域的应用不断得到拓展，应用水平不断提高，正在形成与实体经济深入融合的发展态势。跨境电子商务活动日益频繁，移动电子商务成为发展亮点。大型企业网上采购和销售的比重逐年上升，部分企业的电子商务正在向与研发设计、生产制造和经营管理等业务集成协同的方向发展。电子商务在中小企业中的应用普及率迅速提高，2011 年中小企业网上交易和网络营销的利用率超过 45%，网络零售交易额突破 3 万亿元，占社会消费品零售总额的 9%。网络零售交易额迅速增长，"十一五"期间年均增速达 100.8%，占社会消费品零售总额比重逐年上升，成为拉动需求、优化消费结构的重要途径。

以中石化为代表的一批大型企业普遍应用电子商务，其 95% 以上的原材料都实现了网上招标采购，直接面向市场来组织企业生产，大规模地节约了企业运营成本；中小企业依托电子商务可以与大企业处于同一竞争

---

① 参见中国投资咨询网《2014—2018 年中国电子商务市场投资分析及前景预测报告》，ht-tp：//www. ocn. com. cn/。

平台，大大缩短了市场开拓和品牌培育周期。

四 电子商务发展的问题

在看到电子商务发展大好形势的同时，我们也要正视发展中存在的突出问题。事物的矛盾运动是永恒的，是推动其发展进步的力量源泉。电子商务作为新生事物在发展过程中出现一些问题，也是客观必然的。这些问题主要包括：

（一）法律法规问题——电子商务缺乏法制管理

作为一项经济与互联网的系统工程，电子商务既有传统商业存在的特点，又带有很多与网络、法制监管、利益分配等诸多新的特色，其中法制监管是电子商务稳健发展的必要保障。我国政府相关部门虽然制定了一些规范电子商务的法律和规章制度，但是由于我国电子商务起步晚，发展还不成熟，一些问题在法律上还是空白，一些法律法规还不健全，与电子商务快速蔓延的发展态势并不能相适应，在跨地区、跨领域、跨部门协调等环节问题尤为严重。法制监管的不完善成为阻碍电子商务健康发展的首要问题，亟待解决。

（二）安全技术问题

电子商务交易方式需要销售商和客户的交易信息，这些交易信息包括商家的产品信息和客户的订单信息等，不法分子会利用这些信息非法牟利。支付信息包含交易双方银行账号，交易金额以及个人信息等。对于交易双方，在支付过程中存在虚假订单或者产品信息，骗取商家货物或者客户钱财。因此信息技术部门必须加强电子商务交易和支付信息的保护，客户和商家应该树立信息保护意识，防范上当受骗。

在互联网开放式的环境下，金融电子化网络由封闭的银行业务处理网络演变为与互联网在一定程度上互通的网络。因此金融电子化系统的安全问题就成为制约电子商务发展的决定性因素。

（三）物流配送问题

电子商务的有效运营需要有快速高效的物流保障，而我国的物流行业自身并不完善，面对电子商务的高要求，物流配送体系跟不上势必会影响电子商务的发展。目前我国的快递业务尚未充分开展，不少从事电子商务的企业不得不自办快递业务，不仅无法覆盖较为广阔的区域，而且费用较高，效率低下，影响企业效益和消费者网上购物的意愿。依靠第三方物流容易形成配送操作系统与电子商务平台的脱节，出现配送不及时、给客户送错货、忘记送货或者无法送货等让商家与客户皆不满意的现象。物流产业的低迷成为我国电子商务的又一制约因素。

（四）人才缺乏问题

电子商务实现的关键最终仍然是人，电子商务是信息技术与商务的有机结合，需要大量的掌握现代信息技术和现代商贸理论与实务的复合型人才。这里的人才不仅仅指精通计算机与网络技术的商业人才，也包括物流、法律等相关专业的人才，而与这个产业相对应的人才培养建设又跟不上。专业人才的缺乏阻碍了我国电子商务的发展和运行。

第二节　电子商务与快递产业

伴随着以互联网为主要表现形式的现代信息通信技术的快速普及和广泛渗透，电子商务这一极具创造力的经济活动方式给人类社会的经济活动和生活方式带来了革命性的变化，并且展现出越来越旺盛的生命力。与电子商务相伴而生的电子商务快递业也迎来了极其难得的发展机遇，在比较短的时间里取得了井喷式的增长。中国作为全球最具潜力的电子商务市场之一，电子商务快递业拥有无比广阔的发展空间。

一　电子商务与快递产业的关系

电子商务作为近几年的新生事物，通过网络购物平台为普通大众提供便捷、高效、经济的购物方式而走进了普通老百姓的生活。电子商务可以通过网络平台向普通消费者提供商品信息、买卖平台、货款支付等线上交易，但要想把从网络平台上交易的商品送至消费者手中，就必须借助于快递物流。尤其是 C2C 电子商务环境下，卖方多是个人，没有自己经营物流的实力，所以必须依靠快递实现最后一公里的线下交易。同时，电子商务的快速发展，也为快递业的发展壮大提供了巨大的机遇和挑战，可以说正是电子商务对所售商品快速送达的庞大需求，才促生了快递，尤其是民营快递在数量上的迅猛增长。

由此可见，电子商务的快速发展离不开快递行业，快递企业的发展壮大又需要以电子商务平台为依托的网络购物的大力支持，两者相互依赖、相互制约。

（一）　快递业是电子商务的主要组成部分

电子商务是集信息流、商流、资金流、物流为一身的整个贸易过程。电子商务过程的实现，需要上述"四流"的协调和整合。信息流自始至终贯穿整个交易过程，它提供包括诸如商品和服务的信息，促销行情的信息；商流是指商品在购销之间进行交易和商品所有权转让的过程；资金流主要是指交易资金的安全程度，具体包括付款转账和结账等过程，它涉及整个交易的安全程度。随着信息技术的发展和网上银行的出现，信息流、商流和资金流已经可以实现快速流动；而快递作为电子商务实现过程中必不可少的实物流环节，具体包括诸如物品的储运、包装、运输配送和装卸检验等各项活动。它直接服务于最终顾客，快递业服务水平的高低决定了顾客的满意程度，同时也决定了电子商务能否成功实现。快递作为物流的重要一部分（当然是现代物流）是电子商务的主要组成部分。

（二）　电子商务的繁荣成为快递业发展契机①

根据中国互联网络信息中心（CNNIC）提供的《2013 年中国网络购物市场研究报告》（以下简称《报告》）显示，2013 年网络购物市场继续快速向前发展，交易金额达到 1.85 万亿元，较 2012 年增长 40.9%。2013 年网络零售市场交易总额占社会消费品零售总额的 7.9%。截至 2013 年 12 月，我国网络购物用户规模达到 3.02 亿人，较上年增加 5987 万人，增长率为 24.7%，使用率从 42.9% 提升至 48.9%。网购用户规模的快速扩张为网购市场的发展奠定了良好的用户基础，释放着巨大的市场潜力。

网络购物逐渐成为网民常态的消费方式，2013 年整个网购市场半年度人均花费为 3240 元。网购市场的繁荣，成就了淘宝网等一些电子商务网站，也同步带动快递业的迅速发展。以"淘宝网"为例，该网站目前平均每天有 400 万笔成交数量，其中大概有接近 75% 是需要提供物流快递服务的，也就是说大概平均每天有 300 万笔业务需要配送，且这个数字还在不断地增长。由此可见，电子商务的兴旺为中国民营快递业的发展带来了新的发展契机。

近两年来，京东商城、走秀网、凡客这样的电商企业，发展速度都高达 200%—300%，中国个人消费电子商务市场（包括 B2C 和 C2C）未来

---

① 参见中国互联网络信息中心《2013 年中国网络购物市场研究报告》，http：//www. cnn-ic. net. cn。

五年的复合年增长率将达 42%，市场总规模将于 2014 年达到人民币 1.523 万亿元，占国内零售总额的 7.2%。与此同时，中国互联网普及率将上升至 59.3%，个人用户总数将达 8.12 亿人。

电商的迅速发展，带动了快递业的发展。从图 4-6 中我们可以看到，近年来，快递企业的收入在逐步增加，同时快递企业的收入中来自网购的订单收入所占的比例也在逐年增加。经过十多年的血拼，快递企业已经从作坊式企业向现代快递企业过渡。2014 年上半年全国快递服务企业业务量累计完成 59 亿件，同比增长 53.7%；业务收入累计完成 897.5 亿元，同比增长 42.5%。截至 2013 年 6 月，快递行业中有民营、国有、外资等 8000 家企业，另外还有许多不曾登记的独自或加盟的私人快递不知有多少家。

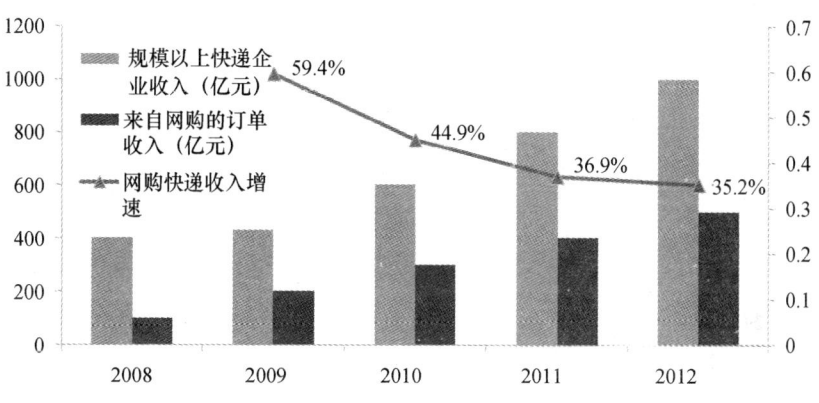

图 4-6 2008—2012 年快递企业来自于网购的收入

资料来源：艾瑞咨询。

据波士顿咨询预测，[①] 2015 年中国电子商务市场规模将达到 2 万亿元。在单位网购快递费用不变的假设下，2015 年网购快递市场规模将达到 1551.84 亿元，2009—2015 年网购带来的快递收入复合增长率将达到

① 参见波士顿咨询公司《全球电子商务新领军者》，http://www.bcg.com.cn/cn/default.html。

41.6%，网购快递收入占快递行业总收入的比重将超过60%。[①] 详见表
4－3。

表4－3　　　　　　　　　网购快递市场规模预测　　　　　　单位：亿元

2009年网购带来的快递收入A	A = 192.70
2009年网购市场规模B	B = 2,483.50
单位网购消费产生的快递收入C	C = A/B = 0.08
2015年网购市场规模D	D = 20,000.00
2015年网购带来的快递收入E	E = C × D = 1,551.84
2009—2015年网购带来的快递收入复合增长率F	F =（E/A）^（2015－2009） －1 = 41.6%

资料来源：兴业证券研究所。

（三）快递是实现电子商务的保证

在电子商务中，商品所有权在点击购销合同的那一刻起，便以商流的形式由供方转移到需方，但商品实体并没有因此而自动转移。在传统的交易过程中，除了期货交易，一般的商品都必须伴随着相应的物流活动，即按买方的需求将商品实体由卖方以适当的方式、途径向买方转移。

电子商务也是一样，在买方通过上网点击完成商流过程后，电子商务的过程并未结束，只有商品和服务真正转移到消费者手中，商务过程才终结。没有现代化的物流支持，电子商务给消费者带来的购物便捷就等于零，任何轻松点击的商务活动都是纸上谈兵。

从另一方面来看，无论是在传统的商务模式下，还是在电子商务的模式下，生产都是商品流通之本，而生产的顺利进行需要各类物流活动的支持。生产的全过程从原材料的采购开始，便要求有相应的供应物流将所采购的原材料供应到位，否则生产就难以进行；在生产的各工艺流程之间，也需要原材料、半成品的生产物流过程；部分余料、可重复利用物资回收，需要回收物流；废弃物的处理需要废弃物流。可见，整个生产过程实际上就是系列化的物流活动过程。

目前，物流已成为我国电子商务发展过程的瓶颈。我们应大力发展物

[①]　参见兴业证券研究所《网购快递市场深度研究报告》，http://www.xyzq.com.cn/xyzq/yj/index.jsp? classid=0002000200030002&pageNo=1。

流产业，特别是快递行业以促进电子商务的更好发展。那么电商高增长对中国快递业又有怎样的影响？

机遇：（1）据中国电子商务研究中心监测数据显示，2012 年电商对快递行业的贡献率达到 72%，预计 2015 年网购产生的快递市场规模将达到 1551.84 亿元；（2）网购需求最大的受益者将是国内异地快递市场；（3）由于网购快递对价格敏感性高，相对廉价的陆运快递市场未来将保持快速增长。

挑战：第三方快递无法满足电子商务的爆发式增长，促使电商自建物流，而随着 B2C 逐步取代 C2C，电商对物流水平的要求越来越高，自建物流将不遗余力，第三方快递唯有加强网络建设、通过兼并重组做大做强、改进组织管理模式，才能迎接这一挑战。

二 电子商务对快递产业的新要求[①]

（一）对快递行业管理水平和快递业技术的影响

电子商务将促进快递服务资源配置的改善。电子商务的高效率和全球性特点，要求快递服务也必须达到这一目标。而快递服务要达到这一目标，就要有良好的交通运输网络、通信网络等基础设施作最基本的保证。

电子商务将促进快递服务技术的进步。快递服务技术主要包括快递服务硬技术和软技术。快递服务硬技术是指在组织快递服务过程中所需的各种材料、机械和设施等；快递服务软技术是指组织高效率的快递服务所需的计划、管理、评价等方面的技术和管理方法。从快递服务环节来考察，快递服务技术包括运输技术、保管技术、装卸技术、包装技术等。快递服务技术水平的高低是决定快递服务效率高低的一个重要因素，要建立一个适应电子商务运作的高效率的快递服务系统，加快提高快递服务的技术水平至关重要。

电子商务促进快递行业管理水平的提高。行业管理水平的高低直接决定和影响着快递服务效率的高低，也影响着电子商务高效率优势能否实现的问题。只有提高行业管理水平，建立科学合理的管理制度，将科学的管理手段和方法应用于快递服务管理当中，才能确保快递服务的畅通进行。

---

① 参见中投顾问《2012—2016 年中国快递业投资分析及前景预测报告》，www. ocn. com. cn。

（二）电子商务对快递人才提出了更高的要求

电子商务不仅要求快递行业管理人员具有较高的行业管理水平，也要求快递业管理人员具有较高的电子商务知识，并在实际的运作过程中，能有效地将二者有机地结合在一起。

电子商务配送作为一种新型快递业务，对传统快递服务提出了许多新要求，其运作模式也发生了很大的变化，当中的核心就是服务的提档升级。

（1）时效性要求提升。电子商务配送业务的基础是根据最终需求产生的订单指令发货，而目前电子商务买家对商品的新鲜感和渴望度会随着时间加速递减，因此对订单响应的时效及配送的整体时限要求较高。根据网络公司的调查统计，大部分消费者通过电视或网络购物下订单后，2—4日内均维持较高的新鲜感和渴望度，随后会加速下降，7日后，其原先的购买冲动基本丧失。因此，2—4日为电子商务配送时限的基本要求。

（2）稳定性要求提升。在 B2C、C2C 的电子商务配送需求中，上游商家或平台需要快递服务商提供稳定、高效的运送服务，如果快递服务商的服务稳定性不高，运送时限忽长忽短，会给上游商家或平台组织销售或生产带来很大的问题。如果上游商家根据最长时限安排库存、销售，会因实际时限较短而造成库存积压，成本上升；如果根据最短时限安排库存、销售，则有时会因产品无法及时到达而出现消费者投诉，影响用户体验。特别是类似于天猫"双十一"的促销，快递服务商必须以稳定的时限为前提，提供高效的快递服务，将物品及时送达消费者手中。

（3）安全性要求提升。目前电子商务贸易中商品的种类已经由低价值的书籍、服装等为主向涵盖手机、数码等高价值的多个种类发展，因此对配送服务的安全性要求进一步提升。同时，电子产品等精密仪器商品的抗震性较低，运输中的野蛮装卸容易造成商品损坏。这类商品对运输和处理方式提出了较高的要求。

（4）运营平台的能力要求提升。随着电视和网络购物的逐步发展，其销售商品种类也由以小件物品为主逐步向大件拓展。如江苏邮政与江苏卫视"好享购"购物品牌的合作，其销售商品中有大屏幕液晶电视、台式电脑及冰箱等传统快递业务中属于超大、超重的物品，传统快递的运营平台无法进行运输和配送。新的市场需求对电子商务配送商提出了新的能力要求。

（5）个性化的增值服务要求提升。传统的快递服务中，将快件送交收件人即意味着服务的完成。但电子商务配送需求远不止于此，如电视和网络购物公司提出了送件同时要代收货款并进行后续资金结算的需求；客户不满意或需求变化会产生退换货的要求，等等。特别是随着电子商务的兴起，商家对传统快递业的行规——先签收后验货也发起了挑战，纷纷要求验货无误后再进行签收。

电子商务快递跟传统物流有着很大的不同，它跟传统物流有联系，但是需求又高于传统物流。表4-4比较了电子商务快递和传统物流的差异。

表4-4　　　　　　　　电子商务快递与传统物流的比较

传统物流	电子商务快递
批量大	批量小，批次多
配送时效相对低一些	配送时效性要求高
配送范围比较集中	配送范围分散化
强调规模化	强调定制化和个性化
物流服务同质化	根据商品属性不同对物流进行分层

三　电子商务与快递产业融合发展

从中国电子商务的先驱8848，到当当、卓越、麦考林等B2C企业及邮购企业，还有C2C如淘宝网等，快递是决定其成败的关键要素。因此，电子商务要想获得大发展，必须和快递企业强强联合。

快递企业在电子商务配送中发挥着越来越大的作用。快递配送质量将是决定电子商务可持续发展的主要因素，研发新的服务产品对推动电子商务发展的重要性也不言而喻。电子商务是未来的主流商务模式，新的经济发展方向。近十年，中国电子商务将继续保持高速发展，并成为中国快递、物流业发展的主要平台，快递、物流和电子商务的紧密结合是快递业发展的大势所趋。如亚洲领先的电子商务网站——淘宝网，发展前景十分广阔。目前和淘宝网合作的几家快递企业的业务占了其总业务量的50%以上。

目前摆在电子商务与其快递服务商之间的一个重要的问题就是如何提高电子商务快递服务质量，即建立一个以客户为核心的电子商务配送物流体系。而决定服务质量的因素主要是快递服务商在电子商务快递服务中发生的物品丢失、破损的比例，服务态度状况，网点覆盖率，与电子商务企业的合作配合度及投诉的二次处理的时效、投诉的二次处理的比例等。

对于电子商务客户来说，享受到快速、安全的电子商务快递服务是其基本的权利。因此，在当下，建立以客户为核心的电子商务配送物流体系迫在眉睫。许多快递企业在宣传上或对客户承诺时，都是将客户利益放在第一位的，但是，真正将客户当作"上帝"来对待的少之又少。当然，这也和当前整个快递市场的发展现状有关，毕竟国内快递业的跨越式发展才短短十多个年头。因此，只能说当前的快递服务仍然不能满足快递市场的发展需求。

2013 年，欧盟的销售中超过 5% 依赖于快递服务，价值超过 7500 亿欧元。欧洲快速增长的经济部门的成功更多的是由快递业推动的。2008 年，欧洲快递市场的增长逊于经济，由于受经济下滑影响，快递运量显著下降，运输模式也从空运转向陆路运输，在一定程度上模糊了快递与诸如货运行业的界限。

这些与中国国内快递业的情形也有相似的地方。国内有些快递企业已经将原来经航空运输的快件转为陆路运输，以降低运营成本。2014 年 4 月 1 日起，中铁快运公司在 20 个城市开办高铁快递业务，在一定程度上缓解了对时效的影响，对大部分的快件通过其他陆路方式运送时效会造成不小的影响。国内一些大型快递企业，凭借高铁密布于各发达城市之间的货物运输主干线网络就能够为客户提供和航空运输同等时效的快递服务。

（一）电商企业与快递企业开始交叉扩张[①]

长期以来，电商与快递一直是上下游的合作关系，然而，双方的这一关系正在随着各自的发展壮大而改变——电商开始涉足快递，快递开始跨界电商，见表 4-5 和表 4-6。

京东商城和凡客诚品不甘于受物流的"最后一公里短板"所限，同时向国家邮政局递交"快递业务经营许可证"申请。2012 年 6 月 25 日，国家邮政局公布了首批通过 2012 年快递经营审核企业名单，京东商城的关联公司"江苏京东信息技术有限公司"已然在列。除了京东和凡客，

---

① 参见黄河《关于电商与快递跨界经营的理性思考》，《商业时代》2014 年第 19 期。

各大电商基本上都有自建物流的计划，淘宝制定了"大物流"计划，苏宁电器、国美电器自进军电子商务起即开始自建物流。

表 4 – 5 快递企业跨界电商

企业名称	总部所在地	进入时间	进入方式及经营方向
宅急送	北京	2010 年	E 购宅急送网上平台：商品代销
		2010 年	与新蛋网合作打造电子商务自提点
顺丰速运	深圳	2010 年	顺丰 e 商圈：购物网站
		2012 年	顺丰优选：购物网站
EMS	北京	2011 年	邮乐网：购物网站
圆通	上海	2011 年	上海圆通新龙电子商务有限公司
申通快递	上海	2010 年	久久票务网：在线销售火车票
		2012 年	爱买网超：购物网站

顺丰快递旗下电商网站"顺丰优选"2012 年 6 月初也正式上线，它是继"顺丰 e 商圈"、"尊礼会"之后搭建的第三个电商平台。"顺丰优选"定位于中高端食品网购网站，目前拥有 9 个品类 5000 余款商品，进口食品占到所有商品的 75%—80%。事实上，快递涉足电商领域，顺丰并不是第一家。

不管顺丰还是其他快递公司，它们在电商领域的经营状况都谈不上理想，流量和客单量都十分有限。这样的结果说明了一个问题：快递做电商并没有想象中的那么容易。而对于顺丰此次相对高调的跨界行为，业界褒贬不一。

1. 顺丰进入电商

(1) 顺丰做电商的挑战。

从快递转型电商，顺丰的最大优势是遍布全国的配送网点和物流基地。然而，在将网购平台的服务拓展到全国范围之际，顺丰也面临很大的挑战。

①品牌转换。对顺丰快递来说，出道时打的是物流、快递服务商的牌子，随着企业规模、服务范围的扩大，物流、快递服务商的品牌定位已在消费者中有了先入为主的概念。现在切入电商领域，消费者必定有一个认知接受过程，尤其是在电商品牌林立的情况下，要引导他们转变对顺丰品

牌的认知更是难上加难。

②网站运营。相对其他电商网站来说，"顺丰优选"欠缺的东西太多。搞电商不是把商品往网页上一搬，有用户流量了就有生意，也不是到你的网站查个订单号，顺带捎上几件这么简单。网站的"用户体验"至关重要，商品种类是否丰富，页面布局是否合理，如何激发用户消费冲动等，都是考量网站运营成功与否的重要因素。

表 4 - 6　　　　　2013—2014 年中国典型电商自建物流情况

电商	仓储面积	运营/仓储中心	免运费标准	备注
京东	100 多万平方米	六大一级物流中心之下，有 27 个城市仓储中心	单笔订单满 59 元免运费	自建近 2 万名配送员队伍服务 360 多个核心城市，其他快递公司辅助
苏宁	全国有 12 个始发仓库	南京、北京、上海、广州、沈阳、成都、武汉、西安、杭州等	单笔订单满 48 元免运费	大件 100 个城市部分区域半日送达，小件 12 个城市部分区域半日达，220 个城市部分区域次日达
亚马逊	70 多万平方米	11 个运营中心和仓储物流中心	单笔订单满 49 元免运费	19 个城市自建配送团队，其他快递公司辅助
易迅网	将达到 23 万平方米	上海、苏州、杭州、扬州、深圳、北京等城市自建物流配送体系	单笔订单满 49 元免运费	12 个城市实现一日三送，7 个城市实现一日两送，其余部分城市实现一日一送，并引入了顺丰等实力强的第三方物流企业作为补充支持
一号店	近 28 万平方米	上海、北京、广州、成都、武汉在内的全国七大运营中心	单笔订单满 99 元免运费	70%订单由自建物流团队完成配送，自配送及时率达到 99%

③改变用户习惯。当前的电商市场竞争激烈，各细分市场群雄割据。经过十多年的发展，用户已经形成了一定的购买习惯，比如买低价的会去淘宝，买电子产品会去京东商城，二、三线城市用户爱上"2688"等。

④供应链管理。货源是电商网站生存的最重要因素之一，因为它关系到电商的成本控制、供货周期、售后服务等环节。网站只有拿到最优的价格、优先供货权以及可靠的售后保障，才能为消费者提供更好的用户体验。电商企业与供应商之间的关系从最开始的抵制到现在的全方位合作，中间的博弈涉及成本控制，这之间的利害关系并不是那么容易平衡的。

⑤订单获取。电商网站是以获取订单为最终目标的，但订单获取并不是靠做几个网页，挂几件商品。在此之前，网站需要进行用户推广。以电商网站最常用的广告战来说，它并不是给钱投放了事，因为投放者首先会对推广的商品进行选择，然后是人群定位，最后媒体选择（具体到某个媒体的频道、栏目、投放时段等）。就算确定了这些，还要分析投放商品的表现形式，比如文案、图片选择、文体字号使用等，这个过程不是有钱就能解决的，它需要各部门的人员相互配合与协作，这样才能保证广告的有效性和效果最大化。

（2）顺丰做电商的机遇。

当京东、凡客、苏宁易购、亚马逊中国、当当等电商企业都开始自营物流的时候，面对巨大的电商市场，顺丰跨界电商既是环境所逼，也是优势利用，在实现多元化业务的同时，增强自身的竞争力。

①整合业务，增强服务能力。2011 年，在遍布大中型城市的 7 - ELEVEN 便利店中，顺丰快递的标志醒目地出现在了 7 - ELEVEN 明亮的玻璃窗上；这背后，是顺丰快递与 7 - ELEVEN 之间达成的合作协议。2011 年年底，在深圳、广州、东莞三地，人们在不少繁华地区发现穿着"SF"工作服的店员在专属于顺丰的便利店里忙碌着，这背后是顺丰布局全国 1000 家便利店的计划。

现实生活中，便利店是消费者最常去的购物场所。传统便利店相对于网站来说，其劣势在于价格偏高。如果便利店的价格与网站相同或者比网站便宜的话，相信人们都会选择在便利店购买自己需要的东西。如果一个 APP 或者网站，它不但可以线上下单，而且实物在你楼下的便利店里，下单之后几分钟就能拿到在线上购买的商品，这会是什么情况？所以，顺丰做电商就是要同线下紧密相连，实现业务整合。可以想象，当顺丰"便利连锁超市"遍布全国的时候，加上一个在线的商品浏览、下单平台，一个超大的"O2O"网络就诞生了。

②拓展服务空间。电商企业之所以自建物流，很大一部分原因也是迫

不得已的。特别是当电商公司推出当日达、次日达、夜间配送等服务承
诺，并逐渐成为国内快递新标准的时候，反过来，电商的问题其实就是快
递公司的服务问题。如前所言，快递只是电商服务流程中的一个环节，借
助此次跨界电商的时机，顺丰可以更好地了解电商运营的各个环节，积累
采购、营销、客户管理等方面经验，有针对性地改进以往的不足之处，如
此才能为用户提供高质量的服务。

从跨界电商到切入支付行业（顺丰宝）再到投身零售业，顺丰其实
是在布局一个服务产业链，而且顺丰跨界电商不能用订单量、客单价那一
套标准来衡量。

2. 京东领航，自建物流[1]

在所有电商自建物流中，最令人瞩目的无疑是京东商城。自 1998 年
成立、2004 年涉足电商以来，京东商城发展迅猛。抱着做中国最大、全
球前五强电子商务公司的目标，截止到 2013 年年底，京东注册用户突破
1 亿人，日均订单量达 70 万单，2013 年成交金额（GMV）突破 1000
亿元。[2]

京东商城一直渴望打造属于自己的物流网络，因此不惜血本打造属于
自己的物流平台。如图 4 - 7 所示，京东商城总部设在北京，目前在北京、
上海、广州、成都、武汉设立了华北、华东、华南、西南、华中大区，在
全国 303 个城市建立分公司，可以说，京东已经建立了自己的服务、物流
系统，为了更好地确保全国客户服务品质和速度，京东商城正在进一步完
善自身服务和物流体系。[3]

如图 4 - 8 所示，从京东的商业模式来看，其收入主要由 3 部分构成，
自营 B2C、开放平台收费及广告营销收费。2011 年，B2C 业务的净销售
额达 212 亿元，是 2010 年的一倍之多，增长动力强劲。开放平台收费主
要由年费（个体商家 6000 元；团购商家 5 万元）、技术服务费和仓储配
送费构成。平台商家达 5000 家，2011 年开放平台的收入达 57 亿元，加

---

① 根据京东官方网站资料整理，http：//www.jd.com/。

② 参见搜狐 IT《京东商城宣称日均订单量达 70 万单》，http：//it.sohu.com/20121127/
n358804113.shtml。

③ 参见搜狐网《京东业务中心布局及物流体系发展状况》，http：//it.sohu.com/20110908/
n318757452.shtml。

上广告营销收费，总计 100 亿元。[①]

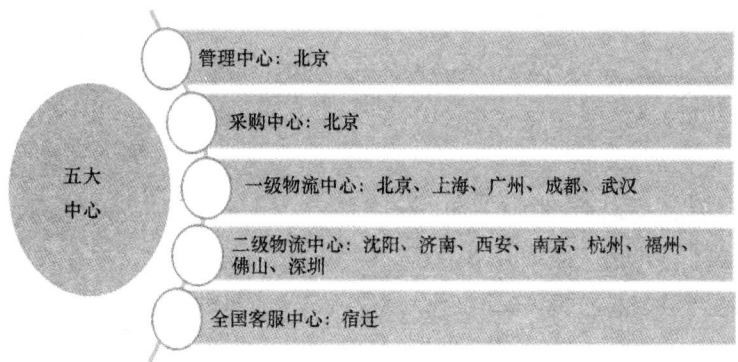

图 4 - 7　京东拟建立的各级中心

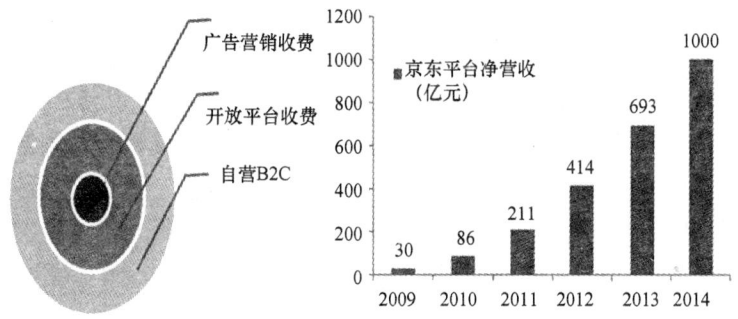

图 4 - 8　京东商城商业模式及收入情况

资料来源：亿邦动力、大公财经。

　　如图 4 - 9 所示，2013 年京东在线零售交易额位于 B2C 第二位，其一家的交易额大于其后五家的总和，但是交易量的增加并没有给京东带来巨额的利润。

　　如图 4 - 10，京东的仓储面积高于当当网和唯品会等其他电商。从短期看，京东在自建物流体系上投入了大量资金，会影响利润。但从长期来看，一旦物流体系建成，不但可以为自己的电商平台提供物流服务，还可以成为第三方的物流平台，物流体系的利用率提高了，导致单件物流成本

[①]　参见中国供应链联盟微博，http://weibo.com/scmu。

大幅降低。从图4-10中我们可以看到京东的物流费占比与其他三家企业相比是最低的，存货周转天数与其他两家企业相比也是最短的。

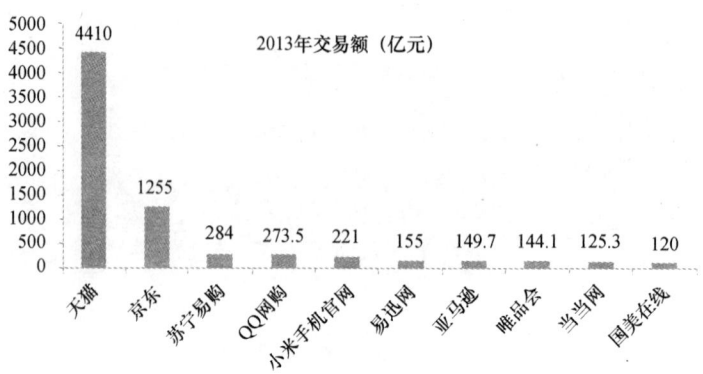

图4-9   2013年中国B2C在线零售商交易额排行榜

资料来源：艾瑞咨询。

但是美好的预期背后，其风险也是不容忽视的，电商自建物流的优劣势分析见表4-7。

就目前而言，电商自建物流可谓仁者见仁、智者见智，同样的自建物流策略也不尽相同。就现阶段而言，电商物流成败尚未可知，未来格局尚不明朗。①

表4-7   电商自建物流优势劣势分析

优势	劣势
现金流＋信息流＋物流，三位一体控制于电商手下，全程控制电子商务流程	物流网络建设初期需投入资金巨大，网络运营也需大量人员
自有物流可将成本高昂的最后一公里变身为无处不在的营销终端	物流网络建设耗时长，回收慢
缩短回款周期	物流专业性：硬件、软件、信息技术、管理均需累计，有一定行业壁垒

---

① 参见广发证券发展研究中心《快递行业系列深度研究报告》，http：//www. gf. com. cn/stockResearch/departmentsInfo. html。

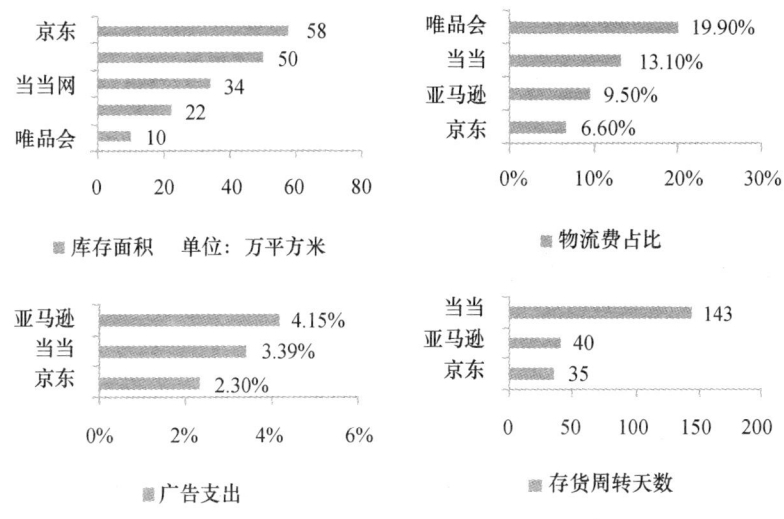

图 4-10 京东商城重要开支：巨额物流投入

（二）跨界扩张的影响

目前我国快递业服务水平低，无法很好地满足电子商务对快递的需求，从某种程度上制约了电子商务的高速发展。尤其是春节、光棍节等节假日前后的快递"爆仓"甚至暂停服务，使得消费者的投诉比率直线上升，严重影响了电子商务的快速发展。于是，为了解决电子商务快递瓶颈问题，部分实力雄厚的电子商务企业在物流相关领域进行了巨大的投资，比如自建配送中心和物流服务网络等。电子商务自建物流系统的做法，一方面，可以满足自身对物流服务的个性化需求，以最快的速度、最好的服务水平把商品高质、高效地送至消费者手中。

但另一方面，电子商务自建物流系统可能会带来社会资源的极大浪费，而且物流非电子商务企业的核心业务，电子商务在物流方面的过多投资有可能会给企业的长期发展带来不利的影响：随着油价、人力成本的持续攀高，大多数快递公司的利润持续下降。受到行业的竞争压力和对电子商务市场前景的看好，为了争取供应链的控制权，众多快递企业已经开始大规模搭建电子商务平台。快递企业往往积累了大量的客户资料，同时可通过自身配送网络的优势搭建电子商务平台为下游提供优质高效的快递服务。但是，快递企业在商品的采购和供应链上游的资源上有其自身的缺点，同时在电子商务平台的推广、营销和运作上也缺乏经验。跨界扩张可以扩大企业的经营领域、增强企业在产业链上的控制能力，但也会给企业带来挑战。

第三节　电子商务快递市场

一　电子商务快递市场定义及特征

（一）电子商务快递市场

电子商务快递是提供快递服务的企业或组织为电子商务企业或网上购物的个人，对其所委托的相关物品提供快速送递的服务。电子商务快递市场则是上述交易活动所形成的一切关系的总和。[①]

电子商务快递市场中所提供的商品依然是快递服务，此时的快递服务是为了促成电子商务的进行即网上购物交易的实现。电子商务快递服务的提供者是国内快递市场的三大主体：中国邮政、民营快递企业和进入国内市场的国际快递巨头。电子商务快递服务的购买者是参与电子商务交易的各类主体，包括各类企业和组织、政府部门、普通消费者和个体。

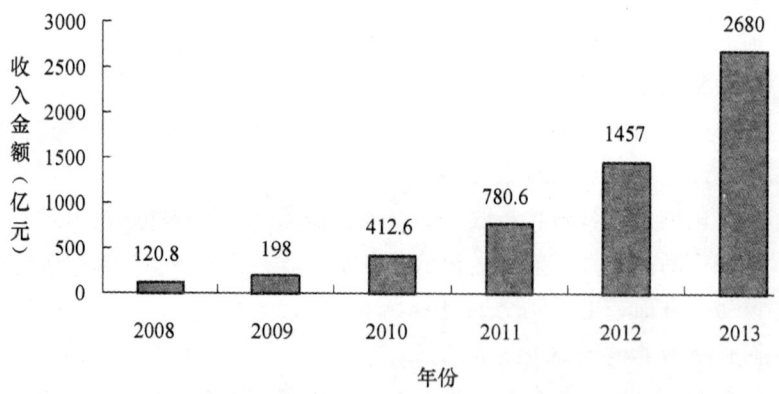

图 4-11　2008—2013 年中国快递企业网购快递营收规模

资料来源：中商经济研究院。

[①]　参见国家邮政局快递职业教材编写委员会《电子商务与快递服务》，北京邮电大学出版社 2012 年版，第 50 页。

1979 年，快递的服务理念和经营模式进入我国。30 多年来我国的快递行业不断发展，已经初具规模。近几年来，B2C、C2C 是快递市场保持高速增长的重要因素之一，电子商务快递已经成为国内快递企业发展新的增长点，快递产业与电子商务平台合作的范围在不断地扩大，两大行业是互为支撑、协同发展、共兴共荣的关系。电子商务依托快递实现了跨越式发展，在消费流通领域的作用日益突出；电子商务配送已成为拉动快递服务增长的重要力量。2008 年以来，尽管面对金融危机的影响，快递业务仍然保持较快增长的势头，从图 4 - 11 中可以看到，快递企业来自于网购快递的收入持续增加，这主要是来自于电商对物流的需求。2010 年中国电子商务带动的包裹量超过 29 亿件，约占快递服务 60% 的业务量。[①]2013 年网络购物交易规模达到 1.85 万亿元，同比增长 42.0%，仅淘宝天猫 2013 年销售额就达到 1.4 万亿元，淘宝网与淘宝商城平均每天带来的实物包裹超过了 800 万件。

（二）电子商务快递服务特点

1. 电商快递的运营方式不同

在运营网络结构上，电商快递与普通快递显著不同，运营上差异明显，导致成本有很大不同。电商快递，目前所具有的成本上优势，一个重要的方面就是能大批量地取件，然后配送，这样能够有效降低运营成本。严格意义上讲，电商快递是一种物流配送。而目前市场中实际的运营情况是：基本上都由电商卖家选择快递公司而不是买家，电商通常选择 3—4 家备选快递公司。EMS（网络最全）、顺丰（速度较快）、"四通一达"及其他快递公司都在电商的备选快递公司之列。但是，EMS 和顺丰在 C2C 电子商务中所占比重都比较小，一个重要的原因是价格依然是电商的主要考虑因素之一。根据艾瑞咨询调查，快递价格依然是选择快递最重要的考量因素。

2. 网络购物发展将强化电商快递

缺少网络购物带来的业务量，快递也能生存。快递产业自身的发展在支持网购的发展，同时网络购物又反过来大大促进了快递的发展，二者总体上是相生相荣的关系。

---

① 参见中国电子商务研究中心，http://b2b.toocle.com/。

3. 网购对快递的依存度高于快递对网购的依存度

"网购"平台可以解决购物的信息流、支付的资金流，但是解决商品交易"物流"需要快递方式。快递可以为"网购"提供最快捷、最经济、"门对门"的"物流"服务。在所有的物流服务方式中，快递式的物流服务是最佳方式。"网购"对快递的依存度是100%，快递对"网购"的依存度视快递企业的不同在5%至50%之间，网购给快递企业带来的业务量是快递企业业务量的构成之一，但不是全部。快递的服务方式助推了"网购"的高速发展，"网购"的高速发展又扩充了快递的市场容量，成为快递业务新的增长点。

4. "网购"快递也会制约快递发展

商务快件是区别于具有个人通信性质等零散交寄的快件、面向社会各类用户的大宗商务性信息服务的信件，主要是各种商品广告、宣传册、销售函和各种对账单、收费单、公司文件等。电子商务"网购"快递与利润率高的商务快件相比：（1）电子商务"网购"配送的成本很高、利润很低。如"二次派送"比率高（主要表现是"住宅小区和校区"派送的比率很高）、增加了通讯费、增加了"开箱验货"的时间。（2）投诉率高：由于电子商务"网购"配送用户都是个人消费者，与商务客户相比容易产生投诉。（3）风险高，如"代收货款"经常出现"假币"、拒付、抢劫、盗窃、携款逃跑等现象。如果说商务快递赚钱的单位是"元"的话，电子商务快递赚钱的单位就是"角"。

多种因素促使快递企业"低价"竞争。消费者对价格非常敏感，要求快递的价格要低；电子商务"网购"平台也要求快递企业降价，造成快递企业被迫接受低价服务。在同质化竞争的背景下，快递市场主体为了抢占市场份额，过于依赖低层次的单一价格竞争及低于成本价格的竞争，出现"谁先涨价谁先死、谁不涨价谁等死"无序竞争的尴尬局面，阻碍了电子商务快递市场规范与健康的发展。

部分网上卖家"剥削"快递企业。即网上卖家在赚取商品利润的同时也开始赚取快递费。其表现形式是收取买家10至15元的快递费，而支付给快递公司5元或8元。假如卖家每天成交100笔业务就从快递中赚取500元至800元的净利润，他们利用快递多收取买家的快递费。尽管有的卖家自称提供了包装箱和包装操作应当收费，据对部分快递企业调查，有许多卖家的包装箱是使用了商品的原包装，有的卖家使用的包装胶带是快递企业提供的。

网购快递的价格低于商务快递。相对于商务快递而言，购物快递
（网购、电视购物、电话购物、目录购物）中单个卖家（发件人）的取件
量大，拥有更大"压价"的筹码，因此，这是一个由卖家主导的市场。
多数购物平台都在"压低"快递的价格，以便扩大交易量。从成本角度
分析，购物快递的操作成本高于商务快递，而价格却低于商务快递。这说
明购物快递的市场发育不成熟，还处于初级阶段。产业集中度低，必将导
致低成本、低价格、低服务。

快递不能满足消费者购物的需求。据分析，为低端市场服务的快递公
司，其快递的价格已经背离了价值，价格与价值"倒挂"。从操作成本的
角度看，购物快递的运营成本高于商务快递，而价格却低于商务快递。这
令许多快递公司陷入了这样的困境——购物快递"有量无利"（市场需求
很大，但是没有利润），并且投诉率高。因此，在这种情况下，多数快递
企业为了控制成本，在资源方面投入很少，从而导致服务质量差，不能满
足这个市场的需求。[①]

二　电子商务快递市场规模及分布情况

近年来，电子商务尤其是网络购物的井喷式发展带动了快递服务的高
速增长，快递服务已成为支撑电子商务发展的关键环节和重要基础。中国
电子商务研究中心发布的监测数据显示：2013 年约 70% 以上的网购需要
依靠快递来完成，网络零售带动的业务总量占快递总量一半以上。2013
年双十一期间，尤其是 11 日至 16 日几天，快递全行业处理快件业务量超
过 3.23 亿件，其中日均处理业务量已达 5300 万件，最高日处理量突破
7000 万件，创历史新高。[②]

顺丰以珠三角起家，1996 年开始全国扩张，主营普通商务快递，以
速度为最核心优势，与 EMS 展开竞争。一向瞄准中、高端市场的顺丰也
放下身价，欲在经济型快递业务中分得一杯羹。顺丰自 2012 年 8 月 1 日

[①]　参见 2012 年中信证券《快递行业专题研究报告》，http://www.cs.ecitic.com/news/re-
ports.html。

[②]　参见前瞻网《2013—2017 年中国快递行业市场前瞻与投资战略规划分析报告》，ht-
tp://bg.qianzhan.com/report/detail/300/131105 - 2fc1cf50.html。

起，针对淘宝卖家推出了更为平民的"四日件"。快递产品"四日件"提供专门的陆运件服务，为此顺丰开通了562条陆运线路流向，其中涵盖华东、华南、东南、华中、华北和华西地区，中国内地29个省市区（除新疆、西藏地区）均有开通。可以看到，顺丰"四日件"旨在与"四通一达"争夺淘宝电商市场，在快递爆仓以及服务安全性、实效性频受诟病的情况下，以优质服务著称的顺丰具有很强的竞争力，此番跨界抢滩电商使得"四通一达"倍感压力。

"四通一达"以加盟的模式迅速扩张。由于加盟模式的天然特性，成本控制较好，转型主攻C2C电子商务市场，占据C2C市场90%左右的市场份额。

宅急送以北京为基地，以项目物流为主营，目标客户以电商企业项目为主。①

（一）国内业务增势突出，异地业务节节走高

2013年，受网络购物等新兴业务推动因素的影响，国内业务成为拉动快递业务整体高速增长的重要力量。同城、异地业务增速呈现稳健提升态势，而国际及港澳台业务增速与之相比呈走低态势。

如图4-12所示，同城快递业务增长迅猛。2013年全年同城快递业务量完成22.9亿件，同比增长74.1%；实现业务收入166.4亿元，同比增长51%。

异地快递业务增势显著。2013年全年异地快递业务量完成66.4亿件，同比增长58.4%；实现业务收入829亿元，同比增长30.5%。

国际及港澳台快递业务快速增长。2013年全年国际及港澳台快递业务量完成2.6亿件，同比增长43.6%；实现业务收入270.7亿元，同比增长31.7%。

快递业务结构基本稳定。2013年同城、异地、国际及港澳台快递业务量占全部比例分别为24.9%、72.2%和2.9%，业务收入占全部比例分别为11.5%、57.5%和18.8%。与上年末相比，同城快递业务比例继续上升。

（二）民营快递发展迅速，市场份额逐步提高

民营快递企业发展迅速。2013年全年国有快递企业业务量完成18.2

---

① 参见招商证券《中国快递行业深度报告》，http：//www.newone.com.cn/research。

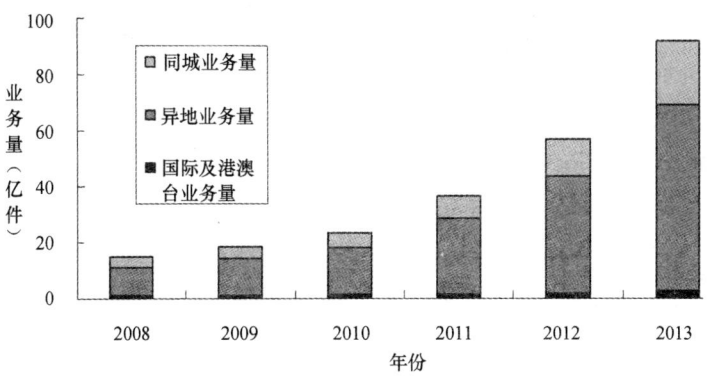

图 4 – 12   2008—2013 年快递业务结构发展情况

资料来源：国家邮政局。

亿件，实现业务收入 291.5 亿元；民营快递企业业务量完成 72.5 亿件，实现业务收入 973.8 亿元；外资快递企业业务量完成 1.1 亿件，实现业务收入 176.4 亿元。国有、民营、外资快递企业业务量市场份额分别为 19.9%、78.9% 和 1.2%，业务收入市场份额分别为 20.2%、67.5% 和 12.3%。同城和异地业务逐渐由国有企业流向民营企业，与 2012 年年末比，民营快递企业市场份额逐步提升。

（三）东部显现规模效应，中西部增势良好

东部地区由于经济发达，快递业务市场规模效应大、发展态势好。受地理位置与经济发展的影响，长三角、珠三角、京津冀三大区域成为快递业务发展最活跃区域，业务规模优势明显。

东、中、西部市场占比基本稳定。2013 年东部地区完成快递业务量 74.7 亿件，同比增长 60.4%；实现业务收入 1199.2 亿元，同比增长 38.1%。中部地区完成快递业务量 9.9 亿件，同比增长 66.3%；实现业务收入 132.8 亿元，同比增长 34.5%。西部地区完成快递业务量 7.3 亿件，同比增长 67.8%；实现业务收入 109.7 亿元，同比增长 23.9%。东、中、西部地区快递业务量比重分别为 81.3%、10.8% 和 7.9%，快递业务收入比重分别为 83.2%、9.2% 和 7.6%。

从各区域的业务结构构成来看，东部地区三大业务（同城业务、异地业务、港澳台业务）发展相对均衡。而中西部地区快递市场主要集中在异地业务，同城和国际及港澳台业务占比相对较低。

如图 4 - 13，2013 年快递业务量排名前五位的省份/直辖市依次是广东、浙江、江苏、上海和北京，其快递业务量合计占全部快递业务量的比重达到 68.4%。

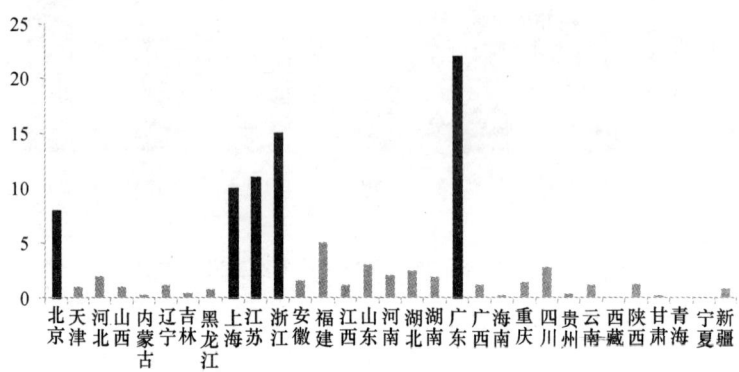

图 4 - 13　2013 年分省快递业务量情况

资料来源：国家邮政局。

如图 4 - 14，2013 年快递业务收入排名前五位的省份/直辖市依次是广东、上海、浙江、江苏和北京，其快递业务收入合计占全部快递业务收入的比重达到 70%。

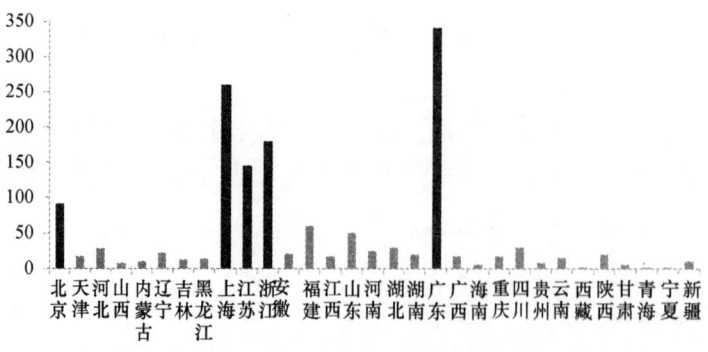

图 4 - 14　2013 年分省快递业务收入情况

资料来源：国家邮政局。

如图 4-15, 2013 年快递业务量排名前十五位的城市依次是上海、北京、广州、深圳、杭州、金华、苏州、东莞、南京、成都、武汉、泉州、温州、宁波和福州, 其快递业务量合计占全部快递业务量的比重达 62%。

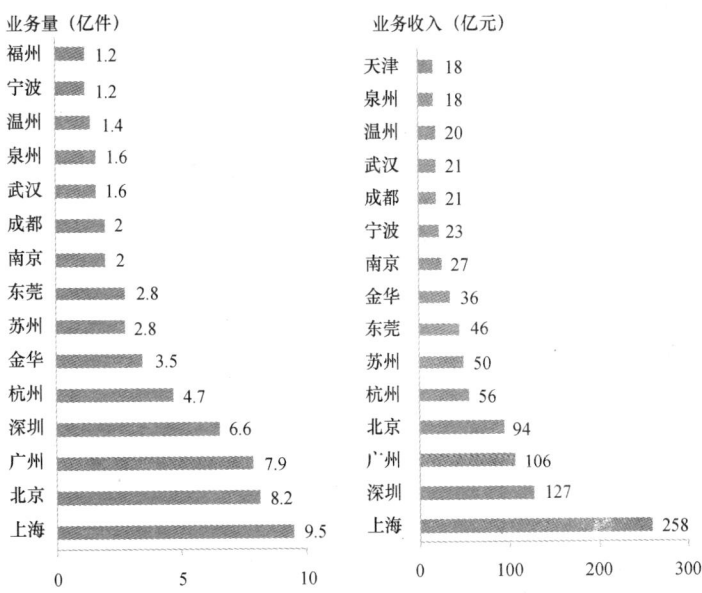

图 4-15　2013 年快递业务量/业务收入前 15 名城市情况

资料来源：国家邮政局。

东部和西部不同：规模与增速的差异。

1. 东部地区开发已比较成熟

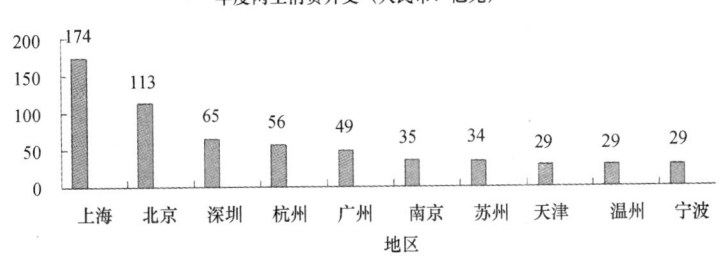

图 4-16　中国前十大电子商务城市

资料来源：国家邮政局。

因经济发展水平、网络普及率等多种原因，中国网购的重心始终在经济较为发达的东部地区，见图 4 - 16，中国前十大电子商务城市均为东部城市。①

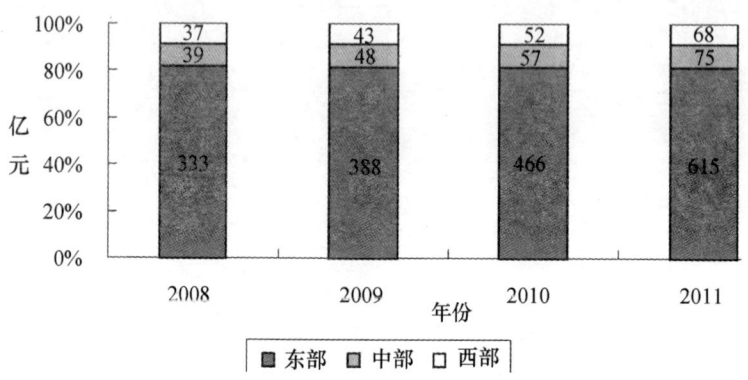

图 4 - 17   2008—2011 年东部地区为全国快递收入贡献

资料来源：国家邮政局。

如图 4 - 17 所示，2011 年东部地区对快递行业收入的贡献率达 81%，而中部和西部地区占比较小，分别为 10% 和 9%。且在 2008—2011 年间，各地区的收入贡献比率始终保持稳定。②

随着东部市场的充分成熟，东部地区的网购快递变成了存量之间的竞争，而与此同时，因西部地区经济开发深入，迅速产生了一批新兴网购用户，快递需求大增，如图 4 - 18 所示。③

2. 西部地区发展迅速，但存在风险

西部地区是快递公司的传统覆盖盲区，随着网购增长点的西部转移，快递公司必然面临成本与服务之间的权衡。增加物流中心，提高覆盖率，则必然面临固定成本、人力成本、转运成本等多重不利因素，削弱自身价

---

① 参见广发证券《快递行业：系列深度研究报告之四》，http：//www. gf. com. cn/stockRe-search/companyResearchHyyj. html。

② 参见中华人民共和国国家邮政局统计信息，http：//www. spb. gov. cn/xytj/tjxx/。

③ 参见广发证券《快递行业系列深度研究报告》，http：//www. gf. com. cn/stockResearch/departmentsInfo. html。

格竞争力。另一方面，若原地踌躇无所作为，则将错失业务良机。企业唯有根据自身情况，选择最佳优化方案。东部地区主要是工业品，西部可以大力发展农副产品电商，也会为快递带来新的市场。

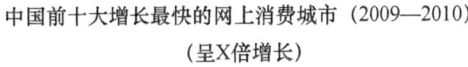

中国前十大增长最快的网上消费城市（2009—2010）
（呈X倍增长）

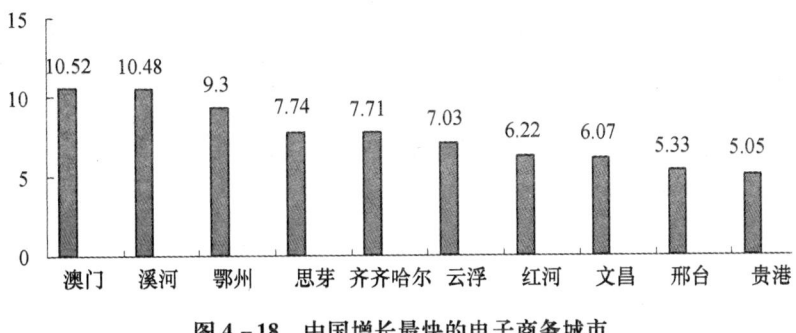

图 4-18　中国增长最快的电子商务城市

资料来源：国家邮政局。

三　电子商务快递市场的问题

电子商务快递市场在经历了近年来的快速发展的同时，也存在着一些困扰市场与企业发展的问题：

（一）缺乏增值服务

现在中国快递服务市场中除三大主体——国有快递公司、外资快递公司以及为数不多的大型民营快递公司外，存在着大量的规模小、服务能力弱的小民营快递公司。这些规模小的快递公司的服务质量较差、服务模式单一，大都只停留在传统意义上的运输层面上。但在实际的电子商务环境下，快递企业不仅仅是为消费者的物品进行配送，还包括其他的增值服务和售中、售后服务，如跟踪产品订单、提供销售统计、代买卖双方结算货款、进行市场调查与预测、提供采购信息与咨询服务、协助选择与规划物流方案、提供库存控制策略建议等一系列的服务。从一定程度上来说，简单的配送服务模式实际难以与要求高质量、高效率的电子商务快递相适应。

（二）电子商务网络平台与快递公司的信息存在着不对称

一方面，电子商务网络平台在完成网上的交易活动后，不能做到及时地把交易活动的相关信息正确地发送至快递公司，即使现在这方面有很大的改善，但是仍低于快递公司/消费者预期，从而导致快递服务企业不能在第一时间、高效率地将商品发送至消费者手中。另一方面快递公司在配送交易商品时，如果遇到发错了商品、发错了目的地或是其他的突发事件，也不能将相关的信息在第一时间反馈给电子商务网络平台，导致电子商务公司不能将交易商品配送的具体情况告知消费者。电子商务网络平台与快递公司的双向信息不对称，不但会使交易商品的快递配送不能高效地完成，而且更糟糕的是导致电子商务公司、快递服务公司与消费者之间的矛盾。

（三）消费者遇到的问题不能有效的解决

快递服务公司的快递人员把最终的商品交到消费者手中，并不是整个电子商务交易过程的终束，因为还需要消费者对交易商品的质量做出确定和签收。但在实际操作过程中，快递公司往往先让消费者进行签收，然后再把交易商品交给消费者，这种做法本身就是不合理的行为。当交易商品本身质量存在问题（这个问题产生于电子商务网络平台）、交易商品在运送过程中产生错误或是发生破损和短少（这个问题产生于快递服务公司），有时候一些问题不能确定是哪个环节出的问题时，消费者已经签单的情况下，应该找谁来负责都难以确定，甚至都没有明确应当向谁来反映遇到的问题。这种情况很容易导致电子商务企业与快递公司相互推卸责任，最终受害的还是消费者。

2010年3月，消费者协会曝光了电子商务快递的霸王条款，调查显示：11家快递公司有10家存在霸王条款，其中包括：签收后发现问题无法索赔；非保价物品只赔2—5倍的运费；快递延误不赔偿；可不通知寄件人开封查件；任意设定免责事由，任意扩大"不可抗力"的范围；限制索赔期限等。这些霸王条款都损害了消费者的利益。

中国邮政在和电信分家之后，2000年之前一直处于亏损的境地，但2000年后发展很快。尤其是后来邮政增加了储蓄业务，使盈利大幅度增加，而且在很多服务方面都进行了一些良性的改进，但重要的是从2001年12月开始由于社会的变化、竞争的加剧，尤其是国内快递公司与邮局在一些看法上出现了分歧，国家和行业内出台的一些文件也引起了大家的不同看法，中国入世后大量国际快递公司的涌入、入世承诺的要求都将矛盾的焦点落在了《邮政法》的修改上。

从全局出发,从提高国家 GDP、发展物流来看,《邮政法》的修改要鼓励平等竞争,在政策上不要有所区别;应该把一般意义上的邮政业务和快递、物流业务区分开来,做到普遍服务和商业服务分开,在保证执行义务、行使职责的基础上增加收益。除此之外,要大力发展国内快递业还要建设有国际水平的国内快递公司,首先就是考虑到中国是一个地大物博的国家,没有飞机那是不可能有国内快递业务的。目前只有飞机、高铁才能做到真正的"隔夜服务"。其次,还要有一个现代化的操作中心,要在操作中心迅速地完成大量的分拣工作,没有一个投资很大、具有丰富经验、全方位的 IT、道路、机场用地支持的现代化操作中心是不可能实现的。最后,还需要大量的资金。

四 2014—2017 年中国快递行业预测分析

(一)有利因素

(1)快递市场化改革给快递业发展带来了巨大机遇。修订后的《邮政法》确立了遵循"公开、公平、公正"以及"鼓励竞争、促进发展"的原则,建立了快递业务经营许可制度,明确了快递企业的法律地位。市场竞争机制朝着更加充分、更加规范、更加完善、更有效率的方向发展。世界五百强企业中有 5 家进入中国快递市场投资发展、参与竞争。快递企业的运营管理能力和技术装备水平明显提高,快递网络正由东部向西部、城市向郊区迅速扩展。

(2)政策支持。国家邮政局公布了《快递服务"十二五"规划》,该规划的实施,一方面将显而易见地提高快递行业的整体服务质量,一方面也将加快快递行业的整合,淘汰质量不过关的企业,有利于快递业的长期健康发展[1]。

(二)不利因素

(1)快递行业间的恶性竞争。目前我国快递企业超过 13000 家,除邮政、四通一达(申通、圆通、中通、汇通和韵达)、顺丰等网点分布比较广泛的企业之外,实力规模相对较弱的快递公司数不胜数。为求生存,

---

① 参见国家邮政局《快递服务"十二五"规划》,http://www.gov.cn/gzdt/2012 - 01/01/content_ 2035355. htm。

往往选择打价格战这一方式，通过压低运价来获取更多的订单。资金无法满足设施改善、服务标准等要求，逐渐陷入恶性循环。

（2）网店对快递企业的挤压。有如淘宝众多的小卖家生意，自身盈利空间本就狭窄，因为商品与运费的相互捆绑，导致绝大部分的卖家靠挣取运费差价生存。国内许多大型电商网站往往都有自己合作的快递公司，其中的一些标准、要求限制也就意味着排他性，快递企业的实力、服务水平参差不齐，构建大网络大物流的目标就会越远。

（3）中国快递产业经过近年来的不断成长，逐步发展成熟，在此过程中电商的行业现状由大量 C2C 逐步转型为 B2C 为主的成熟市场，无论规模还是资金都更具优势的 B2C 也更有动力自建物流。图 4 - 19 显示出 B2C 的销售量也在逐年增加，这使得电商自建物流成为可能。

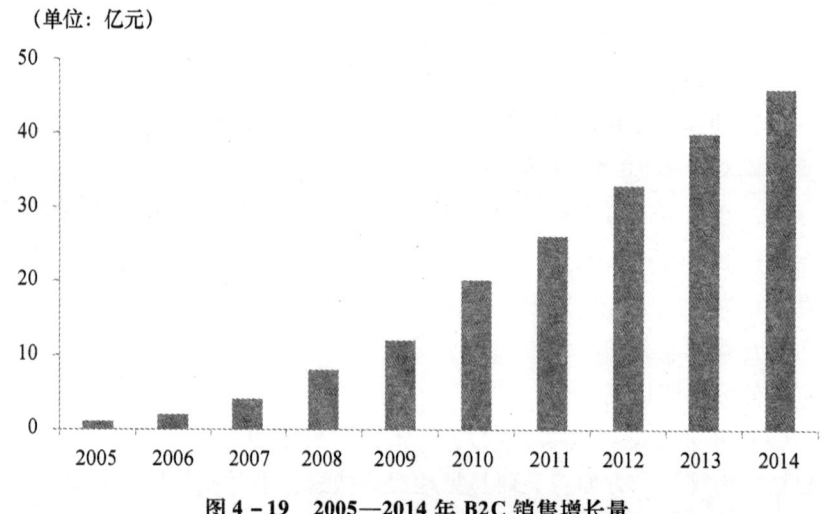

图 4 - 19　2005—2014 年 B2C 销售增长量

对 B2C 电商而言，是否自建物流最关键的考量即为成本收益。从量本利分析计算的结果，当 B2C 电商市内每日包裹量超过 3000 件时，自建物流团队比外包给快递公司更优。而近几年奋力走强的中国 B2C 们随着规模不断扩大，兴起自建物流之潮也是必然之选。

成本之外，电商自建物流尚需考虑控制力、服务质量等多维度问题。从具体情况来看，随着我国网购客户质与量的双重提升，质量紊乱的 C2C 交易已经不能满足中高端客户的需求，越来越多的消费者转投质量更有保障的 B2C 交易或者是平台式 B2C 交易。导致以京东商城为代表的一批 B2C 电商伺机而动，强势出击，向平台转型。[①]

如表 4-8，B2C 电商排名第一的天猫的配送模式是第三方模式，除此之外排名 2—10 的 B2C 电商选择了自建物流与第三方模式结合的方式。与淘宝天猫不同，以京东商城为首的 B2C 电商第 2—10 名皆不满快递企业时好时坏的服务，认定电商物流的潜在商机，纷纷效仿大洋彼岸的亚马逊，集重金投入自建电商物流，以更好地为自己的电子商务网站甚至其他电商平台服务。自此之后，电子商务快递这一细分行业竞争参与者更为复杂。[②]

表 4-8 B2C 电商排名前 10 的配送模式

B2C	2013 年排名	2013 年市场份额	配送模式
天猫	1	50.1%	第三方模式
京东商城	2	22.4%	自建物流 + 第三方模式
苏宁易购	3	4.9%	自建物流 + 第三方模式
腾讯电商	4	3.1%	自建物流 + 第三方模式
亚马逊中国	5	2.7%	自建物流 + 第三方模式
一号店	6	2.6%	自建物流 + 第三方模式
唯品会	7	2.3%	自建物流 + 第三方模式
当当网	8	1.4%	自建物流 + 第三方模式
国美在线	9	0.4%	自建物流 + 第三方模式
凡客诚品	10	0.2%	自建物流 + 第三方模式

（三）电子商务快递市场发展前景

在未来，电子商务市场规模会随着用户的增长而扩大。

1. 网民规模潜力大

如图 4-20，截至 2014 年 6 月，中国网民规模达 6.32 亿人，半年共计新增网民 1442 万人。互联网普及率为 46.9%，较 2013 年底提升了 1.1

---

① 参见广发证券《快递行业系列深度研究报告之四 深度解构——洞悉细分市场的发展态势》，http://www.gf.com.cn/stockResearch/departmentsInfo.html。

② 参见中投顾问《2012—2016 年中国快递业投资分析及前景预测报告》，www.ocn.com.cn。

个百分点。伴随着互联网普及率的触顶（其他年龄段和教育水平的人群对互联网的接受速度很难达到年轻和高学历群体的水平，造成中国网民增速的放缓），网民数量的增速进入平台期，由早年的 150% 逐步放缓到 2011 年的 12%。[①]

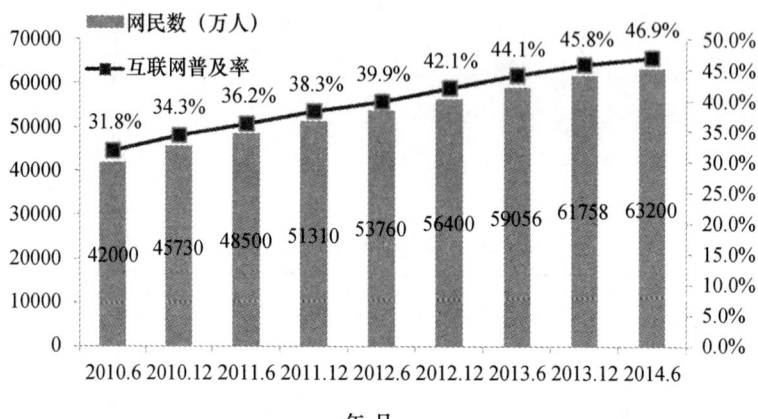

图 4 - 20　中国网民规模和互联网普及率

资料来源：中国互联网络信息中心。

网络的普及与渗透使得电子商务变成了可能，而 2003 年的 SARS 也在机缘巧合之下加快了人们消费方式的改变，电子商务的客户群体增速飞快。2008—2010 年网购客户群体保持了 45%—60% 的高增速，2011 年增速放缓降至 20% 左右，总用户数在 1.94 亿人左右，用户渗透率约为 37.8%。2013 年，中国网络购物用户规模达 3.02 亿人，用户渗透率达到 48.9%，相比 2012 年增长 6.0 个百分点。如图 4 - 21 所示，在网购人数高速增长的情况下，B2B、B2C 交易额也大幅度增长，电商呈爆炸式发展趋势。

网购用户绝对数量的提升意味着我国居民的消费习惯正在发生巨大转变，日益增长的国民财富中将会有越来越多的部分用于进行网上采购。就目前我国的发展情况来看主要有两点值得注意，一是网购客户占网民数量

[①]　参见中国互联网络信息中心《CNNIC 第 34 次中国互联网统计报告》，http：//www. cnn-ic. net. cn/。

的比例，二是网购客户本身的人口结构。

　　2010 年韩国和美国网购用户占全国网民比例分别为 64.3% 和 66.0%，远超我国 37.8% 的渗透率。伴随着互联网普及力度加大，我国 2005—2013 年间共新增了 5 亿多新网民，将这些网络新人培育成网购用户需要一定的转换时间，即培养其在互联网上购物的习惯。

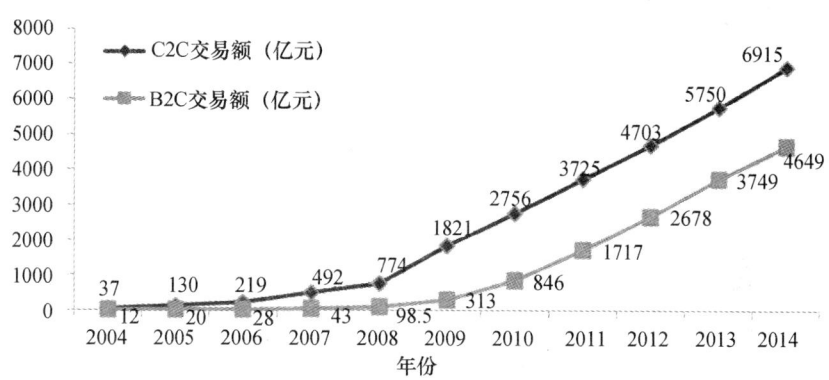

图 4 - 21　2003 年后电商呈爆炸式发展

资料来源：广发证券。

　　如图 4 - 22，CNNIC 研究表明，当网民网龄进入 2—3 年时，其使用网络购物的比例为 29.7%，当网龄进入 5 年时，网购比例达到 59.2%。因此在未来 3—5 年内，伴随着现有网民的不断成熟，网民总规模的不断增长，我国未来网购用户的规模仍将持续扩大，市场增长空间巨大。由图 4 - 23 也可见，中国网购渗透空间巨大，将会支撑起中国巨大的电子商务市场。

　　从人口结构（年龄、教育程度、收入等）来看，我国居民中具备上网条件和技能的均已转化为网民，进一步普及互联网的对象与此前相比对网络的接受难度加大，因此网民规模增速将会持续放慢。从另一方面来说，将这些新网民培育成网购用户的难度也会相应增大。因此网购用户绝对数量的增速也将相应放缓。

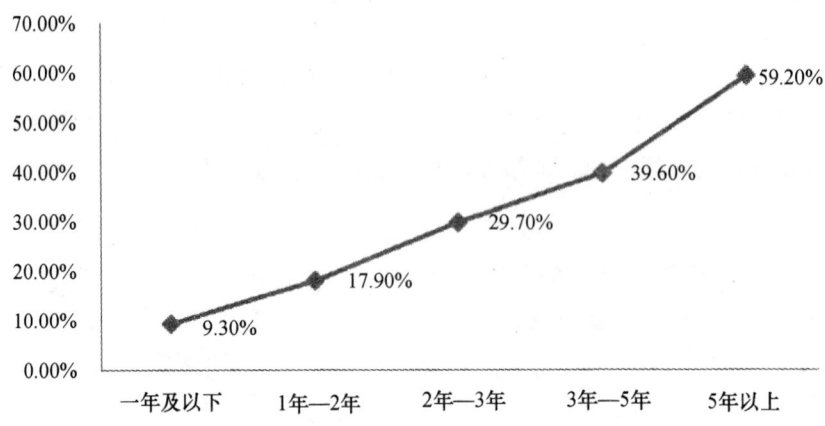

图 4 – 22　中国不同年龄网民使用网络购物的比例

资料来源：CNNIC。

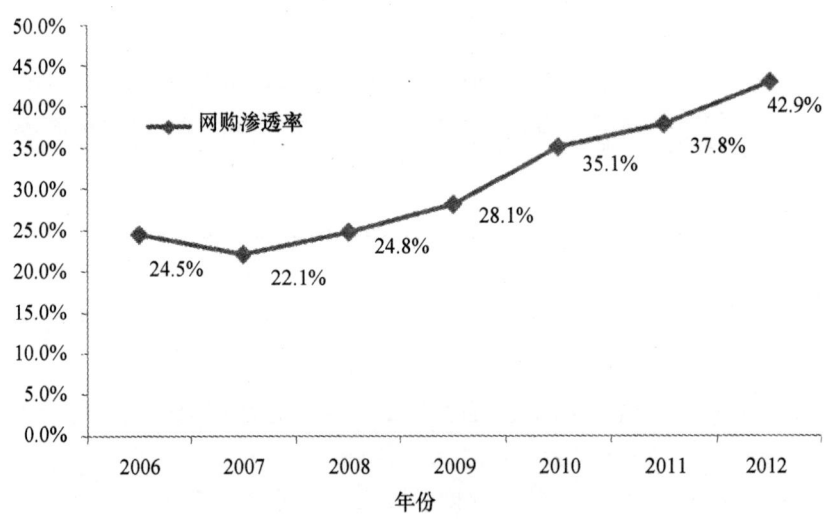

图 4 – 23　中国网购渗透率

资料来源：CNNIC。

2. 交易规模高增长

从全国网上零售市场交易规模来看，2013 年网络购物交易规模达到 1.85 万亿元，同比增长 42.0%，其中 2008 年和 2009 年两年增速均超过 160%，而 2011 年增速放慢，回落到 70% 左右，但这一增速仍然相当高。

据艾瑞咨询估计，如图4-24，随着网购用户渗透难度加大，中国网购市场规模在2014—2017年间增速将进一步回落，稳定在15%左右，预测2014—2017年交易额分别为24500亿、30200亿、36000亿和41400亿元人民币[①]。

如图4-25所示，日益兴盛的网购市场为快递行业创造了前所未有的商机，2011年70%的网购需要快递完成，也就是说有价值5500亿元人民币的包裹需要快递行业完成递送，正是这巨大的市场需求推动了2011年快递行业业务量57%的飞速发展。伴随着未来电商市场规模持续扩大，电商物流需求也将水涨船高[②]。

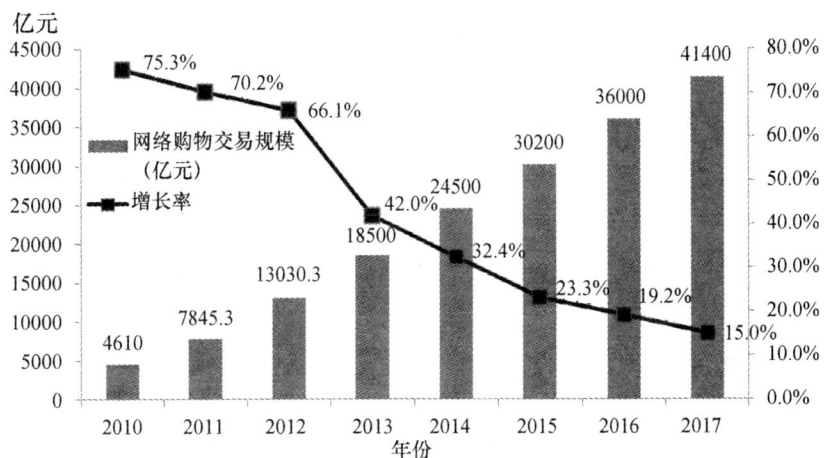

图4-24　2010—2017年中国网购市场交易规模

资料来源：艾瑞咨询。

---

① 参见艾瑞咨询《2013年中国网络购物交易额达1.85万亿元，增速渐趋平稳》，http：// ec. iresearch. cn/shopping/20140114/224908. shtml。

② 参见广发证券《快递行业系列深度研究报告之四　深度解构——洞悉细分市场的发展态势》，http：//www. gf. com. cn/stockResearch/departmentsInfo. html。

考虑到网购增速与其递送需求，预计 2014—2017 年电商快递的市场规模将会保持 30% 以上的增长速度。[①]

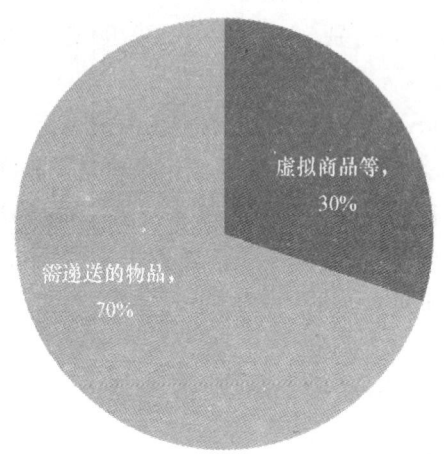

图 4 – 25　中国网购商品预计有 70% 要快递递送

资料来源：广发证券。

对于快递企业来说，实物类网络购物才会形成递送需求。目前我国实物类电子商务市场由以淘宝为代表的在线平台模式（C2C）主导，见图 4 – 26，2011 年淘宝日包裹量达 800 万件，对网购快递占比超 80%，这为快递企业带来了很大的业务量。此外，以京东商城为代表的 B2C 电商企业也需要快递企业提供服务。电商为快递企业带来了大量的需求，在这样的环境下，以京东商城为代表的 B2C 电商企业自建物流就成为可能，它们已经开始在物流快递行业崭露头角。[②]

①　参见中研财经《2013—2017 年中国快递业全景调研与投资策略研究咨询报告》，ht-tp：//www. chinairn. com/report/20130715/173321958. html。

②　参见广发证券《快递行业系列深度研究报告》，http：//www. gf. com. cn/stockResearch/departmentsInfo. html。

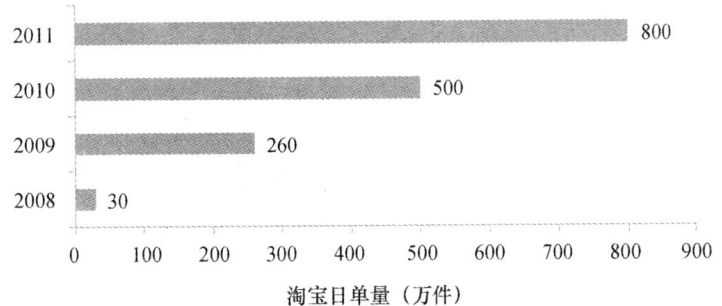

图 4 - 26 2008—2011 年淘宝日包裹量

资料来源：亿邦动力网。

第五章

电子商务快递商业模式

第一节　快递产业链

一　产业链概述

产业链是产业经济学中的一个概念，是各个产业部门之间基于一定的技术经济关联，并依据特定的逻辑关系和时空布局关系客观形成的链条式关联关系形态。产业链主要是基于各个地区客观存在的区域差异，着眼发挥区域比较优势，借助区域市场协调地区间专业化分工和多维性需求的矛盾，以产业合作作为实现形式和内容的区域合作载体。[①]

产业链的本质是用于描述一个具有某种内在联系的企业群结构，它是一个相对宏观的概念，存在两维属性：结构属性和价值属性。产业链中大量存在着上下游关系和相互价值的交换，上游环节向下游环节输送产品或服务，下游环节向上游环节反馈信息。

二　产业链特征[②]

（1）形成产业链的企业，可以是同一产业的，也可以是不同产业的企业。例如汽车产业链，它的企业有来自橡胶工业的轮胎生产，有来自机械工业的发动机生产，有来自电气工业的电线生产，还有来自第三产业的维修服务。

[①]　参见 http：//baike. baidu. com/view/479661. htm？ fr = aladdin。

[②]　参见国家邮政局快递职业教材编写委员会《电子商务与快递服务》，北京邮电大学出版社 2012 年版，第 251 页。

（2）产业链的组织性质是中间性组织形式，是有组织的市场和有市场的组织双重属性的合作竞争型准市场组织。

（3）产业链是企业的集合，企业是产业链的载体。

（4）产业链是以产品为对象，即以生产的对象为对象形成的，这里的产品可以是看得见摸得着的物品，也可以是服务，如教育服务、金融服务等。

（5）产业链是以投入产出为纽带，上一企业生产的产品一定是下一企业的投入，直到完成整个产品的生产为止。

（6）产业链是以价值增值为导向，产业链中的企业从上游到中游再到下游是一个不断增值的过程，直到用户买走产品，实现了产业链的价值为止。

（7）产业链包含有生产、交易两大过程。链内不同企业的专业化分工和企业部门间的垂直协作关系在生产功能上是完全一致的，众多企业围绕某一核心企业或某一产品系列在垂直方向上形成了前后关联的一体化链条。产业链的交易既含有链内企业间的交易，也含链内企业与链外企业的交易。

（8）产业链的关联关系有时间的次第性和空间的区位指向性。

（9）产业链有很多种类，从不同角度划分有不同的类型。

（10）产业链中的企业的逻辑关系是产品工艺分工关系或功能分工关系。

（11）产业链起始于初始资源终于消费市场，但由于初始资源和消费市场具有相对性，因此，产业链的起止点是相对的，是因研究问题的内容和范围而变化的。

（12）从不同角度考察，产业链有不同的表现形式。从价值创造的角度看，产业链是指在同一产业内所有具有连续追加价值关系的活动所构成的价值链关系。从产品结构的角度看，产业链是指以某项核心技术或工艺为基础，以市场前景较好、科技含量较高、产品关联度较强的优势企业和优势产品为产业链核心，以产品技术为联系，以投入产出为纽带，上下联结，向下延伸、前后向密切联系而形成的产品链。从产业间结构链的角度看，产业链是指组成产业结构的第一、第二、第三产业的细分部门之间的前后向产业联系。产业结构链关注的是一个产业的前向和后向关联，上游和下游产业匹配，即我们通常所讲的产业关联和配套。

（13）从总体上考察，这些价值链、产品链、结构链是内含在产业链中的一个子链，我们称之为产业链的内含链。所以，产业链是一个内含有不同子链的复合链。

（14）产业链以满足用户需求为目标。产业链从原材料供应直到生产出用户需求的产品，整个过程都是按用户需求来组织生产的，如果生产出的产品，用户不需要，则产业链的价值就无法实现。

（15）构建产业链包括接通产业链和延伸产业链两个层面的内涵。接通产业链是指将一定地域空间范围内的产业链的断环和孤环借助某种产业合作形式串联起来；延伸产业链则是指将一条已经存在的产业链尽可能地向上游延伸或下游拓展。产业链向上游延伸一般使得产业链进入到基础产业环节或技术研发环节，向下游拓展则进入到市场销售环节。构建产业链的最终目的是产业链拓展和延伸的过程中，一方面接通了断环和孤环，使得整条产业链产生了原来断环或者孤环所不具备的利益共享、风险共担方面的整体功能；另一方面衍生出一系列新兴的产业链环，通过形成产业链，又增加了产业链附加价值。

三　产业链分类与研究内容[①]

（一）产业链分类

按行业分类法产业链可具体分为农业产业链、林业产业链、畜牧业产业链、农工贸产业链、猪肉产业链、蔬菜产业链、中药产业链、化肥产业链、造纸产业链、煤炭产业链、机械制造产业链、汽车产业链、钢铁产业链、电信产业链、服装产业链、高新技术产业链、IT 产业链、Internet 产业链、教育产业链、体育产业链、旅游产业链、金融产业链、媒介产业链等等。这种分类方法适合开展行业产业链研究、制定行业产业链政策、考察不同行业之间的产业关联时使用。

产业链按作用的层次可分为宏观产业链、中观产业链、微观产业链。宏观产业链是指全球产业链或全国范围内某行业产业链。中观产业链是指区域内部或区际之间的产业链。微观产业链是指区域内某个经济主体或行业的产业链。

按作用范围分类，产业链可分为全球产业链、全国产业链、区际产业

---

① 参见刘贵富《产业链基本理论研究》，博士学位论文，吉林大学，2006 年，第36 页。

链、区域产业链。全球产业链是指站在全球视角考察产业链，产业链的龙头企业在一个国家，而节点企业分布在其他国家。跨国集团或大型中外合资企业或外贸出口型企业必须站在全球视角来研究产业链，并确定加入全球产业链的方式和拓展全球产业链的方向。区际产业链是指跨省（市）域的产业链。区域产业链是某域内的产业链，这个区域既可以是一个省、一个市，也可以是一个工业园区。这种分类方法适合用于宏观产业链研究或区际、区域产业链研究时使用。

产业链按形成过程中企业与企业之间的关系可分为技术推动型、资源带动型、需求拉动型、综合联动型四种。技术推动型产业链的特点是：当上游企业向中游企业提供技术和设备时，其投入的技术、设备就由上游企业向中游企业转移，上游企业顺利地实现了产品价值，中游企业吸收上游企业的技术、设备，生产产品并通过其产品向下游企业或消费者转移以实现产品价值。高新技术产业链、IT产业链等技术密集型龙头企业组成的产业链一般是技术推动型产业链。资源带动型产业链的特点是：中游企业对上游企业的资源依赖性强，上游资源型企业基本处于垄断地位，上游企业只有少数几家或一家，而中游企业有很多家，中游企业处于激烈竞争环境中。煤炭产业链、石油产业链等资源型企业组成的产业链一般是资源带动型产业链。需求拉动型产业链的特点是：以消费者需求为中心，强调对消费者的个性化服务，强调与消费者的交流和消费者的满意度。需求拉动型产业链，启动产业链流程的不再是制造商，而是最终消费者。

按产业链生态属性分类，产业链可分为生态产业链、非生态产业链。生态产业链一般指依据生态学原理，以恢复和扩大自然资源存量为宗旨，为提高资源基本生产率和根据社会需要为主体，对两种以上产业的链接所进行的设计（或改造）并开创为一种新型的产业的系统创新活动。生态产业链又可细分为生态农业产业链、生态工业产业链、生态旅游产业链等形式。生态产业链以外的产业链统称非生态产业链。这种分类法适合研究各类生态产业链和循环经济链时使用。

按产业链伸展的范围分类，可将产业链分为外部产业链和内部产业链。外部产业链指产业链延伸的范围超出了节点产业本身的范围，如上游产业链和下游产业链，具体例子是：煤化产业的上游链是煤炭采掘和煤炭精选，而下游链是化学纤维业，这些均超出了煤炭产业和化工产业的产业范围。内部产业链指的是产业链以业务为节点向这一产业内的其他业务延伸所形成的产业链，延伸的范围处于该产业内，如研发链、供应链、销售链、生产链、相近产品链、技术链等。这些链所涉及的业务共同特点是均处在节点业务所在产业范畴之内。

（二）产业链研究内容

产业链是一个比较宏观的概念，或者是从比较宏观的视野，从产业整体、从区域研究产业的发展问题，研究产业上下游的产能的时空协调，研究产业内企业的空间布局，研究产业的竞争优势和可持续发展问题。产业链的研究主要集中在：

第一，关于产业链基本理论的研究。国外研究很少以产业链为对象，因此，产业链的研究具有比较浓厚的中国特色，产业链基本理论成为国内学者研究的首要领域。研究内容包括：产业链的基本概念与内涵，产业链的理论来源与基础，产业链的结构与类型，产业链的形成、构建与传导机制、演变机理，产业链的运行、稳定机制，产业链的利益分配研究，产业链的中间产品定价研究，产业链的优化与整合研究等。

第二，关于产业链应用（包括区域产业链和行业产业链）研究，构成了我国产业链研究的主体。研究内容包括：区域产业链、产业链的空间布局特征，产业链与城乡及区域发展，产业链结构优化与调整等。目前，广泛涉及农业产业链、食品产业链、电信产业链、电力产业链、石化产业链、钢铁产业链、制造业产业链、汽车产业链、计算机产业链、半导体产业链等以及跨行业跨区域产业链研究，如煤—电—冶等。①

四　快递服务的产业链

（一）快递产业链的构成

快递业的产业链是快递业在提供服务过程中基于一定的技术经济关联，并依据特定的逻辑关系和时空布局关系，客观形成的链条式关联关系形态。在快递业的产业链中，快递企业是产业链条的核心企业。从纵向链条看，作为快递企业的供应商，交通运输条件、现代科学技术的应用以及自动化、智能化装备对快递业的发展产生着越来越重要的影响，在快递业

---

① 参见朱凤涛、李仕明、杜义飞《关于价值链、产业链和供应链的研究辨识》，《管理学家》2008 年第 4 期。

的产业链中发挥着越来越巨大的作用；从横向链条看，以实物交易为最终目的，快递企业通过实物配送、信息交换、交易结算等关联关系把快递业务源和最终消费者链接起来，实现了实物流、信息流、资金流在相关产业和最终消费者之间准确、高效、快速地转移，如图5-1。

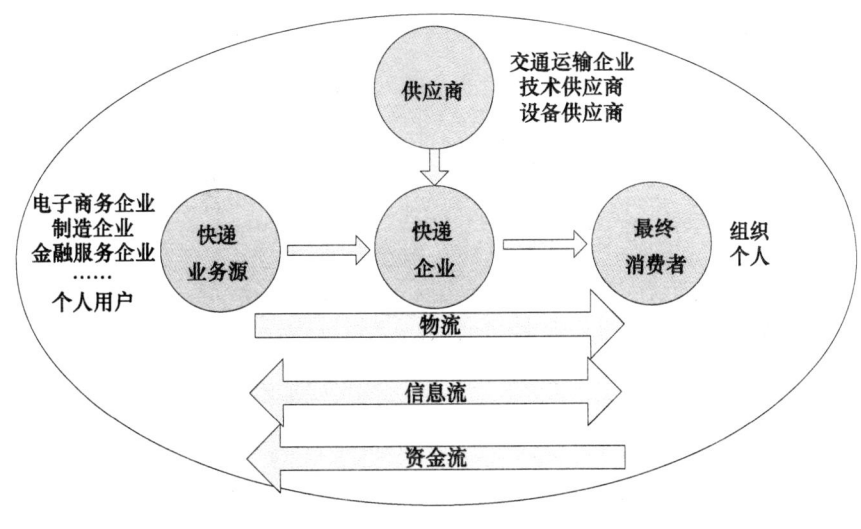

图5-1　快递业的产业链

资料来源：萧璿：《基于产业链视角的快递业技术发展研究》，硕士学位论文，北京邮电大学，2011年，第29页。

（二）电子商务快递服务产业链的构成

目前电子商务快递服务产业链有以下四个主要参与方：

（1）发货方。专指利用网络购物平台提供并销售有形商品的企业或个人，这里的发货方主要指B2C、C2C电子商务环境下，通过网络平台销售商品的企业和个人。

（2）收货方。专指电子商务交易活动中的买方，这里的收货方主要指B2C、C2C电子商务环境下，通过网络平台购买商品的个人或组织，他们可能分布在全国乃至全球各个可以通过网络平台购物的地方。

（3）电子商务平台。专指提供在线交易、支付及信息服务的网络接入平台，在整个价值链中主要为买卖双方提供网络平台，供双方进行信息流和资金流的交换。

（4）快递企业。是负责把通过网络平台交易的商品最终送至消费者手中的关键角色，虽然位于服务链的下游，但却对整个服务链价值的最终实现起到至关重要的作用。尤其是对于 C2C 电子商务的交易，快递企业更是不可或缺。

电子商务快递服务产业链具有快递服务产业链的基本特征，但也有一些区别于传统快递服务产业链的地方：

（1）对网络平台的依赖性。电子商务交易过程中的信息发布、讨价还价、支付货款等都是依赖网络平台进行的，专门为电子商务提供快递物流的电子商务物流也必然要依赖网络平台，通过网络平台获取收货人的姓名和具体地址，并通过网络平台推荐给消费者使用。

（2）价格、时间的高度敏感性。网上购物的优势在于价格，大部分人选择网上购物的主要原因之一是网上物品价格相对便宜。尤其是 C2C 电子商务模式下的个人网店卖家，他们所销售的商品单价较实体店的低，交易量也比较小，这就决定了他们对物流费用的承担能力比较低，所以对快递物流价格比较敏感。此外，电子商务的买方对快递物流的准时性也非常敏感，一旦在时间方面满足不了他们的需求，他们就可能更换快递服务方，或者对电子商务的卖方进行投诉。

（3）在地域上，发货方比较集中，收货方比较分散。电子商务的发展与地域经济的发展密切相关，地域经济越发达，就会有越多的商家成为电子商务交易的卖方。目前，B2C 和 C2C 电子商务的卖方大多集中在长三角、珠三角和环渤海经济圈等小商品集散地；而 B2C 和 C2C 电子商务的买方则比较分散，分布在全国各个地方。

（4）电子商务平台参与服务链的利润分成，且监控整个服务链的顺利完成。快递企业通过与电子商务平台实现数据对接来获取需要递送的商品、收货方等的具体信息，因此需要向电子商务平台支付相应的平台使用费等相关费用。此外，电子商务平台通过接收买方使用快递物流的反馈信息，来挑选和推荐快递物流并监控整个服务链的顺利进行。[1]

---

① 参见中国投资咨询网《2012—2016 年中国快递业投资分析及前景预测报告》，www. ocn. com. cn。

第二节 快递商业模式综述

现代管理学之父彼得·德鲁克有句名言："当今企业间的竞争，不是产品之间的竞争，而是商业模式之间的竞争"。上海超限战营销策划机构同样认为：服务型连锁企业的竞争，其最高层次即为商业模式的竞争；只有那些创新了商业模式的连锁服务企业，才能在当今同质化竞争、供过于求的时代获得生存的空间，才可能发展壮大。

一 商业模式含义[①]

商业模式一词在中国的兴起，应是源于世纪之交的互联网企业创立高潮期。当时，一系列新兴的".com"公司需要得到风险投资者及其他投资者的认同，而风险投资者评价企业优劣的最重要指标就是其"商业模式"的优劣。但实际上，商业模式一词早在20世纪50年代就已经出现，只是到20世纪90年代才开始在国内传播和使用。跟商业模式有一定关联的词汇有很多，如盈利模式、广告收益模式、"鼠标+水泥"模式等等。关于商业模式定义也有很多，有人认为它是一种交易结构，有人认为它是企业持续盈利的系统组合；还有人认为它是一种包含了一系列要素及关系的概念工具。

鉴于商业模式的表述不尽相同，一些学者试图对这些定义进行归纳总结，并希望从中得出具有一致性的结论。迈克尔·莫里斯（Michael Morris）等（2003）通过对30多个商业模式定义的关键词进行内容分析，指出商业模式定义可分为三类：经济类、运营类和战略类。经济类定义将商业模式看作是企业的经济模式，用以揭示企业赚钱的根本原因，即利润产生的逻辑，构成要素包括收益来源、定价方法、成本结构和利润等；运营类定义关注企业内部流程及构造问题，构成要素包括产品或服务交付方式、管理流程、资源流、知识管理等；战略类定义涉及企业的市场定位、组织边界、竞争优势及其可持续性，构成要素包括价值创造形式、差异化、愿景和网络等。

---

① 参见昝兴勇《基于价值链的快递企业商业模式创新研究》，硕士学位论文，长安大学，2011年。

在此基础上，国内学者王伟毅、李乾文（2005）等提出，商业模式概念本质的阐述表明，人们对于商业模式内涵的认识，经历了由经济类、运营类向战略类不断发展演变的过程。原磊（2007）在分析介绍国外研究者的商业模式理论之后，指出商业模式定义的发展存在逻辑层级关系，在经历了经济、运营、战略层级之后，正在向整合概念递进。

（一）经济类商业模式概念

经济类概念将商业模式描述为企业的经济模式，其内涵为企业获取利润的逻辑。例如，斯图尔特（Stewart）、瑞帕（Rappa）等（2000）认为，商业模式是企业能够获得并且保持其收益的逻辑陈述，或者称之为获取利润的经营方法。Afuah 等（2001）把商业模式定义为企业获取并使用资源，为顾客创造比竞争对手更多价值以赚取利润的方法。国内学者翁君奕（2004）把商业模式界定为由核心价值、价值支撑、价值保持与构成的价值分析体系，从价值层面提供了一种利用价值理论分析商业模式的思路和方法。

（二）运营类商业模式概念

运营类商业模式概念把商业模式描述为企业的运营结构，其重点在于说明企业通过何种内部流程和基本结构来创造价值。Applegate 把商业模式说成是对复杂商业现实的简化。通过这种简化，商业模式可用来分析商业活动的结构、结构元素之间的关系以及商业活动响应现实世界的方式。Amit 等把商业模式看作是一种利用商业机会创造价值的交易内容、结构和治理架构。他们描述了由公司、供应商、候补者和客户组成的网络运作方式。

（三）战略类商业模式概念

战略类概念把商业模式描述为对不同企业战略方向的总体考察，涉及市场主张、组织行为、增长机会、竞争优势和可持续性等构成要素。国内学者罗珉、曾涛和周思伟（2005）认为，商业模式是一个组织在明确外部假设条件、内部资源和能力的前提下，用于整合组织本身、顾客、供应链伙伴、员工、股东或利益相关者来获取超额利润的一种战略创新意图和可实现的结构体系以及制度安排的集合；他们认为商业模式至少包括三个层面的含义：任何组织的商业模式都隐含有一个假设成立的前提条件，如经营环境的延续性、市场和需求属性在某个时期的相对稳定性以及竞争态势等等，这些条件构成了商业模式存在的合理性。商业模式是一个结构或体系，包括组织内部结构和组织与外界要素的关系结构，这些结构的各组成部分存在内在联系，它们相互作用形成了模式的各种运动。商业模式本身就是一种战略创新，是使组织能够获得长期优势的制度结构的连续体。

哈佛大学助理教授亨利·切斯布鲁和理查德·罗森布鲁姆（Chesbrough and Rosenbloom，2002）认为，应当发展一套商业模式的认知结构。他们提出，商业模式是反映企业商业活动的价值创造、价值提供和价值分配等活动的一种架构。因此，商业模式应该具有 6 个功能：（1）清晰地说明价值主张，即说明基于技术的产品为用户创造的价值；（2）确定市场分割，即确定技术针对的用户群；（3）定义公司内部生产和经销产品的价值链结构；（4）在一定的价值主张和价值链结构下，评估生产产品的成本结构和利润潜力；（5）描述价值网中连接供应商和顾客的公司位置，包括潜在进入者和竞争者；（6）制定竞争战略，创新性的公司将通过此战略获得和保持竞争优势。

商业模式解决的是企业战略制定前的战略问题，同时也是连接客户价值和企业价值的纽带。商业模式为企业的各种利益相关者提供了沟通的桥梁。一个好的商业模式最终总是能体现为获得资本和市场认同的独特企业价值。一个完整的商业模式体系应该包括定位、业务系统、关键资源能力、盈利模式、自由现金流结构和企业价值六个方面。

二　商业模式的特征

（一）系统性

商业模式是一个描述和简化企业现实的系统，是一个概念性的工具。商业模式描述公司提供给一个或者若干客户群的价值，以及公司和其伙伴网络所组成的体系结构，构成商业模式的各个方面和各个层次相互联系、相互依赖，存在着客观的逻辑关系。这个体系结构致力于创造并实现其价值主张，它关注企业运营的各个方面，包括企业自身及其产品或服务的定位、选择客户、获取和利用各种必要资源、进入市场等相关要素。因此，商业模式具有系统性特征。

（二）创新性

商业模式的本质是创新，一个企业的商业模式，从选择、运用到调整、再造，直至被新的商业模式所替代，它的整个循环过程，每一步都是在创新。首先，选择和确立企业商业模式要靠创新。企业商业模式由自身的独特性和适用性决定，只有通过创新才能使其得到选择和确立。任何企业都没有现成的商业模式可利用，任何企业的决策者都不可能期望有天生的或者可以永远利用的商业模式。其次，运用和调整企业商业模式更要靠创新。企业必须随时审视和梳理自己的商业模式，才能及时、有效地去加以运用和调整，从而保证其经营目标和盈利目的的实现。新建的企业是这样，运行中的企业也是如此。任何商业模式都有风光不再的时候。一段时间以后，它们所能创造的价值也会随着独特性的消失而减少。只有深刻了解自己的商业模式，主动地去发现它的弱点，并适时调整，应对变化，才能立于不败之地。没有永恒的商业模式，只有永恒的创新。

（三）独特性

独特性是商业模式的首要前提。由于企业自身情况千差万别，市场环境变幻莫测，商业模式必须突出一个企业不同于其他企业的独特性。这种独特性表现在它怎样为自己的企业赢得顾客、吸引投资者和创造利润。严格地说，一个企业的商业模式应当仅仅适用于自己的企业，而不可能为其他企业原封不动地搬过去。所谓商业模式，最终体现的是企业的制度和最终实现方式。从这个意义上说，模式没有好坏之分，只有是否适用的区别，适用的就是好的。

三　快递业商业模式及分类①

结合电子商务快递行业背景，电子商务快递企业商业模式创新就是从快递产业链的观点出发，快递企业在识别企业产业链上的价值活动的基础上，通过对服务价值链的分拆、延伸、拓展，整合电子商务的资源，优化企业内部流程，并最终赢得最大利润，提高企业的核心竞争能力所采取的所有的行为。

目前我国快递业有三种常见的商业模式，即直营（如 EMS、顺丰）、加盟（四通一达）和直营加盟兼有的混合型模式（宅急送），见表 5-1。

---

① 参见广发证券《快递行业系列深度研究报告》，http：//www.gf.com.cn/stockResearch/departmentsInfo.html。

表 5 - 1　　　　　　　　　我国快递业有三种常见的商业模式

排名	公司名称	2012 年营业收入	规模	商业模式
1	EMS	258.85 亿元	依托邮政营业网点超过 4.5 万个，员工 10 余万	直营
2	顺丰速运	超过 200 亿元	已拥有近 29 万名员工，1.2 万多台运输车辆，15 架自有全货机及遍布中国大陆和海外的 9100 多个营业网点	直营
3	申通快递	130 亿元	共有独立网点及分公司 1100 余家，服务网点及门店 8000 余家，从业人员 15 万人	加盟
4	圆通快递	约 130 亿元	有 7000 多个网点，拥有 12 万余名员工，航线覆盖 600 多个城市，拥有 4 架自主全货机，陆路运送收派车辆 2 万多辆	加盟
5	韵达	约 80 亿元	10000 个左右的服务网点，70 多个转运中心，5 万多名员工	加盟
6	中通	约 60 亿元	现有员工 10 万多名，转运中心 70 个，服务网点 8000 多家，运输派送车辆 4 万多辆	加盟
7	宅急送	2010 年 20 亿元	在全国有 3000 多个经营网点，有 780 条航线，近 5000 个航班资源，运营车辆 5000 多辆，全国拥有 25 万平方米的仓储配送中心	直营 + 加盟
8	海航天天	2012 年被申通快递收购	拥有 6000 多个网点，全国从业人员 60000 余人，在全网拥有班车 15000 辆以上，航空线路超过 200 条	加盟
9	百世汇通	2011 年超过 10 亿元	拥有分拨中心 90 多个，各类服务网点近 10000 个，开通全网省际、省内班车近 1500 条，员工超过 5 万人	加盟

（一）直营式商业模式

自营模式，也称直营模式，就是以自己的品牌在服务范围设立的全资子公司或控股公司。直营型快递企业自上而下，全权把控所有网络节点。要求以总部为中心，各地开设分公司的方式拓展网络，需要大量的资金和人力、物力来扩大市场。因此对直营型快递企业而言，所有费用均为企业成本，只有实力雄厚的企业才能真正做到直营。

1. 直营模式的特点和组织形式

直营模式的所有权和经营权集中统一于总部。其所有权和经营权的集中统一表现在：所有成员企业必须是单一所有者，归一个公司，一个联合组织或单一个人所有；总部与其下属分店之间的关系属于企业内部的专业化分工关系；有总部集中领导、统一管理，如企业的人事、采购、计划、广告、会计和经营方针等方面的权力都集中统一，公司总部为每个分店提供全方位的服务，以保证公司的整体优势；实行统一核算制度，工资奖金由总部确定；各分店经理是雇员而不是所有者，不具有法人资格；各分店实行标准化经营管理，如商店规模、店容店貌、经营品种等实现标准化。

直营模式的人员配备、组织结构等都由总部直接管理，直营模式的组织体系一般分为三个层次：上层是公司总部负责整体事业的组织系统；中层是负责若干个分店的区域性管理组织和负责专项业务；下层是分店或者成员店。

2. 直营模式的利弊分析

对于直营模式的快递企业而言，企业应具有强大的执行力、良好的现金流、稳固的市场基础和覆盖广泛的网点等特点。由于我国幅员辽阔，市场特点复杂，规范化程度较低，除国有与外资快递公司外，一般民营快递企业在创建初期不具备选择直营模式的条件。因此大量的国内民营快递企业没有一步到位选择直营商业模式。

直营型快递企业以 EMS、顺丰速运为代表，从总公司到网点均为企业所有，快递员以个人"加盟"公司。自营的好处是管理便捷，质量可控，企业可以规范服务流程、设立服务标准、监控服务质量、打造品牌形象、服务高端客户。缺点是人力成本高、网络铺设成本高，因此直营企业的网络覆盖率通常要低于加盟企业（背靠邮政系统的 EMS 除外）。直营的运营能力是有限的，随着直营的规模越来越大，边际的管理效应会逐步降低，那么成本就会上升，直营模式与加盟模式相比，管理成本一般会上升 12%—15%。受成本所限，直营快递企业较少参与价格竞争激励的电商业务，以顺丰为例，电子商务包裹仅占顺丰业务量的 8%。

（二）加盟式商业模式

特许加盟模式就是特许商将品牌出让给加盟商有偿使用。特许快递企业则控制主要地区的转运、集散中心，下一级的转运、分拣皆交由地区加盟商负责。各加盟快递对不同层级的控制因企业而异，因地区而异，各有不同。这种商业模式被国内广大的中小快递企业广泛采用。这些中小快递企业在发展的过程中面临两大困境：一是资金上的困难，国内中小快递企业普遍资金实力薄弱，选择加盟制模式，作为特许商的快递企业可以在一定程度上占有加盟商的资金流，完成最原始的资本积累实现企业快速发展；二是国内中小快递企业普遍没有品牌效益，执行力弱，选择加盟有实力的快递企业可以克服中小快递企业在创业初期资金和品牌方面的短板。

1. 加盟模式的特征

（1）核心是特许权的转让。特许权一般包括商标、专利、商业秘密、技术秘密、经营诀窍等无形资产，其中品牌经营是快递特许加盟经营系统的枢纽，特许者与加盟店之间是完全依靠品牌来维系的共同体。品牌包含的内容有品牌商标、特许企业的社会影响力、品牌的社会认可度、品牌产品的营销策略、服务技术等。正是利用品牌的特许与受许，特许商可以不受资金的限制，通过特许合作就可以迅速扩张业务，提高市场占有率。

（2）最大的特点是权责明确，降低各种冗余管理成本，减少监督成本，做到"自己的事情自己干"，提高效率，将各种无效成本费用降到极低。在纯粹以成本为导向的细分市场里，这种模式具备极强的生命力，以申通为代表的加盟快递模式之所以能够崛起，恰如"包产到户"能够取代"集体公社"一样。

（3）所有权分散与经营权集中。加盟商在人事、财务上独立自主，因此所有权是分散的。但是在经营方式上，统一使用商标、进货、店面布置、人才培训、价格、广告宣传。这种统一经营方式对加盟商而言，可以直接从总部获得更多的帮助，极大降低经营失败的风险。

（4）经营的排他性特征。在加盟模式中，被特许人必须在容许的经营范围内使用特许人授予的经营方式，并受到相关限制。在单层特许经营合同中，受许人在投资设立特许经营网点开展经营活动后，不得再次转授特许经营权给第三人。

2. 费用组成

对于快递加盟商而言，除缴纳一定比例的加盟费以外，对于每单快递均须向总部购买带有公司标识的运单，须支付运输费、快递揽货送货费、分拣杂费等等。在扣除各种费用后，一单典型的 30 元快递，加盟商可获得 8.5 元的毛利，毛利率约为 28.3%。

其他费用是特许人根据特许加盟合同为加盟商提供相关服务而收取的费用，如店面设计费、培训费、广告宣传费、促销费、设备租赁费、业务费、保险费、专项指导费等，通常情况下，这部分费用在合同之外单独约定，收取后不退还。

3. 加盟式模式的利弊分析

加盟型快递企业以"四通一达"（申通、圆通、中通、百世汇通、韵达）为代表，公司总部拥有并经营重点区域中心，分公司和个别区域中心及以下均可加盟。加盟模式的优势在于成本低廉，扩张迅速，需要覆盖区域时只需在当地招募加盟分公司即可。因此加盟型快递企业的网络覆盖率通常较高，申通的送达率就可以达到 98%，虽然尚不能与 EMS 相比，但已能满足大多数客户的需求了。较低的成本、较高的送达率正好迎合了大批电商（尤其是淘宝）的需求。据估计，"四通一达"70% 以上的业务来自电子商务，而淘宝 70% 的业务由"四通一达"承运。

加盟模式固然有成本和网络的优点，但其缺点也不容忽视。管理混乱，各自为政几乎可以套用于所有加盟型企业，快递加盟企业也难以幸免。撇开人员杂、质量差等服务漏洞不谈，各地分公司甚至还挪用代收货款，与总公司扯皮拒付。各种乱象，不一而足。如图 5-2，这些弊病在近年电商节日促销的配送中彻底暴露，从邮政局公布的申诉量来看，2011 年 11 月至 12 月期间申诉量的爆发式增长便是很好的证明。各地"爆仓"、丢件等现象频发，引发了消费者的强烈不满，快递行业的月有效申诉量不断攀升，2 年间翻了 14 倍，竟然从 2010 年 1 月的 700 多件达到了 2012 年 1 月的 10792 件。

如图 5-3 所示，2012 年 2 月的数据显示，从投诉类别来看，问题主要分为两大类：

（1）快件延误。占比高达 53%，主要原因是行业整体运能跟不上电商的发展导致"爆仓"频发，同时快递企业各分公司运力不均衡也是一大原因。另外服务业具有易逝性的特点：缺乏库存能力，导致在特定的时刻供给与需求之间的矛盾非常突出。

（2）丢件、损毁、投递服务等问题，三项投诉占比达 46%，主要发

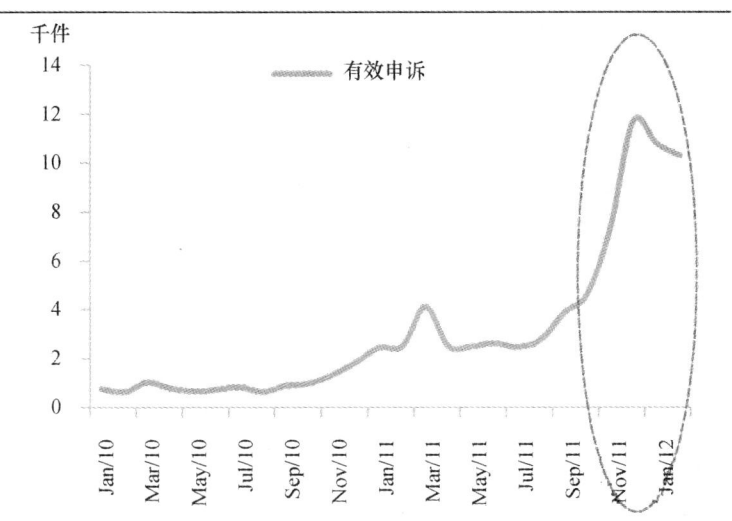

图 5 – 2 2010—2012 年快递行业有效申诉量

资料来源：广发证券。

生原因在于快递加盟企业管理松散、服务混乱、从业人员素质较低等。

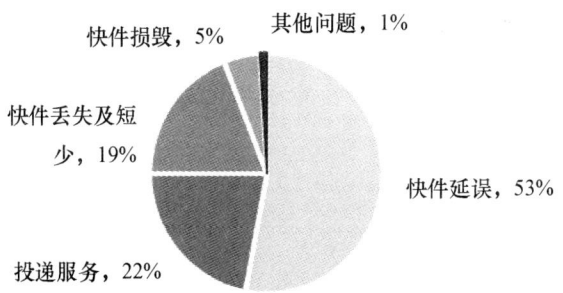

图 5 – 3 2012 年 2 月快递投诉主要问题

资料来源：国家邮政局。

如表 5-2 所示,从全国 16 家主要快递企业 2011 年投诉量排名来看,投诉量前 8 中有 7 家加盟快递企业,1 家直营快递企业;投诉量后 8 位里,7 家属于直营快递企业,1 家属于加盟快递企业。直营快递企业的投诉量显著低于加盟型快递企业。[①]

4. 快递业加盟式商业模式的发展方向

(1) 加强规范化管理。特许加盟快递企业的发展模式是在自我积累过程中摸索出来的,没有任何模式可以参考,此前政府的关注与指导也不足。一些快递加盟企业发展至今,虽然整体的加盟快递网络很大,但是每一个加盟点综合实力和竞争力都相对弱小。要想在竞争激烈的市场环境下进一步发展,需要练内功,加盟总部需要加强特许模式的规范化管理,帮助加盟点强身健体,从圈地时代向精耕时代转型。如加盟总部需要规划发展战略、强化培训和制定标准化操作流程并加强监控执行工作等。

表 5-2   2011 主要快递企业全年平均百万件快递有效申述件

排名	企业名称	申述率	排名	企业名称	申述率
1	希伊艾斯(加盟)	43.4	9	TNT(直营)	9.1
2	百世汇通(加盟)	29.4	10	EMS(直营)	8.3
3	申通快递(加盟)	29.4	11	全一快递(加盟)	6.0
4	宅急送(直营)	21.5	12	顺丰速运(直营)	1.5
5	韵达(加盟)	20.4	13	FedEx(直营)	1.4
6	中通(加盟)	19.5	14	UPS(直营)	1.2
7	圆通(加盟)	17.5	15	民航快递(直营)	0.9
8	海航天天(加盟)	16.6	16	DHL(直营)	0.4

资料来源:国家邮政局。

(2) 改进商业模式。加盟模式的民营快递企业也需要进行商业模式的改革,通过引进职业经理人、升级信息化技术、推进标准化操作等方式对自身的运作模式进行优化。

(3) 探索符合发展模式。加大推行三三制改革,即通过并购和股份

---

① 参见中华人民共和国国家邮政局《国家邮政局通告 2011 年 12 月邮政业消费者申诉情况》,http://www.gov.cn/gzdt/2012-02/02/content_2056972.htm。

制改造的形式逐步将一级城市和转运中心直营化，将二级城市保留加盟模式，将部分三级城市改为代理模式。三种模式优势互补，可以提高快递企业的整体竞争力。

对快递企业进行股份化改造，在快递企业条件允许时吸收加盟商入股，也是完善企业发展的一种可选方式。吸收加盟商持有公司一定数量的股份，一方面，可以扩大公司的资本，增强公司抵御风险的能力。另一方面，也是更重要的，是可以让加盟商与总部的利益更好地捆在一起，一荣俱荣，一损俱损。在简单的加盟模式下，加盟方往往是哪边好走往哪边走，看哪家快递企业开出的条件优惠，甚至有的加盟商背着总部私底下加盟好几家快递企业，同时做着几家的业务，他们更关注的是眼下的短期利益，而如果允许他们入股，除了业务上的收益，还有股份分红的收益，就会更关注企业的长远发展。同时可以考虑，在企业内部对骨干员工配以股份，以激发其工作积极性。

（4）探索新的业务定位，向快运公司转型。进行业务的中心定位，向快运公司转型也是特许加盟快递公司寻求发展的可行方向。① 快运公司的业务功能更加单一集中，对人员、资金、设备的要求更低，运营成本更低，有利于在细分市场中提升竞争优势。快递公司和快运公司业务有重合的部分，但与快递公司相比，快运公司快运业务特征有以下方面：它是城际间单件包裹（单件多在 5 千克以上）、单品种或多品种批量货物的运输，主要业务功能是"运"，而快递公司的主要业务功能有"取"、"运"和"送"；时限视城市不同而不同，有的快运公司设有每天定点停靠班车、专线每日班车和三日班车以及周班车等；快运的报价一般视城市的不同与货量的多少不同，报价一般不含门到门的服务，如果提供门到门的服务则另外收取上门取货费或送货费，如果货量大可以免费提供门到门服务；许多快运公司提供短期仓储、网上货物信息的跟踪查询服务。有的快运公司提供货到付款、开箱验货、签单返还和代收货款的增值服务。当然，增值服务需要另外收取费用。

与特许加盟式快递企业相比，直营模式（全资子公司设立快递网络）快递公司的经营定位以提速为导向，通过提速提升快递服务的性价比，满足客户对于快捷的需求趋势。因此，它们采取包机和包早晚航班的方式向

---

① 参见徐勇《特许加盟式民营快递将向快运转型》，《中国物流与采购》2007 年第 14 期。

许多城市提供以次日达为主的快递服务，其中顺丰快递还增加资源开展了部分城市间的当日达快递服务和同城当日达的快递服务。从发展趋势看，特许加盟模式的快递公司越来越像快运公司，直营模式快递公司的快递服务越来越专业，越来越标准。

（三）混合式商业模式

由于国内快递市场复杂的环境，也随着经营规模的扩大和快递企业的不断发展，一些国内快递企业逐渐发现单一的企业经营模式已经束缚了企业的发展。有一些民营快递企业开始尝试采用复合式的商业模式，即直营＋加盟。一些加盟制的快递企业将一些主要的转运中心改为直营模式，其余的网点继续采取加盟制的模式，这样整个公司采用直营＋加盟模式。国内快递企业宅急送就是以自营为主、特许加盟和代理为辅的混合模式。如表5－3和表5－4所示，直营、加盟模式在组织架构上各有异同，也各有优势和劣势。

表5－3　　　　　　　　　　　直营、加盟模式功能划分

加盟型	各企业控制深度不同，其余由加盟商负责，企业控制主要转运中心			
直营型	快递企业全权控制自上而下			
节点名称	区域转运中心	城市集散中心	城市经营网点	派送员
主要功能	将区域内各城市需跨区域递送的货物集中、分拨、转运	将城市内包裹集中分拣，市内各网点配送，异地统一分拨、转运	所覆盖区域内快递承揽、派送的经营点，对包裹进行初步分拣	承揽、派送的一线快递服务人员

快递与餐饮、酒店的加盟模式不尽相同。餐饮、酒店之间在经营上并无实际联系，而快递企业各网点之间相互关联，其中任何一个环节出现问题，都会导致连锁反应的出现。相同的是，在实际经营过程中，加盟商更多考虑的是自身利益，降低成本、降低服务标准。加盟模式利益多元化的弊端展现无遗。

2012年4月，圆通公司总部召开了讨论关于福州圆通由加盟转直营具体方案的会议。具体执行方案是将加盟商变成职业经理人，但不持有圆通股份。在利益面前，圆通的加盟转直营计划重重受阻，一些加盟商同意放弃站点运营权，但圆通必须给予其满意的补偿，还有部分加盟商则想脱

离圆通单独经营。

表5-4　　　　　　　　特许加盟模式与直销模式的优劣比较

特许加盟模式	直营模式
1. 利益多元化	1. 服务品质稳定
2. 以降低成本为导向，降低操作标准	2. 运营管理一体化
3. 运营不完善导致意外，经常发生缺失	3. 服务标准化
4. 服务品质低	4. 利益一体化

资料来源：招商证券：《中国快递行业深度报告》，http：//www.newone.com.cn/research。

　　2012年除申通加盟率仍保持在95%外，圆通、韵达、汇通、中通等民营快递都在着手将加盟改直营。宅急送前几年就在改变原先的加盟制运营模式，将各地区分部逐一收回，完成了加盟转直营的运作。

　　除了大型快递企业外，一些中小型公司在发展的过程中也将加盟转直营提上日程。2012年UC优速通过回收或者参股的办法，对全国主要城市的运营网点进行加盟转直营的改革，已有近80家网点完成改革。UC优速为此减缓了扩张速度，将重点转移到回收网点、提高品质上。

　　特许加盟模式将向"自营模式"为主转型或向"自营、加盟、代理混合模式"转型是必然趋势。终极是"自营为主，加盟、代理为辅"。目前，在世界500强的快递企业中，还没有一家是特许加盟模式快递企业的案例。预计在未来10年内，单一的经营模式一定会被淘汰出局。

第 六 章

信息技术与民营快递

第一节　影响快递行业发展的新技术

一　新技术的出现对快递行业的影响

与跨国快递公司相比，目前我国大部分本土快递公司自动化、机械化程度不高，多数企业的技术装备和设施落后，运输工具转载率、装卸设备荷载率及仓储设施空间利用率都不高；快件自动分拣率低，处理速度缓慢；网络覆盖不广，信息化水平较低，递送质量不稳定。我们可以看到，快递业的技术发展问题涉及快递产业链上的各个环节，既涉及企业内部的技术创新和应用，又涉及快递企业之间协同发展资源共享的技术运用，还涉及快递业与其他相关产业协同联动发展、实现共赢所需的技术支撑，是一项系统工程。

如图6-1，在快递业技术发展体系中标准化、规范化是信息化、自动化的基础，也是快递业整体协同发展的基本条件；信息化、自动化与智能化是快递业生产作业过程技术水平提升的核心和基础；而生产作业过程技术水平的提升需要通过具有整合特征的信息资源集成管理与服务平台关键技术和工程转化成生产和服务能力；在提升生产作业与服务水平的同时，还需要以科技进步支撑快递企业与电子商务等产业的协同发展，即建立有效的服务模式与产业链协同创新科技支撑体系；与此同时，快递产业的健康快速发展还需要快递服务评估与监管体系以及公共信息和公共服务平台的支撑。

针对快递产业结构升级、与新兴产业融合过程中的技术需求和技术支撑体系，我国快递业技术发展需要从宏观层面、中观层面和微观层面来进行应对：

（1）宏观层面的策略是指在国家宏观经济管理层面，制定快递产业科学技术发展规划，通过相关部门之间的组织与协调，利用产业政策、财税措施、金融服务、市场监管、行业协会协调等一体化行为，优化快递产业发展环境，推动资源共享，促进产业链上企业整合和行业联合，为提升、壮大快递产业链创造条件。

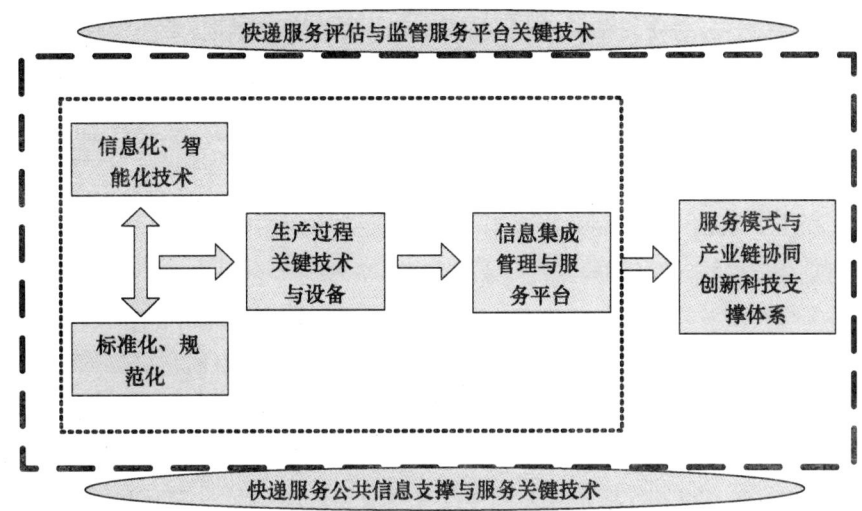

图 6-1 快递行业技术支撑体系

资料来源：萧璠：《基于产业链视角的快递业技术发展研究》，硕士学位论文，北京邮电大学，2011 年，第 43 页。

（2）中观层面的策略是指快递业主管部门要通过制定细化行业标准，加强行业监管，建设一体化快递行业服务平台，建设一体化的快递网络等行业行为，并通过示范工程、重点项目建设，引导快递企业通过技术创新加快发展速度和运行效率，增强行业供给能力，降低发展风险，满足日益增长的市场需求。

（3）微观层面的策略是指快递企业按照本企业技术应用水平在行业中所处的高、中、低层次，因地制宜地制定适合本企业发展能力的技术发展策略。在产业链的发展中，企业永远都是产业发展的主体，因此调动各类企业实现技术创新的积极性，是提高产业链整体技术水平的关键。要形成高端服务企业向国际先进快递技术看齐，成为行业技术发展引领者；中端服务企业紧跟国内先进企业技术发展，成为行业技术发展跟随者；低端服务企业普及快递基本技术设备，确保企业在行业内立足并逐步提升技术装备，力争上游的格局。

随着技术的日益复杂化和个性化，研发的成本越来越高，使得新产品和新技术的研发面临很大的投资风险。在这种情况下，各类快递企业最好能从技术自给转为技术合作，通过建立联动发展合作伙伴，扩大信息传递渠道的速度和密度，有效避免整个社会范围的资源浪费和重复建设。

二　快递行业相关的新技术

（一）车载 GPS 定位/北斗导航

GPS（Global positioning system）即全球定位系统，是一种定时和测距的空间交会定点的导航系统。基于 GPS 的计算机管理信息系统，可以通过 GPS 和计算机网络实时收集运输车辆、集装箱、所运货物的动态信息，可实现车辆、货物追踪管理。由于货物、快件配送过程是实物的空间位置转移过程，所以对可能涉及的货物的运输、仓储、装卸、送递等处理环节，对各个环节的问题如运输线路的选择、仓库位置的选择、仓库的容量设备、合理装卸策略、运输车辆调度和投递路线的选择都可以通过运用 GPS 进行有效的管理和决策分析。

北斗卫星导航系统是中国自行研制的全球卫星定位与通信系统（BDS），是继美国全球定位系统（GPS）和俄罗斯格洛纳斯系统（GLONASS）之后第三个成熟的卫星导航系统。系统由空间端、地面端和用户端组成，可在全球范围内全天候、全天时为各类用户提供高精度、高可靠性定位、导航、授时服务，并具短报文通信能力，已经初步具备区域导航、定位和授时能力，定位精度优于20m，授时精度优于100ns。北斗卫星导航系统和美国全球定位系统、俄罗斯格洛纳斯系统及欧盟伽利略定位系统是联合国卫星导航委员会已认定的导航定位系统。

我们知道，快递在运送的途中很容易遭遇风险。台风、海啸、泥石流、山崩、暴雪、大雾等，因酒驾、疲劳驾驶、超载、超重引起的车祸等。不久之前的圆通一个小快递烧毁整个机场仓库的事件让人后怕，而许多包裹的丢失也同样引起了大家的关注。跨海航运沉船因抢救不及时，导致整船货物全部毁灭，无一幸免。种种事故严重威胁着快递行业的健康发展。

快递行业运输过程存在的种种问题除了自然因素的影响外，最大的弊端还在于运输过程不透明，解决问题的关键，就在于对快递车辆、飞机、轮船等交通工具实现 24 小时全天候的信息沟通和监控。如何做到呢？卫星定位和通信技术，结合视频监控技术，配合计算机软件技术、传感技术打造的快递车联网系统将完美解决运输过程透明化和智能化的管理，实现快递车辆的互联互通、车辆信息的实时传递和记录及信息的共享。卫星定位产品目前国内最有前景的还是北斗卫星导航系统的相关应用，国家已在 9 个省的客货车辆上强制安装北斗导航系统。

北斗导航系统可以在快递交通运输时实现实时监督，将这些交通工具的具体路线、资料汇总发回给控制中心，通过控制中心管理交通工具的动态信息，对酒驾、醉驾、疲劳驾驶可以自动报警或后台人工提醒，对遇劫可报警并远程锁车。利用北斗导航系统进行气象、灾害、路况监测，能及时地进行灾害的预防和通知，当交通工具遭遇灾难打击时，北斗导航系统能以最快的速度做出反应，并通知控制中心，实现实时监测交通工具安全的功能。在监管方面，北斗导航系统拥有强大的实时反应功能以及强大的实时管理功能，通过收发信息、北斗导航系统主系统警告通知，可以有效地提高监管效率、减少交通道路事故，大大提高出行的安全，可以说是快递行业必备的一款监督监测监管三位一体的必要系统。

（二）条码技术与射频识别技术（RFID）

条码技术是迄今为止最经济、实用的一种自动识别技术。目前如顺丰、圆通、中通、申通、韵达、天天等民营快递公司依旧在使用条形码扫描，利用手持终端、条码识别、互联网连接等实现快件的信息化。

RFID（射频识别技术，Radio Frequency Identification），通过无线射频方式进行非接触双向数据通信，对目标加以识别并获取相关数据。射频识别技术与条码技术的比较详见表 6 – 1。

表 6 – 1　　　　　　　　　　　　　　**RFID 与条码比较**

功能	RFID	条码
读取数量	可同时读取多个 RFID 卷标资料	条码读取时只能一次一个
远距读取	RFID 不需要光线就可以读取或更新	读条码时需要光线
资料容量	储存资料的容量大	储存资料的容量小
读写能力	电子资料可以反复被覆写	条码资料不可更新

续表

功能	RFID	条码
读取方便性	智能卷标很薄、隐藏在包装内仍可读取资料	条码读取时必须可见且清楚
资料正确性	可传递资料作为货品追踪与保全	条码需要人工读取，有人为疏失可能
最大通信距离	5—6米（受电波法限制，依国家和地区不同）	50厘米左右
不正当复制	非常困难	容易
坚固性	严酷、恶劣与脏乱环境下仍可读取	污秽或损坏无法读取，无耐久性
高速读取	可进行高速移动读取	移动中读取有所限制
成本	高	非常低
处理速度	0.1秒/笔；100秒/1000笔	2秒/笔；33分/1000笔

目前由于成本和技术方面原因，国内、国际大部分快递企业运用的都是条码技术。UPS、DHL、FedEx 等国际快递巨头都在积极试验 RFID 技术，以期在将来大规模应用提升快递服务能力。然而 RFID 被认为是快递信息化中最能够发挥价值的技术。目前快递企业主要是通过对设备、容器的监管来间接地掌握物品的状态，所以快递企业暂时只会在车辆、集装箱、托盘等设备上加装 RFID 芯片，而且要求可以重复使用。

（三）GIS（Geographic Information system）**地理信息系统**[①]

GIS 物流管理系统应用与物流分析，包括物流规划、物流策略、物流结构、物流设计、物流评价等。目前 GIS 在快递行业有代表性的应用如车辆路线模型解决快递在一个起点、多个终点的货物运输问题中，如何降低操作费用并保证服务质量，包括决定使用多少车辆，每个车辆经过什么路线的问题；设施结点定位模型确定仓库、中转中心等设施的最佳位置；分散配合模型解决既定经济区域内，考虑各个仓储网点的规模及地理位置等因素，合理划分配送中心的服务范围，确定其供应半径，实现宏观供需平衡。企业的信息技术投资，对主营收入、净利润、人均主营收入、人均净利润最终绩效指标有积极的影响。信息技术投资是一种生产性投资，对产出有积极的贡献，随着

---

① 参见百度百科"地理信息系统"，http：//baike. baidu. com/view/5201. htm？fr＝aladdin。

信息技术投资规模的扩大，信息技术投资在公司资本构成中的比重增加，信息技术应用水平将不断提高。信息技术投资可提高企业资产的周转率，与此同时企业的人均营业费用和管理费用也将减少。

（四）二维码①

二维条码（二维码）是用某种特定的几何图形按一定规律在平面（二维方向）分布的黑白相间的图形记录数据符号信息的。在代码编制上巧妙地利用构成计算机内部逻辑基础的"0"、"1"比特流的概念，使用若干个与二进制相对应的几何形体来表示文字数值信息，通过图像输入设备或光电扫描设备自动识读以实现信息自动处理，二维条码/二维码能够在横向和纵向两个方位同时表达信息，因此能在很小的面积内表达大量信息。

国外对二维码技术的研究始于 20 世纪 80 年代末，在二维码符号表示技术研究方面已研制出多种码制，如图 6-2 所示，常用的码制有：Data Matrix，Maxi Code，Aztec，QR Code，Vericode，PDF417，Ultracode，Code 49，Code 16K 等，每种码制有其特定的字符集；每个字符占有一定的宽度；具有一定的校验功能等。同时还能自动识别不同行的信息及处理图形旋转变化。二维条码的种类很多，不同的机构开发出的二维条码具有不同的结构以及编写、读取方法。二维码是一种比一维码更高级的条码格式。一维码只能在一个方向（一般是水平方向）上表达信息，而二维码在水平和垂直方向都可以存储信息。一维码只能由数字和字母组成，而二维码能存储汉字、数字和图片等信息，因此二维码的应用领域要广得多。

在二维码设备开发研制、生产方面，美国、日本等国的设备制造商生产的识读设备、符号生成设备，已广泛应用于各类二维码应用系统。二维码作为一种全新的信息存储、传递和识别技术，自诞生之日起就得到了世界上许多国家的关注。美国、德国、日本等国家，不仅已将二维码技术应用于公安、外交、军事等部门对各类证件的管理，而且也将二维码应用于海关、税务等部门对各类报表和票据的管理，商业、交通运输等部门对商品及货物运输的管理、邮政部门对邮政包裹的管理、工业生产领域对工业生产线的自动化管理。

我国对二维码技术的研究开始于 1993 年。中国物品编码中心对几种常用的二维码 PDF417、QRCCode、Data Matrix、Maxi Code、Code 49、Code 16K、

① 参见百度百科"二维码"，http://baike.baidu.com/view/132241.htm? fr = aladdin。

图 6-2　各类二维码

Code One 的技术规范进行了翻译和跟踪研究。随着我国市场经济的不断完善和信息技术的迅速发展，国内对二维码这一新技术的需求与日俱增。中国物品编码中心在原国家质量技术监督局和国家有关部门的大力支持下，对二维码技术的研究不断深入。在消化国外相关技术资料的基础上，制定了两个二维码的国家标准：二维码网格矩阵码（SJ/T 11349 -2006）和二维码紧密矩阵码（SJ/T 11350 -2006），从而大大促进了我国具有自主知识产权技术的二维码的研发。

二维码特点：

（1）信息量大：可容纳多达 1850 个大写字母或 2710 个数字或 1108 个字节，或 500 多个汉字，比普通条码信息容量高几十倍。

（2）编码范围广：该条码可以把图片、声音、文字、签字、指纹等可以数字化的信息进行编码，用条码表示出来；可以表示多种语言文字；可表示图像数据。

（3）容错能力强：具有纠错功能，这使得二维条码因穿孔、污损等引起局部损坏时，照样可以正确得到识读，损毁面积达 50% 仍可恢复信息。

（4）译码可靠性高：它比普通条码译码错误率百万分之二要低得多，误码率不超过千万分之一。

（5）可引入加密措施：保密性、防伪性好。

（6）成本低，易制作，持久耐用。

（7）尺寸可变：条码符号形状、尺寸大小比例可变。

（8）易识别：二维条码可以使用激光或 CCD 阅读器识读。

二维码在快递行业的应用主要包括四个环节。第一，入库管理：入库时识读商品上的二维条码标签，同时录入商品的存放信息，将商品的特性信息及存放信息一同存入数据库，存储时进行检查，看是否是重复录入。第二，出库管理：产品出库时，要扫描商品上的二维条码，对出库商品的信息进行确认，同时更改其库存状态。第三，仓库内部管理：在库存管理中，一方面二维条码可用于存货盘点，另一方面二维条码可用于出库备货。第四，货物配送：配送前将配送商品资料和客户订单资料下载到移动终端中，到达配送客户后，打开移动终端，调出客户相应的订单，然后根据订单情况挑选货物并验证其条码标签，确认配送完一个客户的货物后，移动终端会自动校验配送情况，并做出相应的提示。

快递是生产和消费之间联系的纽带，如何实现以最小的投入获得最大的经济效益是商家普遍关心的问题。快递条码的出现实现了商品在从生产厂家到运输交换过程中数据的共享，使得信息的传递变得更加方便快捷，实现了货物与信息的同步传输。条码的防伪性也使得整个快递系统变得安全，提高了经济效益。随着电子信息技术的迅速发展，网络逐渐渗透到人们生活的方方面面，人们可以轻而易举地在互联网上发布产品信息，通过网络传递报价，甚至在网络上实现电子支付。这就给电子商务的出现奠定了可靠的物质条件。作为商品交易的另一种方式，电子商务的悄然兴起改变了传统概念上的商品交换形式。在电子商务的购物过程中，除了供应链管理中条码的应用外，二维条码还可以作为网上交易的付款收据，以备送货方交货时查验身份之用。

我国应建立健全二维码的标准，要鼓励二维码的开发研究，加快二维码的发展，在政策及资金上进行一定的支持，为行业的发展提供良好的平台，使更多的企业关注其价值。对二维码技术进行创新，使其更好地服务于人，对于一些需要保护的数据设置权限，更便利地服务于使用者，随着技术的创新，也可以做到二维码更人性化、个性化，满足用户定制需求，使用户更好地体会到二维码的实用性。

要加强宣传和推广二维码在快递行业的重要作用及意义，要提高快递二维码的覆盖率，通过技术创新及政策支持等手段，还要紧跟世界技术发展，学习一些国外的先进技术，来促进我国二维码在快递行业的发展。

取件过程

派件过程

图 6 - 3　二维码收件凭证流程

　　在收件环节这一流程中二维码作为收件人的收件凭证而存在。在传统的收件环节中，辨认收件人身份是一项烦琐的工作，为了保证收件人的身份，常常采用收件人签名的方式。有的平台，还通过摄像的方式将签名的信息以图片的方式上传服务器存放，但是签名仍然存在冒名顶替的风险。而二维码收件凭证则是一种全新的思路，以低成本的方式解决了原先存在的问题，以下是二维码收件凭证的关键流程，如图 6 - 3 所示：

　　（1）快递完成取货流程，将运单信息上传至快递服务平台的快递管理系统。

　　（2）快递服务平台根据运单信息（收件人名称，收件人联系电话等等），生成二维码收件凭证。

　　（3）二维码收件凭证通过彩信平台发送到收件人的手机上。

　　（4）快递员将货物送到指定地点，在收件确认时，通过终端直接扫描收件人提供的二维码完成收件签收确认。

　　（五）物联网①

　　物联网（IOT：Internet of Things）是一个通过信息技术将各种物体与网

---

　　①　根据中国物联网网站相关内容整理，http：//www. iotcn. org. cn/。

络相连，以帮助人们获取所需物体相关信息的巨大网络。物联网通过使用射频识别 RFID、传感器、红外感应器、视频监控、全球定位系统、激光扫描器等信息采集设备，通过无线传感网、无线通信网络（如 Wi-Fi、WLAN 等）把物体与互联网连接起来，实现物与物、人与物之间实时的信息交换和通讯，以达到智能化识别、定位、跟踪、监控和管理的目的。

　　物联网是未来互联网的组成部分，是互联网的应用延伸和拓展。未来进一步发展，将可能成为工作平台，因为互联网的发展趋势是从连接人到物。最早是连接人的，后来连接各种各样的服务，现在连接各种各样的物体。它是有着自我配置能力的全球动态网络，在其中，物质和虚拟的"物"都有着自己的身份、物质属性、虚拟特性和可使用的智能接口，并无缝集成到信息网络。它涉及从信息获取、传输、存储、处理、应用的全过程，材料、器件、软件、系统、网络各方面的创新都会促进物联网的发展。

　　在"物联网"时代，钢筋混凝土、电缆与芯片、宽带、无线网络整合为统一的基础设施。基础设施更像是一块新的地球工地，世界的运转就在它上面进行，其中包括经济管理、生产运行、社会管理乃至个人生活。下一代互联网将成为公共基础设施，每个人都可以像使用空气、水、电一样使用互联网，并能动态地随着"物"之间的相互连接而改善使用的体验，方便性和快捷性也将大大增强。由此，物联网中的通信将不仅发生在人与人之间，也发生在人与他们所处的环境之间，这样的互动方式无疑将推动人与环境（包括自然环境、社会环境）之间关系的改善及和谐化，也就会推动社会公共空间、公共利益的建设。并且，当物联网能够实现智能化的自我配置、感知环境的时候，那么它的行为自然能够自我管理、自我调整，与环境适应，比如在基础设施生命周期结束时，对拆卸、回收利用进行提醒和智能管理，以保护环境。

　　物联网作为一个新经济增长点的战略新兴产业，具有良好的市场效益，《2013—2017 年中国物联网行业应用领域市场需求与投资预测分析报告》数据表明，2010 年物联网在安防、交通、电力和物流领域的市场规模分别为 600亿元、300 亿元、280 亿元和 150 亿元。2011 年中国物联网产业市场规模达到2600 多亿元。①

---

① 参见前瞻网《2013—2017 年中国物联网行业应用领域市场需求与投资预测分析报告》，ht-tp：//www. qianzhan. com/report/detail/47bd7e7dfc334af3. html。

当今的中国，物联网已经成为全社会信息化的热点，也正推动着中国智慧物流的变革。随着物联网概念的引入，技术知识的普及和提升，国家相关政策的扶持，我们不应当一味地空谈，更应当踏踏实实地去实践物联网的应用，为中国智慧物流迎来大发展的时代。

物联网是现代信息技术的集成与创新，而物联网的应用也是逐步深入而广泛的。目前，物联网在快递行业的应用都还比较初级，比较局部，不够智能化。应统一标准，建立统一的物联网平台，实现互联互通、互相融合，需要更广泛的网络覆盖，需要更深入的全面感知，需要更多种物联网技术集成应用于智慧快递，需要不断涌现快递领域物联网创新应用模式。

总之，现阶段物联网在快递行业的应用尚处在快速发展的起步阶段，随着物联网技术的深入发展和全面普及，物联网在快递行业的应用将有极大的发展空间。

（六）大数据①

大数据是指无法在一定时间内用常规软件工具对其内容进行抓取、管理和处理的数据集合。大数据技术，是指从各种类型的数据中，快速获得有价值信息的能力。适用于大数据的技术，包括大规模并行处理（MPP）数据库、数据挖掘方法、分布式文件系统、分布式数据库、云计算平台、互联网和可扩展的存储系统。

1. 大数据的基本特征②

（1）数据体量巨大。百度资料表明，其新首页导航每天需要提供的数据超过 1.5PB（1PB = 1024TB），这些数据如果打印出来将超过 5 千亿张 A4 纸。

（2）数据类型多样。现在的数据更多的是图片、视频、音频、地理位置信息等多类型的数据，个性化数据占绝对多数。

（3）处理速度快。数据处理遵循"1 秒定律"，可从各种类型的数据中快速获得高价值的信息。

（4）价值密度低。以视频为例，一小时的视频，在不间断的监控过程中，可能有用的数据仅仅只有一两秒。

---

① 参见 MBA 智库百科"大数据"，http：//wiki. mbalib. com/wiki/大数据。

② 参见周正、陈枫《"大数据时代"来了——专访国防信息学院研究所所长孟宝宏》，《解放军报》2013 年 1 月 17 日。

2. 大数据的作用[1]

（1）对大数据的处理分析正成为新一代信息技术融合应用的结点。移动互联网、物联网、社交网络、数字家庭、电子商务等是新一代信息技术的应用形态，这些应用不断产生大数据。云计算为这些海量、多样化的大数据提供存储和运算平台。通过对不同来源数据的管理、处理、分析与优化，将结果反馈到上述应用中，将创造出巨大的经济和社会价值。

（2）大数据是信息产业持续高速增长的新引擎。面向大数据市场的新技术、新产品、新服务、新业态会不断涌现。在硬件与集成设备领域，大数据将对芯片、存储产业产生重要影响，还将催生一体化数据存储处理服务器、内存计算等市场。在软件与服务领域，大数据将引发数据快速处理分析、数据挖掘技术和软件产品的发展。

（3）大数据利用将成为提高核心竞争力的关键因素。各行各业的决策正在从"业务驱动"转变为"数据驱动"。对大数据的分析可以使零售商实时掌握市场动态并迅速做出应对；可以为商家制定更加精准有效的营销策略提供决策支持；可以帮助企业为消费者提供更加及时和个性化的服务；在医疗领域，可提高诊断准确性和药物有效性；在公共事业领域，大数据也开始发挥促进经济发展、维护社会稳定等方面的重要作用。

（4）大数据时代科学研究的方法手段将发生重大改变。例如，抽样调查是社会科学的基本研究方法。在大数据时代，可通过实时监测、跟踪研究对象在互联网上产生的海量行为数据，进行挖掘分析，揭示出规律性的东西，提出研究结论和对策。

3. 大数据时代存储所面对的问题[2]

随着大数据应用的爆发性增长，它已经衍生出了自己独特的架构，而且也直接推动了存储、网络以及计算技术的发展。毕竟处理大数据这种特殊的需求是一个新的挑战。硬件的发展最终还是由软件需求推动的，就这个例子来说，我们很明显地看到大数据分析应用需求正在影响着数据存储基础设施的发展。

———————————

[1] 参见赵继海《大数据时代图书馆面临的挑战机遇与对策》，浙江大学宁波理工学院学术报告，2012年10月19日。

[2] 参见机房360《大数据时代存储所面对的问题》，http://www.jifang360.com/news/2012620/n632837444.html。

从另一方面看，这一变化对存储厂商和其他 IT 基础设施厂商未尝不是一个机会。随着结构化数据和非结构化数据量的持续增长，以及分析数据来源的多样化，此前存储系统的设计已经无法满足大数据应用需要。存储厂商已经意识到这一点，他们开始修改基于块和文件的存储系统的架构设计以适应这些新的要求。

（1）容量问题。这里所说的"大容量"通常可达到 PB 级的数据规模，因此，海量数据存储系统也一定要有相应等级的扩展能力。与此同时，存储系统的扩展一定要简便，可以通过增加模块或磁盘柜来增加容量，甚至不需要停机。

"大数据"应用除了数据规模巨大之外，还意味着拥有庞大的文件数量。因此如何管理文件系统层累积的元数据是一个难题，处理不当的话会影响到系统的扩展能力和性能，而传统的 NAS 系统就存在这一瓶颈。

（2）延迟问题。"大数据"应用还存在实时性的问题。特别是涉及与网上交易或者金融类相关的应用。举个例子来说，网络成衣销售行业的在线广告推广服务需要实时地对客户的浏览记录进行分析，并准确地进行广告投放。这就要求存储系统在必须能够支持上述特性的同时保持较高的响应速度，因为响应延迟的结果是系统会推送"过期"的广告内容给客户。

有很多"大数据"应用环境需要较高的 IOPS（Input/Output Operations Per Second）性能，IOPS 即每秒进行读写（I/O）操作的次数，多用于数据库等场合，衡量随机访问的性能，比如 HPC 高性能计算。此外，服务器虚拟化的普及也导致了对高 IOPS 的需求，正如它改变了传统 IT 环境一样。为了迎接这些挑战，各种模式的固态存储设备应运而生，小到简单的在服务器内部做高速缓存，大到全固态介质的可扩展存储系统等等都在蓬勃发展。

一旦企业认识到大数据分析应用的潜在价值，就会将更多的数据集纳入系统进行比较，同时让更多的人分享并使用这些数据。为了创造更多的商业价值，企业往往会综合分析那些来自不同平台的多种数据对象，而这些数据则可能存储在多个地点的多种不同类型的存储设备上。

（3）安全问题。某些特殊行业的应用，比如金融数据、医疗信息以及政府情报等都有自己的安全标准和保密性需求。虽然对于 IT 管理者来说这些并没有什么不同，而且都是必须遵从的，但是，大数据分析往往需要多类数据相互参考，而在过去并不会有这种数据混合访问的情况，因此大数据应用也催生出一些新的、需要考虑的安全性问题。

（4）成本问题。"大"，也可能意味着代价不菲。而对于那些正在使用大数据环境的企业来说，成本控制是关键的问题。想控制成本，就意味着我们要让每一台设备都实现更高的"效率"，同时还要减少那些昂贵的部件。目前，像重复数据删除等技术已经进入到主存储市场，而且现在还可以处理更多的数据类型，这都可以为大数据存储应用带来更多的价值，提升存储效率。此外，自动精简配置、快照和克隆技术的使用也可以提升存储的效率。

对成本控制影响最大的因素是那些商业化的硬件设备。因此，很多初次进入这一领域的用户以及那些应用规模最大的用户都会定制他们自己的"硬件平台"而不是用现成的商业产品，这一举措可以用来平衡他们在业务扩展过程中的成本控制战略。为了适应这一需求，现在越来越多的存储产品都提供纯软件的形式，可以直接安装在用户已有的、通用的或者现成的硬件设备上。此外，很多存储软件公司还在销售以软件产品为核心的软硬一体化装置，或者与硬件厂商结盟，推出合作型产品。

（5）数据的积累。许多大数据应用都会涉及法规遵从问题，这些法规通常要求数据要保存几年或者几十年。比如医疗信息通常是为了保证患者的生命安全，而财务信息通常要保存 7 年。而有些使用大数据存储的用户却希望数据能够保存更长的时间，因为任何数据都是历史记录的一部分，而且数据的分析大都是基于时间段进行的。要实现长期的数据保存，就要求存储厂商开发出能够持续进行数据一致性检测的功能以及其他保证长期高可用的特性，同时还要实现数据直接在原位更新的功能需求。

（6）灵活性。大数据存储系统的基础设施规模通常都很大，因此必须经过仔细设计，才能保证存储系统的灵活性，使其能够随着应用分析软件一起扩容及扩展。在大数据存储环境中，已经没有必要再做数据迁移了，因为数据会同时保存在多个部署站点。一个大型的数据存储基础设施一旦开始投入使用，就很难再调整了，因此它必须能够适应各种不同的应用类型和数据场景。

（7）应用感知。最早一批使用大数据的用户已经开发出了一些针对应用的定制的基础设施，比如针对政府项目开发的系统，还有大型互联网服务商创造的专用服务器等。在主流存储系统领域，应用感知技术的使用越来越普遍，它也是改善系统效率和性能的重要手段，所以，应用感知技术也应该用在大数据存储环境里。

（8）小用户问题。依赖大数据的不仅仅是那些特殊的大型用户群体，作为一种商业需求，小型企业未来也一定会应用到大数据。我们看到，有些存储厂商已经在开发一些小型的"大数据"存储系统，主要吸引那些对成本比较敏感的用户。

4. 大数据时代——快递的挑战与机遇①

目前快递大数据资源并没有被成规模地开发利用，主要基于以下几点原因：

（1）由于多数快递企业是加盟体制，对企业自身大资料的采集和统计工作不重视，自身所拥有的大数据资源没有得到开发和利用。

（2）对于以"网购"为主的快递企业来说，客户信息的电子版在电商手里。

（3）多数快递企业为了降低成本，不做客户信息录入，或者只记录发件和收件人信息。

（4）对于加盟模式的总部来说，客户信息的数据（行业分类、快递的商品品种及分类）、快递价格、收入等都掌握在具有独立法人资质的加盟商手里，还包括加盟商的车辆、人力资源等数据；由于加盟商与总部存在利益上的不同诉求，很多加盟商不会将真实的统计资料上报总部。

（5）为了提高作业效率，很多加盟商不做快件重量称重；集散中心采取整车称重。这对于行业统计来说，很难统计到件均重量。

（6）为了降低统计成本，很多快递公司没有将包裹按照重量统计，如一斤以下和一公斤以上。

（7）电商与快递企业没有建立联动发展机制。由于电商担心加盟快递公司会倒卖客户信息，不会将每次发件电子版的客户信息提供给快递公司，造成个别快递公司投入成本进行人工使用计算机快递录单；造成快件量信息和客户名址信息不能第一时间向目的地快递公司进行预报，让其无法有针对性地准备车辆和人力等资源。

（8）由于加盟模式利益多元化的缺陷，很难在快递大数据的开发利用上有所突破，即加盟快递企业在区域划分上不科学，造成配送成本很高、错发率很高，即使有大数据资源的开发和利用，但是在短时间内难以在体制上突破。

① 参见 CIO 时代网《徐勇：大数据时代——快递困惑与机遇》，http://www.ciotimes.com/application/scm/88202.html.

（9）大数据时代需要以信息化技术为基础。由于多数快递公司在信息化技术应用上滞后，当快递业务量形成规模后，虽然有大数据的支撑，但是当短期利益与长期利益发生矛盾时，部分民营快递企业不愿意牺牲现实利益。近来快递企业一个很大的问题就是代码技术应用做得不好，分点是用大头笔写，不像国际通用的用三代码，像上海 SHE，到北京 PEK 加数字，现在在这方面做得不是特别好，现在就顺丰用了数字，其他企业都用中文，没有将信息化的东西应用起来。未来对应用大数据自动分拣会造成很大的问题。UPS 现在已经开始用二维码、条形码详细分类，客户信息保密程度非常高。

挑战同时也伴随着机遇，我国的快递行业将进一步蓬勃发展。2013 年美国快递业务量约为 100 亿件，其年增幅为 7%—8%，预计 2014 年快递业务量不会超过 110 亿件。2014 年 1—6 月，我国（不含港澳）快递业务量接近 60 亿件，连续 40 个月同比增幅超过 50%。2012 年全国快递业务量为 57 亿件，2014 年仅上半年就超过了 2012 年全年总量。预计 2014 年全年的快递业务量将超过 120 亿件，甚至达 140 亿件之多，如果这样那很可能会超过美国，成为全球第一大快递国[①]。通过数据资源对快递产业的集中度预测：中国快递业的产业化进程将呈现迅猛发展态势，行业利润趋于平均化，规模化效益促进市场加速向"品牌优、规模大、实力强、后劲足"的快递企业集中。国家邮政局在 2014 年邮政工作部署会议上通过一项计划：要充分利用市场机制推进快递企业兼并重组，加快培育标杆企业，着手培育 3—4 个具有国际竞争力的大型快递企业[②]。预计到 2020 年，在中国从事国内快递（全国范围）的综合化快递企业 8 家左右，其他将转型为专业化的快递企业、同城快递企业。整个快递行业是以自营为主、加盟为辅这样的趋势，今后加盟将会加速向自营转化。产业集中度越高对大数据的依赖度越高，产业集中度越高对信息化技术应用的依赖度越高。大数据资源可以量化"三集"趋势：发展集聚化、市场集中化、经营集约化，向"品牌化"转型也依赖于大数据的分析[③]。

2013 年重组的、被重组的、倒闭的快递企业不少，大数据资源利用有利

①　参见 21 世纪经济报道《2014 年中国快递业务量全球第一》，http：//money.21cbh.com/2014/7-10/3NMDEwMTZfMTIyNzc3Ng.html。

②　参见新京报网《快递企业兼并重组更需要"放手"》，http：//www.bjnews.com.cn/finance/2014/01/07/300696.html。

③　参见 CIO 时代网《徐勇：大数据时代——快递困惑与机遇》，http：//www.ciotimes.com/application/scm/88202.html。

于快递企业转型：大型快递企业可以向综合化转型；中型快递企业可以向专业化转型；小型快递企业可以向个性化转型。但到底怎样转型需要考虑企业的实际，不要盲目转型。

快递企业对大数据资源的需求包括：

（1）客户管理系统：客户分类、快件重量段、网购客户集聚区、商务客户集聚区、代收货款客户类型、到付客户类型；快递业务量预报系统；快递配送路由系统；快递产品设计，这些都需要大数据的支撑。

（2）区域集散中心自动化分拣—国家、城市代码—集包操作—航空、陆路运输（GPS）。

（3）快递始发站点：快递车辆进站（GPS）—人工机械化分拣—地图名址—识别打印区域信息代码—分拣—集包操作—快递员（GPS）。

（4）快递目的地站点：人工机械化分拣—地图名址—识别打印区域信息代码—分拣—车辆（GPS）—站点—快递员（GPS）—客户（收件人）。

大数据资源的开发和利用是一个系统工程，大数据时代可以促进快递企业转型升级；由同质化竞争向差异化竞争转型；由注重单一的快递服务向注重客户体验服务转型。快递的大数据资源将是快递企业的核心竞争力之一。

第二节　民营快递的发展战略

一　民营快递产生的背景

20 世纪 90 年代上半期，随着中国经济的迅速发展，改革开放进程不断深化，中国经济由此进入了一个新的快速发展时期。中国的珠三角和长三角地区，民营经济不断壮大，企业参与国际分工的水平不断提高深化，国内外市场竞争日趋激烈，企业对商务文件、样品、目录等传递的时效性、方便性、安全性产生了更高的需求。在这种背景下，中国民营快递业应运而生。目前在中国快递业中两家有代表性的民营快递公司——上海申通和深圳顺丰速运公司都是 1993 年分别在浙江和广东起家的。民营快递业提供了企业迫切需要而邮政 EMS 却难以满足的更高要求的服务，因而在短时间里以超乎寻常的速度发展起来，并成为中国快递业的重要组成部分。我国主要民营快递企业如下：

（一）顺丰速运（集团）有限公司

1. 公司概况

顺丰速运（集团）有限公司（以下简称"顺丰"）成立于 1993 年 3 月，是一家主要经营国际、国内快递以及报关、报检等业务的民营快递企业，总部设在深圳，在全国（包括港澳台地区）建立了庞大的业务机构，并逐步开通了韩国、新加坡、马来西亚、日本、美国等国际快件收派服务。

长期以来，顺丰不断投入资金加强基础设施建设，积极研发和引进具有高科技含量的信息技术与设备，不断提升作业自动化水平，实现对快件流转的全程监控、跟踪、查询及资源调度，促进快递网络不断优化，确保服务质量稳步提升。

2. 基础建设

自成立以来，顺丰一直注重基础设施建设，采用自建、自营方式建立基础网点，统一各网店经营理念，在全网推行流程标准化、管理信息化、工具机械化。

（1）业务网络。深耕国内，布局国际。2007 年以后，顺丰加速网络布局，在深耕华南的同时，加速在华东、华中、华北布局，也逐渐把网络触角从中国内地延伸到台湾直至海外。2007 年，在台湾地区设立营业网点，网络覆盖台北、桃园、新竹、台中、彰化、嘉义、台南、高雄等主要城市；2010 年，实现了对国内所有省（区、市）的网络全覆盖，同年在新加坡设立营业网点，网络覆盖新加坡除裕廊岛、乌敏岛外全部区域。2011 年 12 月，网点数量从 2007 年的 1000 多个扩展至 4000 多个，国内地级城市网络覆盖率达 75%，同年在韩国设立营业网点，网络覆盖韩国全景，又分别在马来西亚、日本设立营业网点。截至 2014 年 7 月，除开通中国大陆、香港、澳门和台湾的快递服务外，顺丰目前已开通美国、日本、韩国、新加坡、马来西亚、泰国、越南、澳大利亚等国家的快递服务，遍布中国大陆、海外的营业网点 9100 多个。

（2）立体邮路。织好空中地面两张网，为将快件更快地送达客户手中，顺丰分别从空中和地面两个方向发展，精心编织两张网。

顺丰是国内首家包机夜行的民营快递公司。2006 年 8 月，顺丰包租全货运 2 架；2007 年以后，加速包机步骤。2009 年 12 月，顺丰成立了自己的航空公司，12 月 31 日，第一架自有全货机成功首航。截至 2011 年

12 月 31 日，顺丰投入使用的全货机已增至 24 架。此外，为补充空中运力，顺丰还租用了超过 1000 个以上的散航飞机腹舱。

同时，顺丰也加强了地面网络的铺设。截至 2011 年底，全网新建中转场超过了 35 个，自由营运车辆 7000 余辆。2010 年 12 月，顺丰启动陆路运输网络搭建计划，在武汉等地建立了全网陆运集散中心，联结起庞大的地面网络。截至 2014 年 7 月，顺丰有 1.2 万多台运输车辆，15 架自有全货机。空中和地面网络密切配合、有效衔接，完善了为客户提供高效快递服务的基础条件。

（3）科技含量。助推信息化机械化升级。顺丰在科技上一直全力投入，陆续上线了 ERP、HHT 手持终端、全/半自动化分拣系统、呼叫中心、GPS 全球定位系统等，在国内率先实现对货物从下单到派送的全程监控、跟踪及查询。公司在模糊识别技术、路由规划技术等领域已达国际水平。

3. 业务发展

顺丰一直以网点自营方式进行网络扩张。通过对"接单—收件—中转—分拣—航空—派件"流程的上、下流程控制，系统间计算机智能交叉验证和责任人 KPI 考核制度，建立了三级营运质量保证机制，极大地提升了运作质量。

产品策略上，顺丰一直致力于提供业内最快的产品。如即日到、次晨达等，同时积极探索客户需求，推出"特安快件"、"陆运通"、"标准快件"、"普货"等补充产品及签回单、保险保价、代收货款、MSG 签收通知等增值服务。

4. 人才队伍

顺丰致力于为员工提供具有市场竞争力的薪酬福利，通过各种途径帮助员工实现和提升自身价值。截至 2014 年 7 月，顺丰已拥有近 29 万名员工，其中大专以上学历的员工近 3 万人，研究生以上学历的员工超过 300 人，并引进了工程设计、电子商务、航空等多方面的专业人才。①

（二）申通快递有限公司

1. 公司发展

申通快递品牌创立于 1993 年初，从几个人、几辆自行车开始，经营

---

① 根据顺丰速运官网相关资料整理，http://www.sf-express.com/cn/sc/。

杭州和上海之间的报关急件直送业务。1995 年在上海、浙江的宁波、金华和东阳布点，开始扩大业务。1996 年在江苏的南京、苏州设点，逐步形成长三角快递网络雏形。1997 年在北京、广州等城市设点，标志着公司快递业务开始进军全国。

2007 年，申通快递有限公司（以下简称"申通"）正式成立，注册资本 5000 万元，接替成立于 1997 年的上海盛彤实业有限公司，负责对申通快递网络加盟商的授权许可、经营指导、品牌管理等。同时，也积极拓展国际快递业务。随着国内快递市场需求的多样化，申通在继续提供传统快递服务的同时，也在积极开拓新兴业务，包括与阿里巴巴集团合作提供 C2C 和 B2C 电子商务快递配送、第三方物流和仓储、代收货款、贵重物品通道等服务。

公司致力于民族品牌的建设和发展，不断完善终端网络、中转运输网络和信息网络三网一体的立体运行体系，立足传统快递业务，全面进入电子商务物流领域，以专业的服务和严格的质量管理来推动中国物流和快递行业的发展，成为对国民经济和人们生活最具影响力的民营快递企业之一。

进入 21 世纪之后，随着中国快递市场的迅猛发展，申通快递的网络广度和深度进一步加强，基本覆盖到全国地市级以上城市和发达地区地市县级以上城市，尤其是在江浙沪地区，基本实现了派送无盲区。

2. 品牌发展

经过二十年的发展，申通快递在全国范围内形成了完善、流畅的自营快递网络。截至 2014 年 8 月，公司共有独立网点及分公司 1100 余家，服务网点及门店 8000 余家，从业人员 15 万人。各转运中心和网点公司全部配备监控设备，并在上海、北京、广州等大城市安装了 10 余台大型安检机。2013 年"双十一"期间，申通快递最高日票件量突破 1500 万票，再次刷新历史数据。

公司耗资近亿元开发"申通 E3 快递软件系统平台"，包括快递业务系统、数据采集系统、无线 GPRS 数据采集传输系统、称重计费系统、航空业务管理系统、车辆运营管理系统、客服投诉受理系统、客服呼叫中心系统、电子商务（淘宝业务）接单系统等。目前，全网络共使用 GPRS 手持终端 20000 余支，将实现业务员人手一把巴枪。历年来，公司的服务质量逐步提升，公司的品牌和形象统一建设也在稳步推进，成为国内快递网络最完整、规模最大的民营快递体系之一。

"廿年磨剑，甘苦自知"，申通快递经过二十年的发展已成为国内快递行业的龙头企业之一。目前申通快递是中国快递协会、上海市快递行业协会和浙江省快递行业协会的副会长单位，旗下的加盟商在各个省份也分别是副会长或理事单位。2013 年，申通快递荣获 2013 中国十大竞争力物流企业、2013 中国快运物流示范基地，2013 中国物流业品牌价值百强企业等荣誉称号。2012 年，申通快递荣获中国十佳物流企业、行业领军企业称号。2011 年，申通快递获得 2011 中国品牌价值百强物流企业、2011 中国物流业大奖年度影响力企业、2011 年中国物流业最佳雇主企业等荣誉称号。2007—2008 年连续两年被评为上海市"青浦区十佳民营企业"。2007 年 2 月，申通快递被中国保护消费者基金会授予"中国保护消费者权益信得过单位"称号。2005 年申通快递被评为"中国物流业十大影响力品牌"。①

（三）上海圆通速递有限公司②

上海圆通速递有限公司（以下简称"圆通"）创建于 2000 年 5 月 28 日，2011 年成立上海圆通蛟龙投资发展（集团）有限公司，标志着圆通向集团化迈出了坚实的一步。

1. 基础建设

圆通在全国建立了 8 大管理区，72 个转运中心，遍布全国的 7000 余个配送网点，服务覆盖国内 2100 余个城市，县级以上城市覆盖率超过 90%，航空运输通达 118 个机场，航线覆盖 600 多个城市，目前拥有 4 架自主全货机，陆路运送收派车辆 2 万多辆。成为集快递、电子商务于一体的国内大型知名快递品牌企业。

圆通投入大量资金打造金刚系统、OA 办公系统和人力资源系统，先后改扩建运转中心 33 个，拥有网点机动车 1405 辆，非机动车 19293 辆，进一步提升了圆通的运输能力。

2. 业务发展

圆通立足国内、面向国际，主营 50 公斤以内的小包裹快递业务，围绕客户需求，形成了同城当天件、区域当天件、跨省时效件和航空次晨

---

① 根据申通快递官网相关内容整理，http：//www.sto.cn/。

② 根据圆通速递官网相关内容整理，http：//www.yto.net.cn/cn/index/index.html。

达、航空次日下午达等多种服务产品和到付、代收货款、签单返还等多种增值服务，涵盖快递、仓储、电子商务配送、特色服务等一系列专业快递服务领域，并为客户量身定制快递解决方案，提供个性化、一站式服务。圆通还开通了港澳台、东南亚、中亚和欧美快递专线，开展了中韩国际电子商务业务，将服务业务延伸至海外。2011 年，圆通业务量以 70% 左右的增长速度迅猛发展，最高日业务量突破 300 万件，全网完成 5.6 亿件快件的配送，产值达 80 亿元。

3. 人才队伍

圆通加大校企合作、军企合作力度，引进毕业生和退伍军人，采取"以薪留人"和"用心留人"并举的方式，吸引和留住人才。

圆通先后与 20 多所院校达成合作意向，签订了校企合作协议，共建顶岗实习基地、培训实训基地；还为员工提供免费的入职培训、岗位技能及能力提升培训。2011 年，为提升员工素质，公司总部组织召开了 218 场新员工入职培训，20 场客服培训，36 场管理培训以及 86 场其他培训。

4. 品牌建设

圆通创办伊始，就确立了"客服要求，圆通使命"的服务宗旨和"诚信服务，开拓创新"的经营管理理念以及"自强不息、艰苦创业、团结奋斗"的圆通精神，努力打造民族快递品牌，实现"中国人快递"的宏伟目标。

2008 年 12 月，圆通被上海市名牌产品推荐委员会授予"2008 年度上海名牌"荣誉证书；2011 年 3 月，再次被授予"2011 年度上海名牌"荣誉证书。

2009 年 5 月，圆通提出了"全网一体，赢在执行"的网络发展理念以及坚持"两个基础"、"两个创新"和"快而全"的时效服务理念。同年底，积极响应国家邮政局号召，实行"全年无休"，为客户提供更为便捷、优质的快递服务。

（四）上海韵达货运有限公司

上海韵达货运有限公司（以下简称"韵达"）创立于 1999 年 8 月 8 日，总部设在中国上海，公司始终秉持"韵达让我们更便利"的企业使命，致力于实现"通过准确、快捷的服务传爱心、送温暖，成为受人尊敬、值得信赖的一流快递公司"的企业愿景。网络有 6 万余名员工为广大客户提供着优质快捷的快递服务。

1. 基础建设

韵达在全国建立了 56 个分拣中心，各级分拣中心①均安装了能够进行全天候、全方位监控的视频监控系统，确保快件分拣中心时效和安全。56 个分拣中心全部安装了机械化操作流水线，提高了快件分拣操作效率和质量。

韵达自主研发了快件信息运营管理系统（快件查询跟踪系统），开通了官方网站，通过网站提供客户自助、QQ 在线咨询等服务，并在全网络快递员中统一推广使用手持终端设备，实现了快递操作与信息采集的同步以及快件运营信息的实时传递，方便了客户的即时查询、咨询，也为实现快件全程全网运营提供了支撑。

韵达在全国建设了 10000 多家营业网点，并在全国推广标准门店，方便客户寄递快件。韵达总部设立了呼叫中心，在全国 5 个区域设立了区域呼叫中心，在全网络 56 个分拣中心分别设立了客户服务部，为客户提供查询、咨询及其他业务受理服务。

韵达在全网络开通了 860 条陆运主干线，运营车辆 1050 辆；开通了 360 条陆运支干线，运营车辆 380 辆，每辆车安装了集车辆跟踪、路线规划、信息查询、话务指挥和应急处置功能于一体的 GPS 卫星定位系统。同时，韵达快递在全国各省会城市、重点城市设立了航空部，通过与各大航空公司开展战略合作，设立航空直发线路 350 条。

2. 业务发展

2013 年"双十一"首日，韵达快递全网络业务量突破 1000 万件。韵达在全国 31 个省（市、区）以及港澳台地区设立了服务网点，服务范围覆盖了 2200 个县级以上城市。在长三角、珠三角和京津冀地区，韵达快递的网络已经延伸至乡镇、农村。

韵达为客户提供了以同城区域当天件、国内次晨达件、国内次日达件和电子商务快件为核心的服务产品体系，还为客户提供到付、代收货款（部分区域）、签单返还、保价等增值服务。

3. 人才建设

韵达坚持"德才兼备、主动创新"的用人原则，构建引进与培养相

---

① 分拨中心是专门从事分拨活动的经济组织，换个角度来说，它又是集加工、分拣、送货等多种职能于一体的物流据点。分拣中心即为只发挥理货、分拣作用的快递集散中心。

结合的人才机制。在选人方面，从学历、考核以及遵守公司规章制度的角度通过测评进行人才选拔；在育人方面，实行接班人制度，要求接班人随相关负责人参加常规会议、拜访客户、参加重大决策；在用人方面，一是待遇留人，如工资、福利、休假等，二是精神留人，如开展优秀员工评选、文艺活动扩展等。

韵达坚持践行"培训是韵达最好的投资、是员工最好的福利"的基本理念，建立覆盖总部、各大区、各分拣中心和网点的培训机制。在培训中，夯实企业培训基础体系，深化员工全职业生涯培训体系。

（五）　中通速递服务有限公司[①]

中通速递服务有限公司（以下简称"中通"）创建于 2002 年 5 月 8 日，是一家集快递与物流于一体的大型集团公司。

1. 基础设施

中通现有员工 10 万多名，转运中心 70 个，服务网点 8000 多个，建立了能满足快件中转时效的分拨体系；运输派送车辆 4 万多辆，逐步建立了以长三角、珠三角、环渤海经济区为核心，辐射全国的高密度汽运网络。

2011 年，中通在网络基础设施建设方面的投入超过 2 亿元，先后建立了广东东莞、浙江台州、江苏无锡 3 个分拨中心，拥有自主产权；改建扩建分拨中心近 10 个。此外，对信息系统、分拣系统、手持终端的投入超亿元，优化完善了信息技术平台，进一步扩大了 GPS 定位系统、PDA 手持终端设备以及先进分拣操作设备等的应用范围。

2. 业务发展

中通的服务产品有国内快递、国际快递、物流配送与仓储等，提供"门到门"服务和限时（当天件、次晨达、次日达等）服务。同时，开展了电子商务配送、代收货款、签单返回、到付、代取件、区域时效件等增值业务，为客户提供"售后宝"主动服务、VIP 服务等增值服务。

中通业务量和营业收入逐年攀升，网络规模日益扩大，员工收入不断增加，员工幸福感、归属感、凝聚力不断增强。2011 年全网快件量为 2.79 亿件，同比增长 82.4%，最高日业务量超百万件。2013 年，成功跨入"千万俱乐部"（日最高快件量突破 1200 万单），营业收入超 100

---

① 　根据中通速递官网相关内容整理，http://www.zto.cn/。

亿元。

中通率先在行业中开通省际班车，提供一站式直达运送服务。目前，班车网络覆盖全国31个省市，省际班车数量已近700辆，且全部安装了GPS导航系统，有效提高了快件的安全时效。

中通还进一步优化航空路线的运行。自2004年起，推行早航班业务，使江浙沪皖至北京、广州、深圳、东莞、厦门、武汉的快件实现次日达；2007年开始推出江浙沪皖至北京、广州、深圳、东莞、厦门、武汉的快件次晨达业务；在北京、上海、广东部分城市还推出了当天件服务项目，大幅提升了快递服务品质，使中通品牌形象得到进一步提高。

与此同时，中通积极把产品线从传统向个性化延伸，把发件客户的预付月结业务延伸到"到付"业务；从2006年底开始，开展了代收货款业务。

此外，根据网络发展实际，中通在行业中率先实行有偿派送制度，加强"最后一公里"的派送服务。通过完善网络信息系统平台，对快件进行"有偿派送"结算，有效平衡了网络发展，提升了末端派送的服务质量。

3. 人才队伍

中通从以下方面构建了人才引进和培养机制：

"引智"，提升决策力。聘请专家为企业"智囊团"，增强企业的决策分析和应变处置能力。

"引才"，加强人才储备。为每一位员工提供良好的发展平台和空间，不断引进适合企业发展需要的各类人才。

"育才"，完善队伍建设。通过事业育人，将每一位员工的前景与中通发展紧密结合起来，与大专院校合作，建立人才培养基地，建立从业人员职业资格证制度。

"留才"，充实人才团队。从薪资和感情两方面留住人才，重点围绕薪酬、晋升、表扬、嘉奖、认可等，激励每一位员工，员工每年的收入增长率保持在20%以上，有效稳定了员工队伍。并提供良好的沟通机制，增进感情。

（六）百世网络技术有限公司

百世网络技术有限公司（以下简称"百世"）于2010年11月对国内知名快递品牌"汇通快运"进行重组，2011年5月，"汇通快运"改名为"百世汇通"。百世汇通秉承"承载寄托，全程呵护"的服务理念，以信息化、自动化建设为发展基石，不断提高服务水准，2011年，企业实现了新一轮的高速发展。截至2013年底，百世汇通服务网络已覆盖全国，业务辐射至西藏拉萨等偏远地区，拥有分拨中心90多个，各类服务网点近10000个，开通全网省际、省内班车近1500条，超过5万人的专业速递团队为千家万户提供全年无休的速递服务。2013年，百世汇通开始尝试向海外市场扩张；2014年3月，百世汇通正式开通全球国际快件业务，与国际著名快递企业合作，业务覆盖全球200多个国家和地区。百世汇通作为国内以信息化和自动化建设为核心能力，依靠高效运作的快递网络，在为广大用户提供精益速递服务的同时，专业的商务团队还可以针对电子商务等企业量身制定速递方案，提供个性化、一站式的优质服务。①

1. 基础建设

（1）优化网络布局，大力建设分拨中心。百世汇通采用科学的网点布局和优化方法进行系统规划和配置，极大提高了网点建设的科学性。2011年，增设了深圳、南宁、重庆等18个新分拨中心；搬迁扩建了上海、宁波、苏州等12个分拨中心；新增了1500米左右的传送带和数十台装卸设备，分别对上海、无锡、杭州、广州分拨中心的流水线进行了改造和升级；为武汉、金华、郑州、石家庄分拨中心安装了流水线；为虎门、南宁、武汉、南昌、西安、石家庄等分拨中心配置了爬坡机。通过完善区域市场的网络布局和分拨设备的升级改造，汇通快运有效提升了网络覆盖，提高了分拨效率，减轻了劳动强度，为全面提高运营能力奠定了坚实的基础。

（2）整合网点布局，建立星罗棋布的干、支线网络。2011年，百世汇通结合已有网点服务的辐射能力和范围，对原有空白区域的网点进行了新设和调整，新增网点900多家，为企业历史上网点增速最快的一年，百世汇通十分重视优化、改善网线路由和运营效率，使服务质量和网络覆盖范围得到了显著提升。

（3）推进直营化进程，直营网点覆盖核心城市。百世汇通不断投入巨资，对不适应新经济增长模式或服务质量不能保证的原有网点进行重新

---

① 根据百世汇通官网相关内容整理，http://www.800bestex.com/。

配置和调整，通过合作、收购、股权置换等形式，先后把下属的北京、天津、广东等 16 个省市站点收归直营。同时总部直属的分拨中心也由 2010 年的 20 个，增加至 2013 年的 90 多个。现已形成了一个以总部（上海）为中心，直营和加盟并存的覆盖全国的快递网络，切实增强了总部对全网的管理和控制能力。

（4）自组研发团队，促进网络信息化建设。百世汇通于 2011 年一季度组建了研发团队，启动了管理系统（Q9）研发项目。经过一年的努力，完成了新系统上线工作。目前系统整体运行平稳，各项业务功能满足设计要求。

2. 业务发展

（1）大幅度提升出件量，调整产品结构。2007 年初，汇通的日最高发件量为 10 万件，2009 年为 20 万件，2010 年为 25 万件。2011 年，日出件量大幅度提升，日最高出件量接近 60 万件，比 2007 年初增长了约 500%，全年完成快件业务量接近 1 亿件。2013 年日均业务量超过百万，进入快递公司"百万俱乐部"。同时，百世汇通对快递产品结构也做了相应调整，限制大货、泡货，大力鼓励发展适应城市产业集聚区和功能性特点的样品、票务、单证、文件等快递业务，发展高时效、高附加值、小批量、小体积的快递产品服务。

（2）建立全新呼叫中心。2011 年 3 月，百世汇通总部安装了新的呼叫中心系统，电话线路从原有的 5 条增加到了 25 条，同比增长 20%，呼叫中心日均电话处理量由 2010 年的日均 1000 人次提升至 6000 人次，同比增长 500%，电话接通率从 2010 年的 35% 提高到 85% 以上，同比提升了 50 个百分点。为提高服务质量，每天都对客服人员的电话录音进行抽检，每个来电的查询都要求在规定时间内进行回复；成立职能申诉小组，确保所有由国家邮政局、工商局、快递协会等部门转来的申诉在规定的时间内正常结案。由于客户投诉受理渠道更为畅通透明，有效控制了升级投诉，客户的满意度达到 95%。

（3）实行多频次运营模式。2011 年起，百世汇通上海站点开始实行多频次中转收派服务模式，每天中午增加一次快件分拨，下午增加一次快件派送。此举缩短了快件的中转时间，提高了企业竞争力。多频次收派服务目前在北京、成都、南宁、义乌、深圳等站点均开始施行，将逐步在全网推广。

3. 重组融合

百世在 2010 年 11 月正式收购汇通快运后，坚持用科技的力量打造高效、优质的服务网络，发挥信息化研发建设优势，为快递发展探寻新的运作模式和理念。在兼并重组过程中，百世汇通主要策略如下：

（1）企业文化和管理方式的融合。二者的融合，首先是公司体系和流程的融合。在人事方面，基本打造成三层组织结构，即总部、各省直营分公司（非直营化的省份设置区域层级）、各城市与站点。总部统一协调、管理，并成立运营管理委员会，定期召开会议，避免各职能部门出现协调执行方面的问题。其次是人员管理，倡导公开透明的企业文化，给员工两个发展通道，即职业技能发展通道和管理岗位发展通道。最后是逐渐培养基层员工的企业自豪感。解决归属感和自豪感问题，要有一个能吸引人的企业文化。为此，百世汇通经常举办一些活动，有计划地增加企业内部对员工的培训。

（2）建立强大的总部管理系统。成熟的加盟体系要建立在总部强大的基础上，总部出台有关加盟站点的实际管理措施，规范操作流程，可以对加盟站点提出硬性要求和后续相关指导。百世汇通通过对网络的梳理和业务的分析，制定了"主控核心点，发展延长线"的战略思路，并通过资金和专业人员的持续投入，搭建成了现有的网络格局，即直营管理核心城市和一级分拨中心，加盟商覆盖外围节点并拓展网络覆盖。

（3）信息化＋电子商务，两驾马车驱动。百世汇通自主研发的快递管理系统 Q9 在目前的网络管理中发挥着重要作用。它在传统的管理系统之上对数据进行更有效的抓取和分析，后台管理模块更具有延展性，在对快递服务的细节上进行了有针对性的体验，使整个系统在面向用户以及面向运营的过程中更人性化，更易操作。

百世汇通的中长期战略思路是坚定不移地对接电子商务，坚定不移地对接 B2C 客户，未来电子商务的发展趋势是从 C2C 向 B2C 延伸，这部分客户群体也会逐步降低对价格的敏感性，转而对快递服务的时效性和准确性提出较高要求。目前，全直营或者全加盟的网络都很难同时满足这两个要求。百世汇通希望找到一条融合的道路，为客户提供更好的服务。

4. 人才队伍

百世汇通致力于打造稳定、团结、高效的工作团队，融化吸收先进的管理理念，激发员工工作激情，引领和带动企业发展。

在招聘人员方面，面对日益激烈的人力资源竞争，不断拓宽招聘渠道，形成了包含网络、中介机构、各地劳动力就业中心、内部推荐、校企合作等多种渠道互相补充的格局，以确保在最短的时间内物色到合适人选。

在校企合作方面，2011 年与上海、杭州、江西、湖南等地的多家院校建立了合作管理，合作方式含勤工助学、集中实习、定向培养等。为在校学生制定详细的轮岗计划，在 3 个月轮岗期结束前安排中期评估，结合学生特长和部门需求进行双向选择，最终确定其工作岗位。

在员工内部培训方面，成立培训小组负责全网的培训工作，有入职培训、阶段培训、储备基层管理人才培训等形式。2011 年起，新员工入职必须经过培训考核合格后方可进入工作岗位，培训率为 100%；在职员工定期安排岗位技能、商务礼仪、管理培训，提升员工的综合素质，培训率为 92.3%；为了储备基层管理人员，企业总部分期举行储备干部培训班，设置准军事化的培训课程。2011 年，为 900 个新设的站点客服进行培训，培训人员达到 100%。

在职业鉴定考试方面，2011 年开展 3 批职业鉴定考试，完成 200 余人次的快递业务员职业鉴定考试工作，约有 66% 成绩合格，获得初级证书。

汇通快运提供良好的福利待遇，包含具有竞争力的薪资水平、年度加薪和奖金、全员的社会保险等，针对一些关键岗位还会给予期权奖励和津贴。

（七）北京宅急送快运股份有限公司①

1. 公司概况

北京宅急送快运股份有限公司（以下简称"宅急送"）成立于 1994 年，近 20 年来，宅急送以跨越式的发展速度，在全国建立了庞大的"快运网络"。宅急送拥有 31 家省级直营分公司，覆盖了全国所有直辖市/省/自治区，在全国有 3000 多个经营网点，网络覆盖全国 2000 多个城市和地区。

2. 基础建设

从 2007 开始，宅急送采用自建自营为主的服务网络建设方式，致力

---

① 根据宅急送官网相关内容整理，http：//www.zjs.com.cn/。

于加强基础设施建设、完善物流中转枢纽。所有服务网络具有服务标准统一、服务质量稳定、安全性能高等优点。

陆运能力方面，拥有全国班车运行线路 900 多条，运营车辆 5000 多辆，借助华北、华东、华南、华中、东北、西北、西南七大运转中心，配置现代化分拣线、装卸机、笼车笼筐，提升了货物分拣效率，保证货物的高效运转，并配备先进的全球 GPS 定位系统，全程监控，为快件中转、快递服务提供强有力的支持。

航空运力方面，与国航、南航、东航三大航空集团签署战略合作协议，与 11 家航空公司展开合作，有 780 条航线，近 5000 个航班资源。

信息安全方面，作为信息化基础平台，宅急送自主研发的 BOS 系统，能够高效承载每天最高 500 万运单的信息周转，真正实现了实物流、资金流、信息流的信息化管理。同时，PDA、POS 机、多功能一体机等手持终端设备的投入使得货物跟踪更顺畅、资金管理更安全。

仓储物流方面，全国拥有 25 万平方米的仓储配送中心，配备先进的装卸设备、安防设备和操作系统，提供"总仓 + 分仓"的一体化仓储解决方案，更可满足项目客户"仓配一体化"服务需求。

3. 业务发展

2011 年 8 月 30 日，宅急送正式向外界宣布未来的发展战略——聚焦 B2C 市场，致力于成为 B2C 领域的快递服务专家。

主打的快递产品包括：当日递、次日递、隔日递、三日递、定时递。

增值服务包括：分拣包装、仓储、保险、保价、异地调货、贵重物品操作、网上查询、签单查看、签收手机短信反馈、货到付款等，广泛服务于 B2C、B2B、C2C 等业务领域。

宅急送 B2C 业务中，一大重点业务是代收货款（COD）。由于直营模式对资金安全提供的保障，宅急送代收货款业务深受客户欢迎，从 1998 年开始介入代收货款领域，可操作代收货款城市超过 900 个，年代收额由 50 万元迅速增长到 50 亿元的规模。此外，可提供仓储、包装、分拣、配送一条龙服务，可实现多种产品服务组合，并依托于直营体系，实现总仓与分仓合作或不同区域同时合作、统一结算。宅急送电购业务准时送达率超过 80%、网购业务超过 90%。

通过与快乐购、家有购物、淘宝网、中视购物等众多电子商务企业的合作，以及与戴尔、TCL、格兰仕、佳能等直接参与电子商务的制造企业的合作，宅急送已成功成为 B2C 快运服务专家，服务不断延伸到逆向物流、部分签收、退货与换货、安装等诸多领域。

4. 科技进步

宅急送采用"三位一体"（装卸机 + 分拣线 + 笼车/笼筐）分拣操作模式，实现了货物"装车—卸车—入框—入包"的全称不落地操作，货物在仓库的分拣、存储、重新装车配送全部使用笼车，大大减轻了劳动强度，货物更加安全。

2010—2011 年，宅急送开发并使用以 BOS 为核心的十大业务操作系统和 OA 为基础的五大人事行政办公系统，向着以信息化为引领的现代化快递企业飞速发展。新 BOS 系统分为取派、中转、路由、财务四个管理模块，共 260 个功能节点，覆盖宅急送前端所有业务操作、考核以及相关财务处理、新系统于 2011 年 2 月 8 日正式上线，能同时支撑公司所属3000 多个单位庞大的业务操作，使操作效率大幅提升。

近年随着国内电子商务的兴起，宅急送率先提供 HTTP POST（超文本传输协议邮件）、批量导出成 XML 文件、WEB（网络）服务等形式多样的对接方式，使客户办公系统与宅急送业务系统实时对接，满足客户下单、查询、对账、结算等多项需求，全面提升服务质量。服务的不断升级使客户满意度不断提升，据第三方调查机构调查数据显示：2011 年客户满意度比 2010 年提高 0.4 分；2010 年、2011 年宅急送的客户满意度均位列行业第 3 名；宅急送公众形象得分为 79.5 分，高于全国平均水平。

（八）国通快递[①]

1. 公司概况

国通快递总部设立在上海，是一家网络覆盖全国的品牌快递公司。拥有先进的全球 POD 追踪查询系统，使用先进的专业自动化软件系统进行全面管理，在业界享有盛誉。

公司全网从业人员约 50000 人，全国各地设有分拨中心 40 多家。干线班车运营线路 500 多条，全网运营车辆数万辆。公司服务项目有国际快递、国内快递、物流配送和仓储等，提供国内当日达、次晨达、次日达、隔日达等服务。同时，开展了运费到付、电子商务配送、签单返回等增值业务。客户群体遍及电子商务、制造业、高科技 IT 产业、零售业等多个

---

① 根据国通快递官网相关内容整理，http://www.gto365.com/。

领域。

国通快递拥有先进的管理团队和大量的优秀人才储备。为了更好地服务客户，创国内快递一流品牌，在红楼集团的支持下，公司投入巨资先后在华东、华南、华北等区域购地扩建直属上海总部的快递分拨中心，重点地区配备有自动流水线操作设备。公司不断扩大直营和经营覆盖范围，目前已经直营的省份有广东、海南、福建、江苏、浙江、上海、安徽、山东、湖北、湖南、北京、河北、贵州及辽宁等重点省市，经营范围已基本覆盖全国，并形成了以长江三角洲、珠江三角洲、环渤海地区为重点的快递网络布局。

国通快递始终秉承着"为民服务，和谐万家"的最高服务理念，不断改革创新，持续推进网络和系统建设，竭诚为客户提供最优质的快递服务。

2. 管理理念

（1）全程全网，联合作业。

物流、信息流是企业生存发展的基础，是现代企业运转的血液和动力。现代快递行业既属于商业物流，也和百姓生活密切相关。快递可以称为第三方物流，它的服务网络可以说已经遍布到每个人和每个家庭，只要有人的地方，就会有快递的存在。

对于国通快递这样专业的第三方物流公司，确保服务网络的畅通无阻的重要性不言而喻。国通快递的日常管理最重要的就是把所有的人变成这张网，用千家万户的情去做快递这个千家万户的事，并以铁的纪律保证快件的安全顺畅和快捷。信息流与物流同样重要。信息流包括管理信息的上行下达，员工思想动态的反映，客户意见的及时反馈，邮件传递的追踪确认。信息流管理同样是国通快递日常管理的重要内容与任务。

（2）股份制模式，军事化管理。

国通快递施行集团统一管理并积极向军事化管理方向迈进，加盟商必须严格执行总部的决策，以捆绑式的经营方式贯彻总部的各项政策，遵守总部的各项规定。在国通快递总部强化统一指挥的前提下，严格按照公司法对加盟商实施管理，给予适度授权并实行股份制的模式。加盟商得控则强，失控则弱，无控则乱。对于加盟商的管理应遵循授权有度、监控有力的策略，及时防范、检测、处理各种管理漏洞，加大力度扶持优质加盟网点，定期整改甚至剔除不良网点。

（3）以德取胜，权责对等。

对于员工的日常管理应当遵循操作明细、权责对等的原则。一方面明确制定各个岗位的职责和操作细则，使所有层级、部门、个人都了解自己在组织目标实现中应承担的工作职责。员工的日常行为努力做到有章可循、有法可依。另一方面责任对应着权利，先有责任后有权利，国通快递强调并保证承担一定责任的部门和员工应有的各种权利。

（4）规范管理，文化治企。

国通快递必须在统一思想的前提下进行规范化、制度化、定量化的管理。国通的管理人员应该是领导放心、群众相信、个人可交的干部。公司设立了人性化的管理制度并且尊重每个员工的各种福利和要求，在这里，你有多少劳动，你就会得到多少，做到了从制度上保证员工切身利益的实现，让制度为人服务，是国通快递制度管理的创新。

（九）**优速物流有限公司**①

优速物流有限公司创建于 2009 年 11 月 1 日，是一家通过国家工商总局审批注册的全国型网络快递、快运、物流企业。

1. 基础建设

优速自成立以来，逐步构建了覆盖华南、华东、华北、华中、西南、西北、港澳台等地区的一体化服务网络，在全国各省会城市及其他大中城市建立直营一、二级分拨中心 80 余个，拥有营业网点近 4000 家，员工40000 余人，运输、派送车辆 8000 多台，日均转运投递超过 50 万单/60万件，业务量年增速超过 150%，为各行业 20 多万家用户提供配送服务。

优速业务遍布各省（区、市）及港澳台等地，以优化华南、打造华东、铸就华北为总思路，打造了辐射全国的大型网络体系，各省间全部开通了汽运干线，并开通了主要城市间的空运业务。

2. 业务发展

（1）业务量逐年成倍递增。2010 年，优速全国业务量累计完成 1253万票，2002 万件；2011 年全国业务量累计完成 2688 万票，3874 万件；同比增长 1434 万票、1872 万件，票数增长率达到 114.43%。

（2）服务产品品种丰富。优速为客户提供面向全国各大、中城市的半日达、次日达、隔日达、快递物流服务，同时可提供国际业务、省际代

---

① 根据优速物流官网相关内容整理，http：//www.uc56.com/。

收货款、签单返还、高价值业务、网购配送等增值服务，并提供大陆与港台之间专业快件进出口服务。

（3）加强服务质量监管。为强化网点服务终端的规范运营和执行力度，优速设立质量监控部门，分别对快件的录单率、到件扫描率、派件扫描率、及时签收率、业务增长率、快件延误率及服务态度等各方面情况进行监督，以统一规范的快件操作流程为客户提供服务，提升客户满意度。

3. 兼并重组

2009 年 11 月，收购已运作 12 年的广东奇速快运有限公司；同年，收购上海越丰快递和原山东速尔快递公司。

2009 年 12 月，收购原北京中铁飞豹快运有限公司。

2010 年 9 月，收购四川当大快递和原重庆速尔快递。

2010 年 11 月，收购原江西快捷快运。

4. 人才队伍

优速采取"内育外引"的人才队伍建设方案，通过内部培养、外部引进、实践锻炼等多种方式，培育德才兼备的快递物流行业精英。

首先，在员工素质提升方面，系统性地安排高层、中层管理人员以及各类业务人员参加针对性的培训。2011 年 8—12 月，共投入培训费用约 35 万元，举办 30 余场培训，培训员工近 3000 人次。

其次，通过校企合作方式吸纳快递物流行业人才。2010 年 7 月 28 日，与广东女子职业技术学院签订首次校企合作协议。其后，陆续与长春金融高等专业学校、四川交通职业技术学院、湖南涉外经济学院、杭州电子科技大学等全国多家高校合作，满足企业快速发展对人才的需求。2011 年 8 月 6 日，优速商学院正式成立，翻开了公司人才培养战略的新篇章。

二 2011—2013 年民营快递发展分析[①]

（一）民营快递市场份额继续扩张

民营快递企业发展迅速，其中业务量和业务收入、市场份额均呈持续扩大趋势。2013 全年民营快递企业业务量完成 72.5 亿件，实现业务收入 973.8 亿元；民营快递企业业务量市场份额为 78.9%，业务收入市场份额

---

① 参见中投顾问《2012—2016 年中国快递业投资分析及前景预测报告》，www. ocn. com. cn。

为 67.5%。

（二）我国民营快递业趋向整合发展

到 2013 年年底，国内注册的民营快递企业一共有 13000 余家，规模较大的有 20 余家，主要集中在长三角、珠三角及环渤海经济圈内。

民营快递根据运营模式、产业阶段等又可以分为四个帮派：起源于顺德并占据国内快递高端市场的顺丰速运；中国加盟制快递的最大团体，并且占据国内快递市场近半壁江山的桐庐帮，代表性的企业有四通一达（申通、圆通、中通、汇通、韵达）等；电子商务自建的物流，如京东、凡客和唯品会等的自建物流；还有最后一类，以宅急送、天天快递为代表的自由式发展的主要专注同城快递的民营快递企业，这个团体现在正在被边缘化或被区域化，其中不乏昔日的行业翘楚（如宅急送），也不乏潜在的日后新贵（如全峰和能达），它们现在要么面临转型窘境，要么面临做大规模的压力。尽管我国民营快递业从小到大，逐渐成长起来，但也面临诸多市场风险。比如，采取加盟制的星晨急便与鑫飞鸿联合后由于经营不善最后导致破产，就是业内的一个极大教训。未来快递企业的发展趋势是：

（1）大型企业向综合化发展。目前在美国快递市场，UPS 占据约 51% 的市场份额，联邦快递占据约 31% 的市场份额，美国邮政则占据约 13% 的市场份额，三者相加占据了 95% 的美国快递市场。而在中国前 4 大快递公司市场份额只占全行业份额的 50%，市场集中度不高。在未来的 5 年时间里，随着相关法律法规和标准的不断完善、信息技术的广泛应用、成本日趋提高以及利润趋于平均化，快递企业没有规模就难以生存和发展。预计将有 50% 以上的民营快递企业面临被兼并或重组，具有全国性网络的大型综合化快递企业集团将涌现出来。

申通在 2013 年推出仓储业务，涵盖存储、打单、打包、发货、配送。紧追顺丰不放的圆通则针对电商上线仓储、代运营等定制化服务，旗下圆通新龙推出香港转运服务，顺丰速运提出"顺丰要做物流百货公司"的发展方向。纵观整个物流业，快递处于物流行业金字塔顶端的位置，从国际快递发展历史来看，专业的快递企业向综合物流、供应链延伸是行业发展的趋势。国内的快递公司已经向这个方向启动，不少一线快递企业正在向综合物流方向延伸。

（2）中型企业向专业化转型。快递市场将会不断地细分，增值服务与承诺服务成为新的竞争热点。中型快递企业在面对大型综合化快递企业集团时，市场竞争由价格竞争逐渐转向增值服务与承诺服务竞争，服务产品不断细分。中型快递公司将会向专业化转型，如专门从事购物快递、专门从事限时快递、专门从事商务快递、专门从事快递式仓储物流配送、专门从事某种产品的快递配送等。

（3）小微型企业向同城化转型。2013 年同城快递业务增长迅猛，全年同城快递业务量完成 22.9 亿件，同比增长 74.1%；实现业务收入 166.4 亿元，同比增长 51%。同城快递业务量占全部比例为 24.9%，业务收入占全部比例为 11.5%，与 2012 年末相比，同城快递业务比例继续上升。

目前快递行业中存在着大量的小微型快递企业，其主要的市场就是同城快递业务。随着同城快递业务的迅速发展和人们对快递服务质量要求的提高，这些小微型快递企业存在低价恶性竞争、公司规模小、抵抗风险能力差、员工素质不高、管理水平低、服务水平差等诸多的问题，同时又面临着大中型快递企业资金、技术、管理方面的优势，小微型快递企业应该依托企业本地化的优势，发挥经营方式灵活、手续简便、同城递送速度快等特点，深耕同城快递业务市场，提供行业间的票据、文件交换，企业对 VIP 客户、员工的节假日个性化礼仪礼品配送，以及个人消费群体的委托等同城短途递送服务。

（三）本土民营快递企业尝试跨国经营

在国际快递巨头进入国内快递市场后，国内民营快递也首次将触角伸向了欧洲。2012 年 8 月，国内民营快递巨头宅急送与英国皇家邮政达成合作，提供中国到欧洲的快递服务——"欧洲商务包裹"。包括天津市在内的华北地区在 2012 年 8 月 27 日率先启用"欧洲商务包裹"，之后陆续扩展至全国范围。

"四通一达"等民营快递目前在国内的主要业务支撑来自电子商务市场，业务量饱满，无暇顾及国际快递市场，业务重点与宅急送并不相同，短期内不会进入国际快递市场。拿到国际快递经营许可牌照并不难，圆通、汇通目前已经获牌，韵达等民营快递也在申牌。但很多出国的"大单子"最看重安全性，往往会选择具备自有渠道的快递品牌。而国内大多数民营快递企业都是加盟模式，难以在国际市场获得复制。要想真正开展国际快递业务，还有待民营快递企业加大力度完善直营网络，彻底转型。

（四）本土民营快递企业面临危机

正当两大国际快递业巨头 DHL、UPS 和电子商务企业京东商城分别获得全国快递经营许可牌照，快递行业开始上演"三国杀"之际，本土快递业重要力量民营快递企业却开始陷入险境。继 2012 年年初星晨急便陨落后，6 月底 7 月初，上海希伊艾斯快递有限公司（CCES）又爆发资金链危机，内部重组后变更为"红楼（上海）快递有限公司"，以"国通快递"商标开展业务。目前民营快递行业正进入"洗牌期"，一些品牌差、网点少，在信息技术、分拨物流中心建设上缺乏投入，又没有一支专业管理队伍的中小规模快递公司情况不容乐观。

三　民营快递企业 SWOT 分析

（一）优势（Strengths）

（1）价格优势。价格历来是民营快递的优势，民营快递在同城快递上至少比 EMS 和外资快递便宜 2 倍的价钱。比如：EMS 全国统一价是 22.5 元起，联邦快递的最低价格是 20 元，而申通在江浙沪地区的起步价是 6 元每公斤，然后根据地区的远近再进行调整。因而民营快递凭借其灵活的价格优势，在 EMS 垄断的局势下异军突起。价格优势成为其很好的发展武器。很多的消费者是看重民营快递"价廉物美"的特点而选择它。

（2）服务优势。很多的民营快递采取上门服务的方式，你只要打个电话就可以上门来收托运的物品。这种运营模式也为其积累了一定的客户。EMS 是吃公家饭从不上门揽货，要寄快递必须到相应的服务点办理。然而方便、快速正是快递所要具备的要素。

（3）灵活的经营模式。民营企业的规模比较小，机构比较扁平。管理就比较方便，民营快递灵活的经营模式使得效率大大地提高。民营的同城快递一般在一天就可以到达了，而 EMS 最快则需要隔天到达。民营快递企业这种灵活的经营模式很大程度上是得益于其规模小，所谓"船小好调头"。

（二）劣势（Weaknesses）

（1）规模小，资本少。民营快递企业普遍具有规模小、资本积累不足的特点。虽然规模小能够做到灵活经营的特点，相对说来规模小经不起市场的风险，而且对市场的选择性也较小。比如：在货物流通方面，由于资金缺少，民营快递除几家较大的拥有航线，一般选择公路运输，拥有飞机等交通工具的 EMS 和外资快递在国内的物资流通方面则有更大的选择余地。资金少、规模小限制了企业的发展。

（2）管理模式不适合市场的发展。民营快递多数是家族企业，有的更是个人老板。企业内部缺乏民主与约束机制，决策随意化，企业缺少创新。外资企业在国外经历几十年的发展总结出了一套适合自己企业发展的模式，在管理方面有着丰富的经验。但民营快递的管理仍股权单一，机构设置不合理，对员工缺乏绩效考核。

（3）一线员工素质较低。民营快递企业能够在竞争中有一席地位，凭的是快捷的服务。在资本缺乏的情况下能够提供快速服务就需要大量廉价的劳动力，所以一线员工队伍素质普遍不高。而快递企业是一个提供终端服务的行业，一线员工直接与消费者接触，他们的素质体现着企业的形象。长此以往就会给企业带来形象不佳的印象，不利于长期的发展。

（4）物流技术及网络技术跟不上。目前快递企业已经进入了自动化、信息化的时代。国外的快递企业会根据客户账号进行单据的订制，有性能良好的客户统一结算系统、全球性的货物追踪系统、网上自动货物动态查询系统等关键的信息管理系统。在货物分拣方面，运用的是以条码技术、射频识别技术（RFID）为基础的分拣设备，提高了货物的周转速度，增强了市场竞争力。目前 EMS 具有高效发达的邮件处理中心，全国共有 200 多个处理中心，且与万国邮政联盟（UPU）查询系统链接，建立了以网站、短信、客服电话三位一体的实时信息查询系统。除了少数几家大的民营快递企业外，众多的民营快递企业在物流及网络技术方面落后，在货物的管理和流转技术上相对于外资、国营快递企业显得落后许多。

（5）网点覆盖少。目前很多民营快递企业的网点覆盖不全，许多村落或者偏远山区覆盖不到。如果有顾客想投递到很远的山区，那么民营快递就无法为顾客提供服务，相对也会失去很多潜在的顾客。而 EMS 则有着广阔的网点覆盖率，即使在偏远山区也会有着一两个邮政营业点。所以很多的顾客只好选择费用较贵的 EMS 服务。

（6）服务项目缺少竞争点。面对即将饱和的快递从业主体市场，服务的特殊化将给企业带来丰厚的利润。EMS 有 VIP 服务、次晨达、全夜航、经济快递、留学快递、鲜花礼仪、e 邮宝。联邦快递有限时服务、次晨达、次日达、隔日达、货到付款业务等特色服务。而民营快递的服务项目却没有明确的规定，往往什么货物都接受，没有明确的规范和服务，顾客在概念上往往很模糊。

（三）机会（Opportunities）

（1）未来市场需求巨大。中国快递市场的潜力、发展空间巨大。目前国际上最大的 50 家零售商业跨国采购集团当中，有 31 家已经进入中国，预计每年保持 20% 的增长速度。伴随着中国经济的快速增长，全球的合作进一步加强，对快递的需求将会越来越大，我国快递市场蕴藏着无限商机。

（2）农村市场发展潜力大。中国邮政在农村有强大的网点优势，而大部分农村邮局本身业务并未饱和，民营快递有开拓新业务的动力。EMS 虽然拥有资金并覆盖全国城乡 4.5 万多个网点、与世界 200 多个国家和地区建立业务联系这些得天独厚的优势，但由于多年垄断经营造成的体制上的弊端以及由于体制所导致的经营观念和经营方式的落后，其竞争力不断减弱，民营企业有空隙可钻。

农村有数亿潜在网购人群，且农村互联网化是趋势。中国快递协会、淘宝等机构曾于 2013 年发布数据显示，2012 年我国中西部地区以及三、四线城市的网购需求迅猛增长，电商零售增速中国内地三、四线城市占 60%，远高于传统网购消费主力的一、二线城市 40% 的增速。对民营快递企业来说，农村是个需要开辟的市场，其发展潜力巨大。2014 年顺丰及四通一达等快递企业早已经渗入县级市场，起步较晚的全峰快递也开始在县级市场的布局。不仅如此，圆通、申通、宅急送等企业的配送范围已经拓展到乡镇。以河北省邢台市隆尧县为例，宅急送的配送范围达到隆尧镇、魏家庄镇、山口镇、莲子镇、固城镇、东良乡、北楼乡、牛家桥乡、大张庄乡、千户营乡、双碑乡等乡镇；申通快递也覆盖隆尧县城、隆尧镇、尹村镇、莲子镇、固城镇、东方食品城。除了顺丰外，四通一达、全峰、宅急送在农村市场的布局，都是通过加盟模式，以加盟方式布局农村市场，可以快速且低成本地实现高覆盖率。无论是加盟还是直营，最终随着快递企业对农村市场的开拓，农村市场的消费潜力将会得到释放。

（3）新兴市场发展迅速。电子商务发展迅速，在 B2B 方面，企业之间通过电子商务平台达成合作，而双方之间的实物往来会借助于快递。民营快递企业可以发展这个领域的市场。在 B2C 方面，体现在网上购物上，民营快递可以进一步发展这方面的业务，和商家合作，提供优质、快速的服务，与其建立长期的合作伙伴关系。

（四）威胁（Threats）

（1）新邮政法的颁布不利于民营快递的发展。新《邮政法》修订第八稿中，曾将邮政专营范围的单件重量由 350 克以下降到 150 克以下，但快递企业希望能再降到 50 克以下。而之后的第九稿和第十稿中对于邮政专营范围均写着"待研究"，在国内异地快递市场上依然存在着很多变数。同时，第十稿中，对快递企业的门槛进行了明确规定，实施快递业务经营许可证制度，规定了申请条件。有 95% 以上的同城快递、80% 以上的跨省快递达不到该项要求①。

（2）外资进攻来势汹汹。外资快递企业拥有雄厚的资金基础、强大的技术支持、优良的工作团队、丰富的管理经验。目前进入中国的外资快递企业已经拥有 80% 左右的中国国际快递市场份额，民营快递企业想要在国际市场获得利益将是一件很难的事情。而且外资快递企业目前纷纷将矛头转向了中国国内的快递市场，国内民营快递企业想要守住在国内快递市场上的优势也将变得更加困难。

（3）EMS 江山难动摇。面对拥有多年市场经验的国营老大 EMS，民营快递企业无法撼动其地位，EMS 在中国拥有很大的市场。而且相对于外资的价钱、民营的风险，很多的消费者倾向于选择 EMS 这块老招牌。从国家邮政局 2008 年快递服务公众满意度调查结果来看，选择国有快递企业主要原因在于其知名品牌、网络覆盖广、专业规范。选择民营快递企业主要是，服务态度好、上门取件快、价格便宜。

四 民营快递企业发展战略分析

（一）成本领先战略

成本领先战略又称低成本战略，即企业的全部成本低于竞争对手的成本，甚至是在同行业中成本最低。成本领先战略的理论基石是规模效益（即单位产品成本随生产规模扩大而下降）和经验效益（单位产品成本随积累产量增加而下降），它要求企业的产品必须具有较高的市场占有率。如果产品的市场占有率很低，则大量生产毫无意义，而不大量生产也就不

---

① 参见谢振华、韩芳《浅谈新〈邮政法〉对我国快递市场发展的影响》，《中国商界（下半月）》2009 年第 11 期。

能使产品成本降低。价格是民营快递企业的主要优势，因此成本领先战略对民营快递企业来讲是首要选择，主要有以下措施：

（1）通过企业并购或联盟扩大企业规模。目前国内绝大部分民营快递企业都是中小型企业，在信息网络、经营理念等方面都还不成熟，导致经营成本居高不下，有的企业甚至出现亏损，在与同行竞争中处于明显的劣势，这时企业可以借鉴战国时期群雄争霸时采用的方式——通过合纵连横，在商战中即并购或联盟，借助外部力量壮大自己的实力。在乡镇地区和很多工业区，民营快递企业尚未开展业务，而这些地区业务发展潜力很大，实力较强的企业可以通过并购一些地方小企业，那些小企业在局部地区具有一定的知名度和影响力，从而开拓新的区域，扩大覆盖范围；对于实力小的企业来说，通过和品牌企业的合作，可以增加业务量，提高运输车辆装载率，减少不必要的浪费，实现规模经济；还可以借助知名企业强大的信息网络和成熟的经营理念，加速发展；此外还可以提高自己的信誉度，赢得更多的客户。

（2）优化运输路线减少配送费用。民营快递企业的经营成本中，运输费用占据了很大的一部分，企业必须极力降低运输费用才能有效控制成本，运输路线又决定了运输费用，由于自身缺乏人才和没有足够的咨询费用所以运输路线问题并没有引起我国民营快递企业的重视。优化配送路线，减少中转环节，也可以减少运输路程和车辆，节省配送时间。

对于有些业务量小的偏远地区，采取"转让"的方式，将承揽到的快递货物转让给其他同行，从中收取一定的手续费，没有必要所有的业务都自己做；对于有些亏损的路线甚至要坚决不做。

（3）加大信息化和自动化设备投入，减少人工成本。由于我国快递业起步比较晚，发展水平低，在信息技术的应用方面与发达国家有很大的差距，我国民营快递企业虽然使用了一些自动化设备，但是与发达国家相比还是有很大的差距。我国民营快递企业应该有意识、有重点地去采用一些信息化的技术和设备，如管理信息系统、企业资源计划系统、识别技术、自动机械技术、自动跟踪技术等，从而不断地提高自身信息化程度，减少人工操作。购买设备虽然投资大，但是一次性投入，通过提高效率可以回收，但人工成本却要一直支出，而且现在工资不断上涨，相比较，加大自动设备的投入更经济，更能够降低成本。此外，快递企业对二维码、物联网、大数据等信息技术的引入，符合快递产业未来智能化、信息化的发展趋势，除了可以减少人工成本，还可以提高效率、减少差错率、提高服务质量等。

（二）差异化战略

我国民营快递企业另一条发展道路是选择差异化战略，它也符合企业蓝海战略的特征。快递企业提供的产品本质上是服务，而对服务的需求相对于对产品的需求而言，更需要个性化和差异化。民营快递企业一般具有规模小、管理层次少、机构扁平和运作方式灵活等优点，因此其业务范围大多是区域性的，这也便于将所有的资源集中在一个范围内更好地发挥作用。这要求民营快递企业能够为本区域用户提供个性化和差异化的服务，差异化战略要求快递企业在提供传统的运输、仓储等产品的同时，向客户提供增值服务。例如，将快递的基本功能进行延伸，在配送方面的延伸服务可以包括集中配送、分拣包装、配套装配等。而事实上许多快递的增值服务部分被忽略了。如果民营快递能够挖掘这些潜在的服务需求，实质上就是提供了差异化的服务。而民营快递企业的区域性特征及灵活的管理运作方式，使其在提供增值服务方面具有了一定的优势。民营快递企业应充分利用这种优势，同时借助外资快递企业成功的经验，具体可以从以下几方面着手：

（1）品牌形象差异化。说到品牌形象差异化，广告与公关自然会在其中占有重要地位，此外企业的自身品牌的命名、定位、包装设计等也不容小视。由于品牌形象差异化具有一定的"形而上"性质，所以它可以避免科技化带来的同质化，而转向知识力的竞争，"知识力是至为关键的变量，这与产品、价格、通路的函数方程不同。知识力低的企业更多的是模仿，品牌形象提升也难，唯有高知识力的企业可能在差异化、形象化方面做出实质性突破。"而品牌形象差异化一旦形成，就会确立一种消费观念、消费行为模式。在品牌差异化定位时，必须以消费者个性差异化需求和产品核心优势为导向，建立鲜明的品牌形象，再以市场竞争为导向建立鲜明的市场形象。

企业通过找相关的形象代言人做广告、突发事件的营销、慈善捐款等形式形成自己的品牌，让顾客有需求时脑海中立刻联想到自己企业，这样才是成功的差异化品牌策略。例如：在 5.12 汶川大地震中，顺丰在第一时间为四川免费运送救灾物资，在人们心中留下很好的形象，无形中提高信誉，赢得了市场。

顺丰自 2003 年开始，便充分借势航空"飞一般"的速度，凭借包机和租赁客机腹舱资源的"轻资产"运营方式，很快在业内树立起"快"的品牌优势。为了进一步加大这一核心竞争优势，拥有更大的扩展自主性，顺丰又在 2009 年自组货运航空公司，截至 2014 年 7 月，顺丰拥有 15 架自有全货机，另外还租赁了 19 架全货机，共拥有 34 架的机队规模。通过这一系列的品牌形象差异化策略，顺丰确立了自己高端化快递的形象，避免了与其他低价快递企业的激烈价格竞争。

（2）提供个性化增值服务。经过 10 年的快速发展，目前"低端市场"已呈现出供大于求的态势，但中高端市场则供不应求，特别是当前市场由基本快递需求要素向安全性、信息跟踪和个性差异化需求转变，即人们对快递服务质量的要求不断提高，需要实时地了解快递的位置，可以自主选择送达时间、支付方式等，民营快递就不能停留在原来的简单运输送货领域，而应该贴近市场，不断开拓创新，根据客户需求提供各种增值服务，采用先进的信息技术和设备，搭建实时的快递物品信息查询平台，利用二维码、大数据为用户提供灵活的配送、支付选择，包括为大型客户代管产品业务、代收货款、签单返还，提供开箱验货服务、网上购物配送等。

快递的特性决定了快递公司的仓库大部分时间都处于闲置状态，民营快递企业可以和一些大客户签订协议为其提供代管仓储业务，当客户有业务时，只需一个电话或传真，甚至只要发一份邮件，快递公司就立即安排备货和配送，对于客户来讲，这样做既可以省去自己建仓库的资金投入，又可以节省上门取货的时间，响应客户效率得到了很大的提高；对快递公司自己而言，充分利用仓库分摊垫付，节省上门取货的油费人工费，还能解决资金流问题。利用闲置仓库为客户提供代管仓储业务，可以提高固定资产的利用率，使得单位产品的固定成本降低，从而降低企业的经营成本。

对于综合实力比较强的企业，也可以为客户提供综合物流配送解决方案业务。快递领域已经被瓜分得差不多，民营企业应根据自身特点开创新的蓝海，才能避开 EMS 和外资快递巨头的厮杀。

（三）集中战略

集中战略是企业选择产业内某个特定的顾客群、某产品系列的一个细分区段或某个地区市场，即选择行业中的一个细分市场或一组细分市场，通过实施其战略达到挤走其他竞争者的目的。市场细分可以减缓企业间直接的价格战，使行业内的竞争者各得其所。集中战略有两种形式：一是成本集中，企业努力在它的目标市场内追求成本优势；二是差异化集中，企业在目标市场内追求差异化。实施集中战略的前提是公司能够以更高的效率和更好的效果为一狭窄的战略对象服务，从而获得超越竞争对手的优势。

目前快递行业数量最多的就是中小型快递企业，这类企业凭借自己的实力往往只能承担同城快递业务或是省内业务，当面对全国甚至国际快递市场时便会显得力不从心。因此作为市场中的追随者，此类中小型快递企业最大的特点是服务产品种类多样化，经营灵活，有本土优势，但是网络被限制在同一个城市。与快递市场领导者相比，没有大的竞争优势。在此情况下，主要业务基于同城快递的中小型快递企业基本复合了集中化战略的条件，也只有实施该战略，才能在竞争激烈的快递市场生存下去。通过突出领导者舍弃不做的一些快递服务，如当天送当天达的鲜花、食物等有时效性的物品。只有在这些边缘服务产品上下功夫，中小型快递才能在激烈的竞争中生存下来。如天天快递的优势是文件缺失率很低，适合文件类和电子产品等，可以专注这两个方向进行拓展业务。宅急送可以集中于几个城市，做到服务最好和速度最快，网点很细等。

成本领先和差异化战略在一定程度上是矛盾的，实施差异化成本就会上去，公司应根据自身具体情况选择适合自身的战略，具体选择及应对措施见表6-2。

表6-2　　　　　　　民营快递企业战略及对应措施总结

策略	具体方面
成本领先战略	通过企业并购或联盟扩大企业规模
	优化运输路线减少配送费用
	加大信息化和自动化设备投入，减少人工成本
差异化战略	品牌形象差异化
	提供个性化差异服务
集中战略	根据公司具体情况选择

第三节　民营快递的创新应对

一　快递企业的制度创新

我国民营快递企业在产权原则、法治原则等方面均存在严重缺陷，不得不在独特制度环境下走一条企业制度变迁的独特路径。

（一）产权制度创新——企业运营模式创新

从全球成功快递企业来看，没有一家是特许加盟模式。但中国未来5—10年加盟快递还有生存空间。根据"十二五"规划，经过激烈的市场竞争、企业兼并重组后，中国未来综合性快递公司应该是在8家左右，其余都是拼"服务和性价比"的区域同城快递，而这其中至少应该有一半是直营企业。由于快递加盟模式便于低成本铺网，尽管往往为短期利益而牺牲品牌和服务质量，但现阶段90%快递公司依然难舍这一模式。加盟是许多国内民营快递的过渡阶段，最终还是应该选择直营。

国内目前对加盟、直营体制的定义相当模糊，目前最成功的"顺丰模式"也是总公司、分公司、站点三级直营，末端员工"加盟"，它的收件员就像保险分销员，信件按票，包裹就按收入拿3%—4%提成，是收入分配模式。从法律关系看，顺丰是完全直营模式。

电商的兴起造就了快递行业的爆炸式发展，但是粗犷的发展也导致了快递行业根基不稳，正被强势的电商逼入窘境。传统快递业务的毛利一般能达到50%，但电商快递的毛利往往只有20%至30%，而自2005年以来，快递业的利润率已从20%下降到目前的约5%，甚至有部分加盟网点亏本。进淘宝，利润薄，这需要规模化投入。否则不仅不会产生效益，还会导致大规模亏损。

借助电商平台，加盟模式给了民营快递一次飞跃，但也埋下了隐患。而其中，最为棘手的代收货款业务（COD），更是遍地雷区。代收货款业务是快递与支付的结合，就是通常所说的货到付款。卖家将货物通过快递送达买家手中，买家收到货物后通过快递将货款返还给卖家。如果是直营企业，网点卷款属职务侵占、盗窃，要承担刑事责任。而加盟体制属经济纠纷。因此，加盟模式不适合代收货款。据悉，目前以加盟为主的代表申通、圆通、中通、汇通、韵达均未开通全国代收货款业务，直营模式的代表顺丰也只是选择性地开通代收货款服务。

因此，是否转型，取决于眼前与长远利益的博弈。中国民营快递企业在产权制度上的创新，需要在企业文化理念下确立，并得到特定企业文化的保护和支持才可能取得成功。

（二）快递相关法律制度完善创新

2009 年 10 月 1 日新《邮政法》实施，同时实施的还有配套法规《快递业务经营许可管理办法》。新《邮政法》明确了快递企业的法律地位，建立了快递企业市场准入制度，规定快递企业应该履行的法律义务和应遵守的经营规范。新《邮政法》的出台使得快递公司不得不进行制度改革，否则会受到毁灭性的打击。"电商时代"强调客户终端需求与体验，但从目前对快递业市场服务水平评价看，消费者投诉数量仍高居不下。2012年 5 月 1 日，我国首部《快递服务》系列国家标准正式实施，对快递企业服务提出了诚信、服务、规范、共享的行业标准，与 2007 年发布的《快递服务》邮政行业标准相比，标准在层级上和内容上都有了很大提升。中国正在加快发展服务业，而《快递服务》系列国家标准的出台可以促进我国经济社会和物流业的规范化发展，促进我国快递行业规范服务标准，提升服务水平，保障电商时代下客户终端的根本权益。针对《快递服务》相关国家标准的提出，我国快递企业应该适时制定完善企业服务制度和顾客服务规范，以适应不断趋于完善的法治环境。

二　快递企业的技术创新

（一）电商时代下要求快递"多快好省"

（1）多——派送范围更广，派送量更多。2013 年"双十一"当日191 亿元的交易额让快递派送尝到了巨大的业务压力。未来随着网上交易规模的日益扩大，派送数量将急剧上升，派送范围也将从一级、二级城市到乡镇农村全面扩散。

（2）快——送达时间更快更准。客户终端在时下的电子商务网站消费对物流配送的时限提出了 211 需求，即上午 11 点前下单，当日下午送达；晚间 11 点前下单，次日上午送达；或隔日配送服务，即 T 日下单，T + 1 日送达。

（3）好——服务标准更加规范，物流技术要求更高。《快递服务》国家标准的出台，以及终端客户日益增长的服务理念对快递企业服务提出了更高的要求，只有规范化的服务才能让快递企业得以生存。快递企业在运单查询流程、服务产品（国内、省内、同城）、收费价格、售后服务（晚点、丢失赔偿）以及保险等都必须做到标准化、透明；从揽收、进货、仓储、分拣、配送乃至"逆向物流"等环节都必须制定统一的作业标准和能够实施全程跟踪监控的可视化管理。

（4）省——物流成本更低。终端客户在时效性、服务水平上提出高要求的同时，却希望在物流上花更少的钱。同时电子商务企业也要求物流企业降低物流成本，为赢得市场占据价格优势。因此快递企业必须采用缩短供应链，减少营运环节，降低管理成本等手段降低物流成本，获得电子商务企业的合作机会和终端客户的消费信赖。

（二）积极采用自动分拣技术

一些加盟网点靠手工进行分拣，当某些时候出现业务量大增时，员工不得不超时工作，这必然会引起疲劳导致差错率上升，服务质量下降，暴露出快递企业的能力不能满足需求。而一些先进的技术手段是可以帮助企业解决这些问题的。

电子商务发展新趋势及终端消费新主张使得快递行业不得不通过各种技术创新来提升快递时效性和服务水平，降低物流成本。而目前大多数快递企业，特别是参差不齐的加盟网点充分暴露了中转站、派送站的各类技术弊端。2012 年"双十一"的天猫购物节后消费者大量投诉快件派送严重延误，丢件现象严重，跟中转站、收发网点人工分拣效率低、错误率高有关。爆仓和野蛮分拣使得快递破包现象严重，消费者利益受到严重损害，电商企业好不容易搞成的促销热闹场面却被快递物流短板泼了一盆冷水。目前各快递企业中转站、分拨中心成本投入不足，工艺流程处于半机械化 + 自动化状态，规划布局缺乏科学性，使得分拣时效性、准确性无法得到保障。

为适应消费者在电子商务领域的巨大消费潜力，快递企业应该加大分拣技术的应用和创新，集成开发快件的自动分拣，提高快件处理效率和劳动生产效益，以满足快递高效、准确的新要求和高品质服务。针对电子商务消费特点和发展趋势，加大对于文件和小包装物品的快速准确分拣，以满足消费者要求的"211"限时承诺和"T + 1"隔日配送[①]。另外，为满足电子商务对消费者"允许退货"的承诺，快递企业必须增设"逆向物

---

① 根据京东官方网站资料整理，http：//www.jd.com/。

流"技术。国外快递企业如 FedEx、UPS 等在自动分拣、逆向物流等方面有着高端的物流技术，并有一支强大的技术创新队伍不断为其物流技术发展输入最新鲜血液。技术创新是快递企业得以发展的根本保障，我国快递企业必须投入大量的精力在技术创新上，特别是目前针对分拨中心的自动分拣技术投入，才能满足电商时代下提出的日益高效低成本的需求。

（三）采用新型信息技术

电商时代下的快递服务作为供应链连接电子商务与终端客户的物流环节，应对电子商务客人及终端客户做好两头服务。而提高服务水平的最有效方法之一是依托现代化信息网络技术，通过搭建和强化数字化平台，提高网络信息化水平，加强信息化监督与管理。通过建设数字化平台，实现快件的全程监控和管理，实时跟踪系统能提高快件的准确性和时效性，如有异常，报警机制能及时通知相关快递部门和人员做出针对性急救措施，减少快件损失，保障消费者利益。通过数字化平台，针对上游电子商务客户，方便其通过网络下单系统及时将快递物件信息传递给就近快递揽收站，通知揽收员及时上门取件。同样，针对下游客户终端，亦能通过网络平台了解快递物流相关信息，并提供查询、咨询等客户服务，让终端客户及时了解快件中转、运输、派送的全程监督，既方便上游电子商户及时查阅快件物流信息，又能让下游终端客户放心在网上购物。为了能让信息网络平台高效运作，必须提高快递企业员工的网络化知识培训，提高信息技术业务能力和服务意识，通过开发信息网络培训和考核体系，并与绩效挂钩的方式，提高员工工作技能和服务水平。

"双十一"天猫购物节充分暴露了目前快递企业遇到大单快递时效性缺失、准确性降低等问题，延误件、丢失件随处可见，背后是由于快递企业信息技术落后、信息化管理低效造成的。快递企业如果想要在电商时代下紧跟电商发展步伐，就必须在信息化技术上强化投入、管理和监控。首先，为提高快件时效性，应加强快递营运管理，网点收发件时就明确送达时限，并设立相应预警机制，运用大数据系统分析，通过预警系统及时发布预警报告，对延误快件及时处理和反馈，让"211"的承诺能得以兑现。其次，为减少丢件，应对快件营运全过程进行实时监控，每辆快递运输车辆安装 GPS/北斗卫星定位装置全程跟踪，针对快递员收件、装车运至中转站、中转分拣、到站派发都要及时扫描，全过程信息化、透明化。对异常件，如超重件、违禁件，"夺命快递"里那样的违禁品，应积极采用新型的扫描技术设备，在收件时予以及时处理，在中转运输过程中出现异常件，及时做到信息沟通与反馈，并迅速做出处理，减少丢失缺少等问题。再次，针对包裹破损现象，在收件时根据标准化规范化包装，并摄录包装全过程，及时上传信息平台，中转及到站也需有相关监控设备，一旦发现有破损现象，能及时对物件进行跟踪监控，调出监控，查明原因，做出及时合理的处理。最后，对于消费者提出的其他问题，如乱收费问题等，应根据行业相关规定及时出台规范化标准，并公开在信息平台上公布，让消费者得以监督，减少人为乱收费现象。不但是收费标准，快递行业涉及的各项服务都应该有一定的标准化，并在信息平台上公开公示，让电子商务客商和终端消费者监督，及时反馈修改，以提高服务水平。

2014 年 7 月 22 日起圆通速递与"菜鸟版"电子面单的系统对接在上海区域部分分公司试运营。从 7 月 28 日起，在全网范围内投入使用。菜鸟网平台使用的电子面单运单号码为 18 位电子面单号码，其运单号码规则为：4 位固定号码 +8 位号段 +6 位校验码，共 18 位号码，其中前 4 位固定号码为 8800，由圆通提供给菜鸟网专用，不可改变；中间 8 位号段由菜鸟网生成；6 位校验码由系统自动生成和网点代码进行关联。此项服务将有效解决快递企业与商家第三方系统对接及淘宝平台中小卖家使用电子面单的问题，减少用户物流成本和操作时限[①]。

三　快递企业的管理创新

电商时代下的快递企业经营有了新的市场模式，更对快递管理层提出了新的要求。快递企业应该加强自身建设，主动了解电子商务发展趋势和业务需求，结合企业营运规模和方式，开发针对电商的定制服务，让快递企业能摆脱"门槛低—快速发展—低价竞争—低成本扩张—资金缺乏监管"等痼疾，在激烈的市场竞争中成为赢家。

（一）重视市场调研工作

电商时代下快递企业的发展有了新的趋势和变化，要求快递企业能够掌握市场信息，洞察市场需求，根据市场变化及时制定企业战略，开展业务活动。做好电商时代下的市场调研工作势在必行。对电子商务客人，应

---

① 参见国家邮政局《圆通速递"菜鸟版"电子面单投入使用》，http://www.spb.gov.cn/xydt/201408/t20140804_ 339880. html。

该了解其快件货品特征、发货时间、业务量状况等信息，针对性地开发定制服务，以满足电子商务客人的需求。同样，对终端消费者，根据派送地点生活消费特点，增加人性化派送服务，让终端客人能满意地收取快件。

（二）确定目标客户

电子商务时代为快递企业带来了巨大商机，针对市场变化趋势，在获取本地区市场信息后，结合企业经营特点和特质锁定目标服务人群。以前快递企业依靠低门槛加盟，低价竞争，低成本扩张的发展路线显然已经越来越不适应目前的电商时代下快递企业发展的需求。快递企业应该依托自身灵活多变的特点，制定差异化战略，细分市场，锁定目标人群，通过定制个性化的快递服务满足目标人群需求，形成竞争优势。

（三）加强企业内部化管理

（1）加强营运管理，提高快件营运能力。针对快递最根本的揽件—装卸—运输—中转—分拣—派送的营运全过程需加强管理，提高快递营运能力。特别是中转分拣环节，通过自动化、机械化的管理，借助物联网、大数据等信息技术搭建数字化平台，提高管理效率，降低营运成本，通过对每一件快递的跟踪监控，让电子商务客人及终端客户放心消费。做到对客户快件时效性、正确性的承诺和称心满意的服务。

（2）做好相关培训工作，提高员工和管理者素质。建立培训机构，组建培训队伍，开发培训课程，培训内容包括岗位技能培训、信息培训、管理培训等。针对一线员工，根据行业标准制定岗位操作守则，做好岗位技能培训。为适应电商时代，要求每位员工都应接受跟岗位匹配的网络信息知识，提高业务水平和服务能力。针对快递企业管理层，开发管理培训课程，包括领导力才能、人际关系、组织协调、经营决策、团队开发等，提升管理层管理水平，使得企业上下能力素质均有提高。

（3）做好客服部门换代升级，提高客服水平。快递企业应该建立和完善客服部门，根据行业服务标准建立顾客投诉处理标准流程，对客户提出的咨询、收到的投诉及时进行处理，并借用信息化平台让顾客方便投诉，及时处理，及时反馈。

（四）针对电商客户推出个性服务项目

（1）与规模网点合力建设仓储、加工中心，加强深度合作。快递企业可以利用物流专业技术，提供物流相关服务，如仓储流通、包装加工等。建立仓储中心也能应对电商节假日做促销活动集中发货的情况，不至于在遇到大单时给快递企业一个措手不及。

（2）代收货款业务。目前电子商务平台在网上销售商品时会采用货到付款形式，为快递企业开辟了一项新业务。代收货款业务对快递企业诚信、操作流程、业务员素质等提出了较高的要求，让电子商务客人担当着巨大的风险。快递企业应该针对这项业务，加强代收货款监督和派送人员工作技能、素质的培训管理工作，让代收货款业务得以顺利开展。

（3）逆向物流①。网上消费为保障消费者利益增设退货服务，继而要求快递企业能提供逆向物流服务。为了更好地服务电子商务客户，要求快递企业加大技术投入，在逆向物流上能做到及时、准确、高效运作，让消费者在退货时做到无后顾之忧。

（4）参与电子商务配送全过程，提供全程一站式服务。针对电子商务客人，快递企业应该从仓储、包装、分拣、运输、派送、售后服务等各物流环节与电子商务客人深度合作，为电子商务客人提供柔性化服务，让快递企业成为电子商务客户共赢的合作伙伴，不至于在定价中一直处于被动地位，改变快递企业只能低价销售的困境。

四　以星晨急便为例

星晨急便速递成立于 2009 年，由宅急送快运原总裁陈平与几位合伙人创立，并于 2010 年 3 月获得阿里巴巴集团注资。鑫飞鸿速运总部位于上海，公司有 40 余个中转站，1100 个网点。北京星晨急便速递有限公司和深圳鑫飞鸿快递有限公司于 2011 年 10 月正式合并，商号为"星晨急便·鑫飞鸿"，是国内第一家专业定位于电子商务 B2C、B2B 服务的全国性快递公司，为广大企业及电子商务客户提供国内小件包裹速递服务。合并后公司拥有运转及分拨中心 150 多个，网点数量 3800 多个；员工 28100 名；机动车 5000 台，摩托车 19000 台；日处理业务量 13 万票。2011 年全网营业额达 7.5 亿元。

----

① 狭义的逆向物流（returned logistics）是指对那些由于环境问题或产品已过时的原因而将产品、零部件或物料回收的过程。它是将废弃物中有再利用价值的部分加以分拣、加工、分解，使其成为有用的资源重新进入生产和消费领域。广义的逆向物流（reverse logistics）除了包含狭义的逆向物流的定义之外，还包括废弃物流的内容，其最终目标是减少资源使用，并通过减少使用资源达到废弃物减少的目标，同时使正向以及回收的物流更有效率。

　　2010 年底星晨急便率先启动了一项声势浩大的"入宅服务"项目，包括开箱验货、拒收返货、上门退货、半收半退、带货换货、试穿试用等服务；并同时在北京、上海等地免费"晚间配送"，时间为晚 18：00 至 22：00，且在规定时间内不向客户加收任何服务费。

　　星晨急便这两项差异化服务即"入宅服务"和"晚间配送"服务正是针对电子商务特征所推出的两项重要服务，这将弥补当前电子商务发展的不足，令电子商务相对传统店面的优势更加凸显，从而进一步推动网购市场的快速增长。同时，对于快递企业而言，这种差异化的服务虽然短期增加了企业成本，但从长期来看，将大大提高其市场竞争力，因此，对快递企业和电子商务企业而言将达成双赢。

　　这种真正以消费者为中心的服务，从长远来看，服务质量的改善有利于赢得消费者的信任，提高客户忠诚度。一旦客户对网购服务产生了信任甚至依赖时，网购商品的销售规模会进一步扩大，整体质量也将提高，其附加值也相应增加。除了廉价的商品受到众多的网民青睐外，中高端的昂贵商品同样具有巨大的市场空间。这样，电子商务市场的利润将增厚，分摊给网购快递企业的利润也会增加，最终形成良性循环。星晨急便虽然已经被宅急送收购，但当年推出的"入宅服务"和"晚间配送"服务对快递企业仍然具有借鉴意义。

　　网购服务质量的提升对遏制网络低价战将发挥效用，从而令快速增长中的网购市场转到以质量和服务取胜的良性发展轨道。事实上，价格因素并非决定顾客是否购买一样商品的关键因素，真正的关键因素在于顾客让渡价值，即顾客总价值与顾客总成本之间的差额。顾客总价值包括产品价值、服务价值、人员价值和形象价值；顾客总成本包括货币成本、时间成本、精神成本和体力成本[①]。

　　因此，发挥电子商务的优势，不单单要抓住销售价格，还要抓住电子商务最本质的特点，即方便快捷省力省心。快递企业是新兴的第三方物流企业，快递配送与一般物流配送的最大不同就是客户具有强烈的时间要求，配送中心必须快速、高效地完成配送任务，配送成本更是与客户的时间要求息息相关。但是这种高质量的服务必然伴随着高成本，快递配送中

---

　　① 参见中投顾问《2012—2016 年中国快递业投资分析及前景预测报告》，www. ocn. com. cn。

心如何在良好的成本控制基础上不断超额满足客户时间要求，将成为企业发展的重要前提。

五　快递行业发展与电子商务平台

（一）快递企业间采取差异化竞争和合作互补的策略

快递企业应根据网购业务的新特征，不断进行服务模式创新，实施差异化经营。电子商务企业则应协助快递企业更好地了解用户（尤其是网商）需求，做好详细深入的需求调研，为快递企业实施差异化经营提供信息。差异化经营在快递行业中已有体现，如顺丰将业务范围集中在轻便的文件包裹市场，申通则提出了"仓储服务 + 配送服务"的整体电子商务物流供应链方案。不同的快递企业有不同的优劣势，如果快递企业只在自己相对优势的市场上提供服务，放弃那些相对劣势的市场，就是一种合作互补的策略。如在中西部的偏远地区，民营和外资快递企业不愿提供服务，中国邮政（EMS）可以利用其覆盖全国的网点优势提供服务。

（二）对电子商务平台的要求

（1）公开透明的快递服务价格。电子商务平台作为连接网商与快递企业的第三方平台，有义务也有责任为二者提供合理的、公开透明的、双赢的游戏规则。电子商务平台应建立约束机制和行为准则，将网商的包装费、服务费与快递企业的快递费区分开来并公开费用标准，使买卖双方有章可循，同时也能约束卖家的不正当行为，如卖家赚取快递费用差价的行为。

（2）建立合理的利益分配机制。电子商务平台应对快递企业进行必要的策略和资源支持，如加强对"网商"的监管力度，对赚取快递费用差价的卖家给予惩罚等。当货物递送出现纠纷时，不能将责任全部归咎于快递企业。电子商务平台应建立一套公平且可行的服务标准，甚至搭建一个整合社会闲散物流资源的第四方物流平台，通过系统分配和有效管理，解决递送资源不足问题的同时带动众多小快递企业的发展。

（3）加强与快递企业的沟通协作。电子商务平台在策划大型促销活动时应避免在时间上过于连续，应提前做好全年的促销活动计划并提前通知快递企业，及时调动资源，备好运力，应对频繁的递运高峰。电子商务平台如果全然不顾快递企业的承载能力而一味追求大的成交量，买卖繁荣的背后，"爆仓"现象的发生及由此带来的货物递送矛盾必将日益激化。

第四节　外资快递企业对国内民营
快递企业的影响与借鉴

美国是当今世界上快递最发达的市场，诞生了 UPS（1907）、DHL（1969）、FedEx（1971）三家在当今世界上最重要的快递物流企业，而且还有美国本土极其重要的快递企业美国邮政 USPS。

早期一些显赫的快递公司随着时间推移已经烟消云散了。但是 1850—1900 年的重要公司：AEC（"美国快递公司"，就是 American Express 的前身，现在通常翻译为美国运通）和另外一家公司 Wells & Fargo（后来成长为赫赫有名的金融机构，富国银行）很长时期都是从事快递业务的，由于所从事的业务都不可避免地和资金发生关系，后来两家公司成功转型为金融服务企业是顺理成章的。

而创立于 1928 年，曾在美国快递市场雄霸几十年的 REA（Railway Express Agency，铁路快递公司）却于 1975 年破产了。在 1967 年，REA 拥有 17000 辆货车，日处理快递货物 30 万件，公司营业额 4.5 亿美元，从白宫到普通居民，处处都有 REA 的忠实客户。在不到 10 年的时间里，REA 却走上了破产的境地。原因很多，核心原因归结为：（1）公司所依赖的交通运输方式是干线运输铁路，而此时其他运输方式汽车和飞机给铁路带来了极大的竞争压力，铁路业开始夕阳西下，前景日渐式微；（2）公司依赖各个不同铁路公司的运营线，由于铁路公司在其利益分配问题上一直未能妥善解决，埋下了 REA 与铁路公司合作的隐患。

美国的快递公司有转型成功的，有破产的，也有一些公司经过多年的打拼成为了国际快递巨头。

一　FedEx 的成功之一：精准的切入点与市场定位[①]
（一）牢牢立足国内

直至今天，即使 FedEx 享誉全球，但是其国内业务占比依然高达 70% 以上。甚至可以说，FedEx 和 UPS 都是立足于美国的公司，见图 6 -

---

① 参见招商证券《2012 年中国快递行业深度报告》，http://www.newone.com.cn/research。

4。尽管 FedEx 和 UPS 均对外宣称积极扩张海外市场，但是其国内业务依然是其强大的基石所在，脱离了本土业务，而盲目扩张到海外，投入成本很高，而且风险极大。

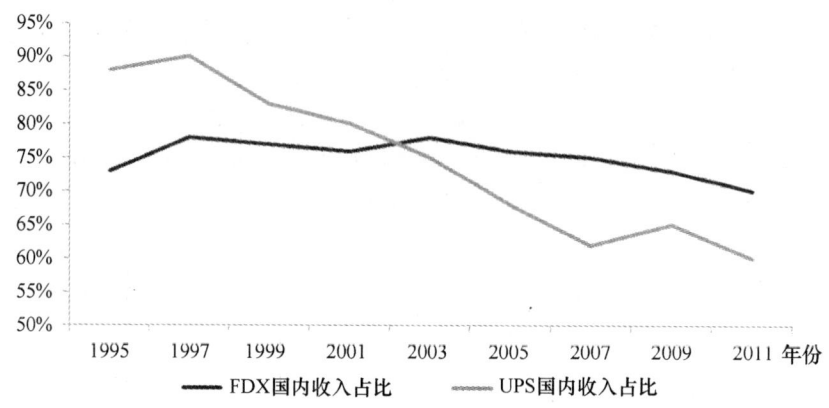

图 6 - 4　FedEx 和 UPS 的国内业务占比（资料来源：招商证券）

（二）与 UPS 的差异化定位、竞争

许多人都认为两家公司提供相同的服务，几乎是没有差异化。但是仔细分析，我们可以清晰看出 FedEx 和 UPS 由于市场定位的不同，二者在方方面面都存在很大差异，如图 6 - 5 所示。

（1）航空快递市场定位。1971 年，FedEx 首创隔夜快递，在 UPS 尚未涉足的蓝海中以庞大的投资规模获得了成功。梳理 FedEx 的历史，我们发现 FedEx 作为快递市场的后进入者，在 UPS 已占据绝对优势的陆运市场切入是困难的，选择 UPS 当时尚未进入，而且处于散乱状态的空运市场切入是成功的原因之一。根据 Mergeglobal 统计的数据，我们看到在航空快递市场上，尤其是隔夜快递市场 FedEx 占主导地位，而 UPS 在延时派送领域具有极强的竞争优势，UPS 排第二，FedEx 排名第三。在陆路快递市场，UPS 一家独大，远超市场一半份额，占据绝对霸主定位。

将 FedEx 和 UPS 的业务进行拆分，二者业务虽有交叉，但是其定位差异极其清晰：FedEx 主攻隔夜快递市场，而 UPS 的优势依然在国内陆运快递市场。也就是 FedEx 更强调产品的时效性，而 UPS 更强调产品的经济性。

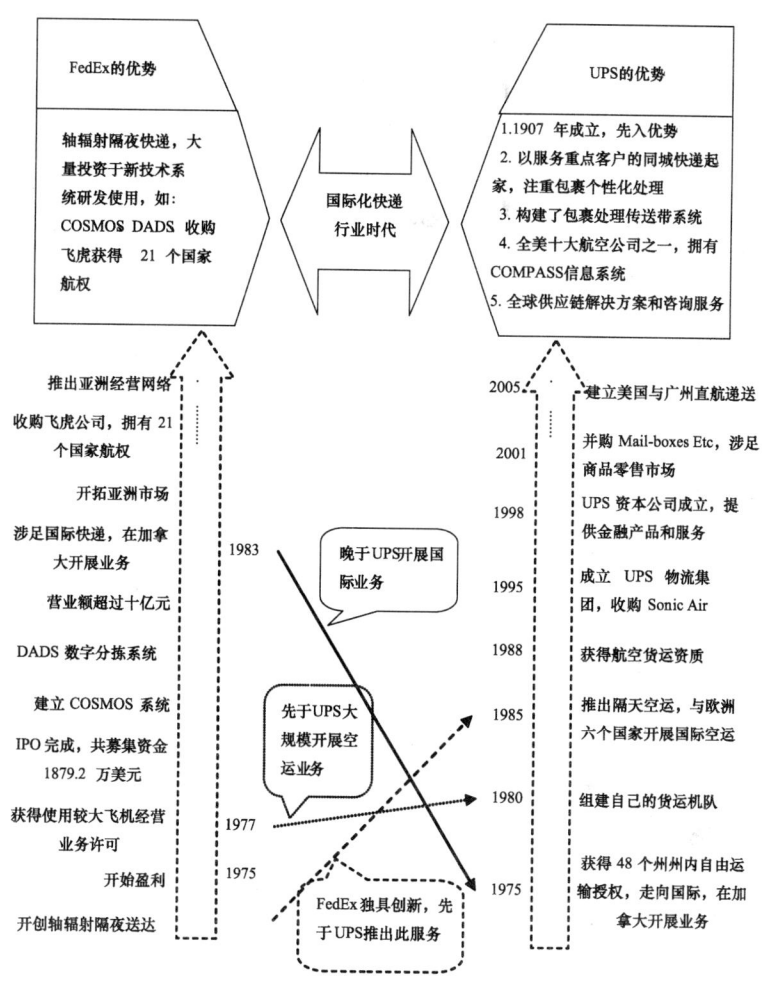

图 6 – 5 FedEx 和 UPS 对比

资料来源：招商证券。

FedEx 的成功也来自于其近似疯狂地投资，创始人史密斯在开始就倾尽全部家产，并募集了 9600 万美元的风投资金，购置 33 架飞机，形成了一定的航线网络，才奠定了自己的立足之地。

（2）客户群体定位。如表 6 – 3，不同的产品如空运件和陆运件，两家快递企业的目标客户群体也大不相同。从客户群体分析，二者对时限的需求也存在比较明显的差异。

表6－3   两家企业不同产品的目标客户群

快件类别	名称	时效性	针对客户群
空运件（FedEx）	隔夜限时件	1 天（隔夜）	B2B 客户为主
	延迟件	2—3 天	多数为 B2B 客户，少量 B2C 客户
陆运件（UPS）	普通陆运件	4 天以内	50%—60% 的 B2B 客户，40% 的 B2C 和 C2C 客户

资料来源：招商证券。

由图 6－6 和图 6－7 可以看出，电子及医药等价值高且时效性极高的行业，FedEx 的占比更高，而快速消费品和零售通常情况下单价低一些而且时效性要求低一些，而这正是 UPS 的优势，其占比远高于其他行业。

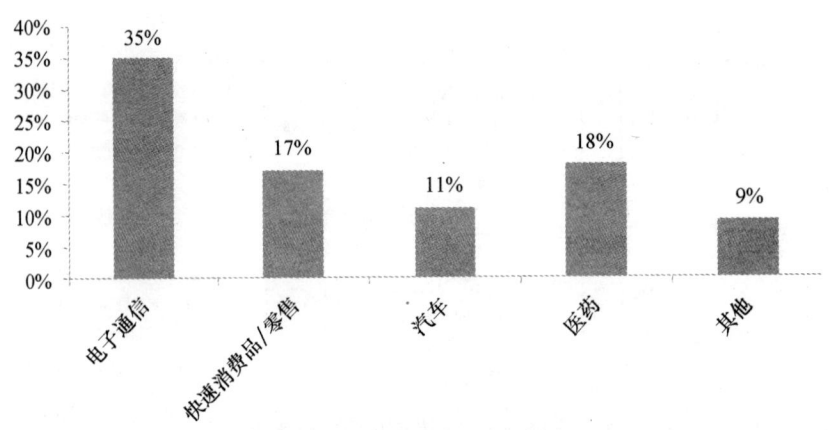

图 6－6   2003 年 FedEx 的客户分类

资料来源：招商证券。

将 FedEx 与 UPS 的发展历程进行对比发现，FedEx 的成功最初在于极强的创新精神，而 UPS 由于具有先入者优势，具备良好的基础，更早地开展国际快递业务，同时也涉足金融服务、商品零售等更多领域。

（三）时代背景因素

（1）空运市场 60% 的货运量集中在 25 个最大城市之间，但小型紧急

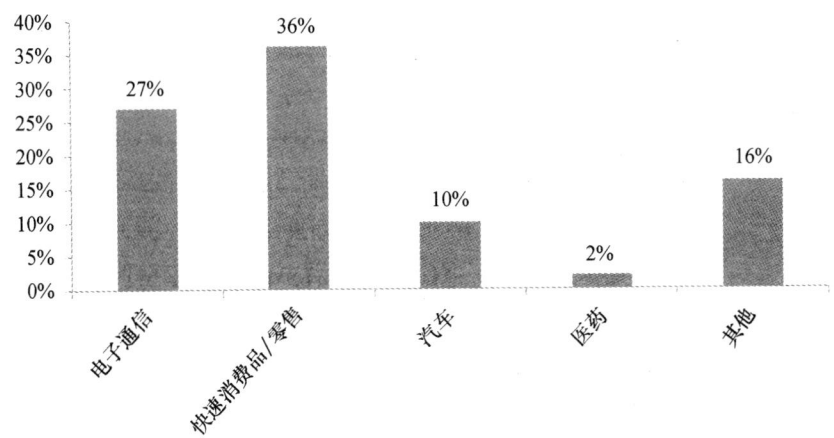

图6-7 UPS 的客户分类 2003 年（资料来源：招商证券）

递送 80% 的市场却不在这个范围之内，这样 FedEx 更能发挥比较优势为二、三线小城市的客户们提供服务。

（2）由于土地成本的攀升，多数的工厂和研究机构分散在城市的周边，当他们有紧急包裹需要邮寄时，更迫切需要紧急快递服务。

（3）10 家美国商业航空公司中有 9 家的班机在晚间 10 时至第二天上午 8 时都停留在地面上，这表明，从深夜到清晨期间的空中航线是不拥挤的，起飞和降落相对来说都会比较顺利。

（4）点对点、无时限的航空货运不能适应现代工业和国际商贸迅速发展的需要，运用网络式的、有时限的和闭环式的快递运输方式代替传统的航空货运一定会有广阔的发展空间。FedEx 计划通过地面（包括货物集散处理）、信息反馈、空中航线三个网络的布局和建设，使货物一环扣一环运送并与客户进行信息沟通。

（5）20 世纪 70 年代中期，美国国内运输市场需求量出现急剧上升趋势，尤其是商业运输的需求突然猛增，国内主要货运机构对大城市的业务都应接不暇，根本就没有力量去满足小城市的要求。

（6）1974 年，UPS 员工罢工以及庞大铁路快递企业 REA 濒临倒闭，这些事件的发生都为 FedEx 提供了迅速发展公司业务、改善公司不良经营状况的机会。

综上所述认为，FedEx 成功最重要的原因是：准确的市场切入点和市场定位。FedEx 与竞争对手的区别不在于有竞争力的价格，而在于无可争议的可靠性和优质服务。即使面临激烈的竞争，FedEx 也不靠降低成本损害其竞争优势——卓越的质量。一直以来，FedEx 投入了大量的资金和精力改善服务质量。早在 1987 年，FedEx 就建立了正式的质量改进计划，并设定了极其宏伟的目标：100% 按时投递；无论何时何地每票快件的信息 100% 准确；100% 的顾客满意。在 FedEx，质量绝不停留在口号上。它开发了系统性的服务质量指标来分析和纠正各类错误，并试图避免。为此，FedEx 投入了大量的资金，从而导致高的服务价格。大部分顾客愿意为优质而没有瑕疵的服务多支付一些钱。为了充分发挥航空快递 "快速" 的优势，FedEx 将运送服务的对象集中在商贸、飞机零部件、电子产品、光学仪器、精密仪器、医疗设备等高附加值企业产品和紧急文件、资料、样品上。

我们可以用如下例子来反证市场定位的重要意义。FedEx 全球扩张在欧洲受挫：定位错误，水土不服。20 世纪 80 年代，FedEx 在美国国内极其成功，认为自己向全球扩张的时候到了。90 年代，FedEx 投资了 25 亿美元向全球扩张，其目标是：在全球范围内 2 天递送货物。本来信心满满，但是 FedEx 在欧洲却遇到了极大挫折。FedEx 作为快递业的巨头，世界五百强，纵横驰骋全球，然而却在欧洲遭遇滑铁卢，最终 FedEx 不得不关闭了在 100 个乡村的运营点，解雇了 6600 位雇员，转由其他快递公司接手欧洲 16 个大城市的业务。在欧洲市场折戟主要是因为：

（1）相对来说欧洲人为更快捷和可信赖的快递服务愿意支付更多钱的意愿很低。

（2）取代欧洲本土快递企业比较难，比如 DHL 其本身也是国际快递巨头。

（3）海关和边境的控制严格，这是 FedEx 在美国不会遇到的难题。

（4）欧洲仍然时兴铁路运输来对抗航空运输。美国地域辽阔，为了缩短快件时限，采用航空运输是不错的选择。而欧洲的许多国家面积不是太大，其他交通工具也能满足时限要求，而且还具有成本上的优势。

由此更映衬出，FedEx 的发展与所处的特定环境密切相关，市场定位是企业成败的关键。

二　FedEx 的成功之二：卓越的信息技术运用

联邦快递，目前全球最大的快递公司，成立于 1971 年，1973 年 4 月开始连续运作，总部位于美国田纳西州孟菲斯。联邦快递是联邦集团的一家分公司，并且是其发展最早、最核心的业务主体。联邦快递建立之后，逐渐发展壮大，并在发展的过程中收购了多家能够提供专门服务的公司，于 1998 年成立了 FDX 集团——FedEx 集团的前身。经过四十几年的发展，联邦快递公司的服务范围已经广泛地涵盖到占全球国民生产总值百分之九十的区域，它能够在 24 个小时到 48 个小时之内，提供门到门、代为清关的国际快递服务。联邦快递面向世界上 220 个国家及地区提供快速、可靠、及时的快递运输服务，在全球拥有超过 138000 名员工、50000 个投递点、44000 辆车辆和 677 架飞机。

20 世纪 80 年代，制造业的基地从发达国家逐渐转移到了发展中国家，联邦快递作为最早意识到这一趋势的公司，开始着手进行大规模的全球扩展，来应对日益激烈的国际竞争及挑战。于是，公司在多伦多、布鲁塞尔、迈阿密以及香港分别成立了面向加拿大、欧洲，拉丁美洲和亚洲的区域性总部，负责处理世界各地的公司事务。联邦快递自创建伊始，就无比坚定地追求投递迅速和迅速便捷的服务，40 多年的蓬勃发展已经印证了联邦快递的成功。他们所推行的创新速递理念，能够在几十年的时间里席卷全球，离不开信息技术和计算机技术的发展对实现快速物流的重要推动作用。每次碰到信息技术的革新时，FedEx 总是第一个引进最先进的技术，40 多年来，FedEx 是第一家给投递人员装备扫描器的公司，第一家向用户提供在线跟踪查询服务的公司，第一家使用文档图像技术的公司……一如人们已经普遍认同的那样，FedEx 的发展历史本身就是一部技术创新史。联邦快递公司采用最先进的信息技术和计算机技术，设计开发了针对客户寄件的电子托运工具。通过使用这些独一无二的电子托运工具，顾客可以有效地准备托运文件，节省时间，并能够通过计算机进行货物追踪，轻松完成快递工作。联邦快递借助着自己的优秀的信息技术，来实现其"使命必达"的承诺。

（一）FedEx Ship Manager at fedex.com

通过直接连接到 Internet，顾客可以使用 FedEx Ship Manager at fedex.com，进行在线托运及货件追踪。顾客只需要访问联邦快递网站，按照要求一步步进行操作，就可顺利地完成托运工作，省掉了当面托运的很多麻烦，免去了很多路途奔波之苦。这一解决方案可以以电子邮件的形式，通知客户货件的托运信息，等货件到达后，系统也会自动发出电子邮件进行必要的通知。客户使用 FedEx Ship Manager 系统的要求是：互联网连接，浏览器，激光打印机，操作系统使用 Windows 2000、Windows XP 均可以。

FedEx Ship Manager at fedex. com 设计了强大的功能。包括：

（1）准备托运文件。最早可以提前 10 日准备空运提单和商业发票，只要简单地将它们打印到普通纸张上，而无须搜索空运提单。

（2）一个货件中最多可以包含 20 件货品和 10 个一票多件包裹。

（3）灵巧而易用的屏幕。单屏幕托运和智能工作流程提供了无与伦比的便利。

（4）储存、保留再用地址和常用货品。最多保存 20 个寄件人地址和 2000 个收件人地址，或从外部文件导入。同时，还可以将常用货品存入联邦快递的产品档案，以方便未来的托运。

（5）托运通知和派送通知。发送托运通知和/或派送通知，以便自动通知收件人货件正在托运途中，或在货件送达后就将派送信息通知寄件人。

（6）定制托运工作。根据顾客的工作方式来设计 FedEx Ship Manager at fedex. com。"参数选择"屏幕提供了多个定制选项。例如，如果"货件确认"屏幕被选中，那么系统会在生成空运提单之前让顾客查看货件详细信息。用户可以定制常用的托运信息和其他选项。

（7）追踪。可以通过各种方式在线追踪货件的状态，从历史数据库中选择，输入追踪号码、参考编号等信息。将追踪结果的详细信息通过电子邮件通知其他人。同时，如果货件被发往美国或加拿大，还可以在线获得数字签名。

（8）参考费率报价。在托运之前对货件进行费用估算。

（9）报告。允许用户为自己的在线货件生成定制报告。

（10）快速帮助/教程/联系信息。一个页面级帮助和易学易会的教程将使用户在几分钟时间内就学会如何使用 FedEx Ship Manager at fedex. com。

（二）FedEx Ship Manager 软件

对于托运活动非常频繁和有多个寄件人的公司来说，FedEx 设计了 FedEx Ship Manager（简称 FSM）软件来满足客户更加复杂的托运需求。FSM 软件是一个独立的、可由用户自己安装的、基于 Windows 的软件包，它帮助顾客进行快速托运、追踪和报告自己的日常托运活动。它拥有先进的功能和简单易用的界面，并带来了全面的托运解决方案。另外，它在需要有公共数据库共享和集中管理功能的托运环境中非常高效。它还可以通过自定义安装来支持使用"联邦快递国际优先分送快递服务"（FedEx International Priority Direct Distribution）。如果顾客需要将 FSM 软件跟自己的托运系统相集成，FedEx Ship Manager 也提供了相应的解决方案。

很多公司选择 FSM 软件进行工作，因为它有强大的基本功能和一系列高级功能。它可以实现的基本功能有：

（1）利用 A4 纸创建空运提单和商业发票；

（2）保存日常托运所用的地址和商品信息；

（3）FedEx Ship Alert 可让收件人知道货件正在运送途中，并在货件递送后通知寄件人；

（4）预先分配空运提单号码；

（5）根据空运提单号码或参考编号追踪货件；

（6）提前准备国际空运提单。

除此之外，FSM 软件还具备强大的高级功能：

（1）利用"托运记录"来创建或编辑货件出货信息；

（2）创建海关文件，例如商业发票、原产地证明，以及电子产品、手表、时钟等的进口声明申报；

（3）当用户所输入的产品描述不完整时，系统会有信息提示，避免导致清关延误；

（4）设置常用托运信息的参数优先顺序；

（5）支持网络环境中的多寄件人托运：一个面向所有用户的共享数据库，通过与 FedEx 的单独连接实现高效的集中式管理，打印到个别用户的打印机或一台中心打印机，用户数量不受限制，兼容多种网络协议和操作系统；

（6）创建货件出货报告。

使用 FedEx Ship Manager 软件的系统要求为：Microsoft Windows XP、

Windows2000；IBM 兼容 PC，采用 Pentium Ⅱ 或更快速的处理器；至少 64MB 内存；硬盘可用空间不少于100MB；Internet 连接或调制解调器拨号连接；激光打印机或优质喷墨打印机。

（三）FedEx 电子快递助理

FedEx 的另外一个电子托运工具是 FedEx 电子快递助理，这是一套可以缩减托运所需时间、减少错误发生、精简整个托运程序的免费软件。这套软件简单易用，但能够明显地简化以往费时的快递工作，节省更多的时间处理其他要务。花上十分钟的时间，顾客就能轻松地跟随软件内的操作示范，学会如何操作这一软件。FedEx 电子快递助理是 FedEx 公司针对亚太地区的客户专门开发的，基于 Windows 操作系统运作，具备先进的功能。

（1）快速启动。只需使用下拉式菜单，就可快速点选各项功能。

（2）索取报价。在联线上获得国际货件的参考报价。

（3）节省时间。将所有托运资料存储在一个数据库中，方便记忆和重复使用信息，编印空运提单及商业发票。

（4）预先计划。用预先计划功能安排工作量。可以提前10天准备托运文件。

（5）通知顾客。通过电子邮件通知托运人货件正在运送途中，让他们更感安心。

（6）提高控制。利用托运记录托运、追踪、更改或取消货件，并可提取以前货件中的资料以编制新的货件记录。

（7）保持联系。利用追踪号码、日期或指定标准在线查询货件。

（8）灵活报告。运用7种标准报告或定制自己的报告来满足客户的报告需求。

（9）多位用户。可以在一台个人电脑上允许多位用户使用自己的联邦快递账号进行托运。

FedEx 电子快递助理的基本系统要求为：（1）操作系统。简体中文版 Windows 2000、Windows XP，其中使用 Windows 2000 者，需安装拨号网络和调制解调器。（2）中央处理器。至少 Pentium 133MHz。（3）显示卡。支持 800×600 分辨率及16位真彩显示的显示卡。（4）硬盘空间。从 CD 安装，至少需要80M 空间，所需的硬盘空间在不同的 Windows 操作系统下会有细微差别。（5）互联网。通过调制解调器或直接连接至互联网。

调制解调器的速度至少为 14.4kbps，推荐 28.8kbps 及以上速度。（6）打印机。直接连接或网络连接的激光打印机，600dpi 以上。

（四）　互联网成就了 FedEx

近年来呈现出的一种现象是，快递文件的电子化转移速度要比邮件的电子化转移速度快得多。而且，由于新的更复杂的软件使得企业能够更好地管理库存，所以昂贵物品的快递需求必然会日趋低落。为此，UPS、美国邮政等快递公司都受到了不同程度的威胁。同样，FedEx 也不可避免地受到了很大程度的挑战。但一直以技术革新著称的 FedEx，习惯于将技术作为公司的战略性业务工具，他们把公司业务同 IT 战略很好地结合在了一起，利用互联网使自己迅速发展成了与网络的发展速度相匹配的公司。

当初，UPS 侵入 FedEx 的文件快递领地，而现在，FedEx 却通过努力抢夺到了一部分普通包裹市场。FedEx 在信息技术领域投入了巨额资金，并对其无线通信网络进行了大量更新，以使其能够与 UPS 相对抗，或比之更加优越。同时，FedEx 已经利用网络作为第三方物流服务供应商向外界展开营销。比如，世界著名的思科公司就让 FedEx 管理其整个物流网络，并以两家公司共同创立的"飞行仓库"完全取代思科在亚洲的仓库。最终，由 FedEx 直接投递零部件给用户作最后的组装。此外，FedEx 的网址本身就像一个交易市场，设有许多链接按钮，可与其他公司自动链接，同时联邦快递还为各种各样的大小型企业提供互联网商务软件。

联邦快递网站（www.fedex.com）是第一个为消费者提供网上货运和跟踪服务的网站，通过网上追踪服务，顾客可以追踪货物被运送和投递的全过程。而且，随着业务的不断发展，锐意创新的联邦快递公司，又推出了愈发方便的"网上速递系统"。这一系统的推行，可以为用户带来更多的方便，以及更加快速有效的服务，这将会进而增加顾客的满意度，并将为联邦快递赢得更多的客户和更大的业务量。在这个系统中，联邦快递提供了货运管理、定位系统、地址核实系统、投递确认系统、供应系统和网上费用结算系统等服务。其中货运管理是主要服务，其他各项服务都是逐步开发设计的，具有很高的附加值，它们能够很大程度地增加客户使用联邦快递服务时的便捷程度。

定位系统用来帮助客户寻找距离自己最近的联邦快递服务点，为顾客提供详细的方位图，而且这一系统可以要求联邦快递上门进行揽收。所以假如我们在上海，就可以先进行网点查询，然后跟联邦快递在上海的三个投递点联系，他们提供上门揽收服务，客户在家里就可以将物品投递出去。投递确认系统可以让投递人在网络上看到收件人的签字。而网上结算系统可以让客户在电脑前就能自如地对发生的费用进行核实和清算。

同时，新的速递系统还专门针对中小企业开发了专门的服务，"全球贸易管理系统"可自动免费提供国际货运所需文件以及应遵守的规章，"电子商务构筑系统"可让用户利用联邦快递的网络能力建立 Web 商务空间，"小企业中心"可为小企业提供多种行业信息及处理工具，"我的联邦快递.com"可让用户定制自己的浏览方式和与联邦快递网站交流的方式。

以信息技术为代表的现代科技手段是未来快递行业的发展方向，联邦快递在一步步地发展壮大中，不断部署新的信息技术，并且日益细化地进行每个细微之处科学技术的不断创新。

作为为全球 220 多个国家和地区提供快递运输服务的业界领导者，FedEx 通过它的信息技术的开发应用，正逐渐地改变着人们对于投递和现代物流的认识，而这些电子托运工具的应用，也悄无声息地改变了人们传统的处理货件的方式。同时，在实现为顾客带来便利的同时，FedEx 也在这一过程中，获取了利润，实现了公司的长足发展。

三 我国民营快递企业发展建议

2012 年，联邦快递和 UPS 两大国际快递巨头拿到了经营中国国内快递业务的牌照。这是 2009 年《中国邮政法》实施以来，外资快递企业首获国内快递牌照，也意味着"洋快递"可以大张旗鼓地抢占国内快递市场。外资快递正式进入中国市场后，国内一二线城市快递市场将面临大洗牌。

如表 6 - 4 和表 6 - 5 所示，与国际四大快递公司相比，中国国内快递公司差距依然明显：员工人数方面呈倍差关系；运输车辆及飞机数量也存在较大差距，有些国内快递公司甚至没有自己的飞机；虽然在快件数量方面基本相差不大，但是营业收入差距过大，反映出国内快递公司的利润率较低，还处在简单的低廉价格竞争阶段。但从另一个角度看，国内的快递企业如果积极提高自身的信息技术水平和管理水平，快递产业仍有极大的发展空间。

表 6 - 4   国际四大快递公司

公司总部	UPS 美国亚特兰大	FedEx 美国孟菲斯	DHL 德国波恩	TNT Express 荷兰阿姆斯特丹
财年结束时间	2011 - 12 - 31	2011 - 5 - 31	2011 - 12 - 31	2011 - 12 - 31
年总收入	531.05 亿美元	393.04 亿美元	528.29 亿欧元	72.46 亿欧元
快递相关业务收入	439.66 亿美元	330.66 亿美元	117.66 亿欧元	72.46 亿欧元
快递业务 EBIT 利润表	12.45%	7.72%	7.88%	- 1.45%
运力规模（车辆）	92734 辆运输车、轻型货车、拖车、摩托车	快运部门约 43000 辆专用货车、陆上快件部门 29000 辆专用货车	约 32000 辆作业车辆	3000 辆公路运输车辆
运力规模（飞机）	216 架自有飞机和 311 架租赁飞机	688 架飞机	约 250 架专用飞机	50 架飞机
快件数量	每个工作日总计 1557.4 万件	每个工作日 878.4 万件	每个工作日 200 万件	每个工作日 94 万件
员工数量	398300 人	255573 人	423348 人	83000 人
总资产	347 亿美元	273 亿美元	384 亿欧元	47 亿欧元
客户数量	880	570	300	220

（一）加大企业的整合力度，完善管理体制

管理体制分散、资源利用不高等弊端大大限制了民营快递的发展，企业资源的整合变得迫在眉睫。资源整合是企业战略调整的手段，目的是要通过组织制度安排和管理运作来增强企业的竞争优势，提高客户服务水平。在我国快递服务市场基本上还处于分散、割裂、封闭和无序竞争的状态下，民营快递企业要通过组织和协调，把企业内部彼此相关但却彼此分离的职能，把企业外部既参与共同使命又拥有独立经济利益的合作伙伴整合成一个为客户服务的系统，取得整体规模效益。

表6-5　　　　　　　中国四大快递公司与国际四大快递公司对比

公司名称	2009年员工人数（万人）	2009年车辆数量（万辆）	2009年飞机数量（架）	2009年营业额	2009年快件量（亿件）	世界500强排名	服务范围	成立时间
申通快递	5	1.2		60亿元人民币	3		国内：1400城市	1993年
顺丰快递	7	0.6	12	85亿元人民币	3.1		国内：1200城市	1993年
邮政速递物流	6	2	17	150亿元人民币	5		国内：2800城市 国外：200城市	1980年
圆通速递	5	1		50亿元人民币	2.4		国内：1200城市	2000年
优比速	42.6	9.61	513	379亿美元	38	157	国内：300城市 国际：200城市	1907年
天地	7.55	2.66	40	73亿欧元	2.2		国内：600城市 国际：200城市	1946年
敦豪	10	6.2	420	103亿欧元	8.42	86	国内：500城市 国际：200城市	1969年
FedEx	14	4.4	676	354.9亿美元	10	205	国内：400城市 国际：200城市	1971年

　　注：世界500强公司排名是根据2010年《财富》杂志公布的数据，其他是根据有关资料整理测算，有一定误差。

（二）加大信息技术的投入，提高企业竞争力

我国民营快递企业的网络建设远远落后于 EMS 和外资，快速反应的网络体系可以减少企业的运营资本，减少对劳动力的投入成本。外资快递早已实现了技术的信息化，有先进的分拣和处理中心，处理速度快。民营快递要加大科技投入，通过高科技来加快货物递送水平，提高管理运作效率，降低运营成本。

（三）增加资本积累

民营快递企业目前的规模都很小，要想生存下去，就要不断壮大不断地发展自身，但是资本规模的不足阻碍了其进一步的发展。因此，完成对企业资本的积累也是一项重要任务。民营快递企业可以通过上市、战略联盟、出售部分股权或银行贷款等方式来拓展融资渠道，进一步发展与壮大自己的实力，通过对资金的积累扩大企业的规模。

（四）差异化的市场定位

面临国外对手的强大冲击，我国民营快递企业应实行差异化的市场定位，尽量发挥长处，避开竞争者的优势项目。可以开展特色经营，拓展经营领域，提升服务的附加值。在服务方面可以为用户提供多方面的更人性化的服务。特色经营可以选择专注于某一行业快递，在细分市场上做出影响，比如开展生鲜食品、药品等的特色快递业务，利用差异化的经营模式为品牌加分，拓宽盈利渠道。

（五）加强合作

随着市场竞争的加剧，各个行业各个领域的合作机会将会大大增加。我国民营快递企业应进一步与快递运送的源头企业及大型电子商务网站展开合作，加强对国内外快递客户的争夺。加强合作，分享优势，也将会是快递业的发展趋势。

四　基于快递业务流程的民营快递企业信息技术选择

（一）快递业务流程的基本概况

（1）顾客整理物品、做物品清单、包装包裹（可由快递企业代为包装和免费提供物料）；

（2）顾客致电快递企业的客户部（或市场部）（以下简称为 A）并告知需寄达目的地国家和城市，收听报价确认服务（如果是顾客自己将包裹拿到快递企业的营业网点寄递，该步骤可省略）；

（3）快递企业安排收件人员（以下简称为 B）上门收取包裹（或由顾客将包裹拿到快递企业的营业网点）、顾客提供收件方信息详细填写包裹托运单据、提交所寄的文件或物品，双方确认重量、结算，B 提供结算票据和包裹追踪号码/顾客到快递企业营业网点自行办理，填写收件方信息，包括收件人姓名、地址、电话等，B 提供结算票据和包裹追踪号码；

（4）B 返回公司，包裹交由操作部（以下简称 C）并作交接清单，由 C 签字后将清单交给 B，C 部门开始操作入单并把入单数据传给 A，再把文件或物品分拨出去，全程跟踪；

（5）B 将交接清单交给 A，A 通知顾客其包裹已揽收至公司并已分拨出去；

（6）目的地送件人员（以下简称为 D）将包裹派送至收件人处，收件人确认包裹内物品完好同意签字接收；

（7）D 返回公司，将回执单交由目的地的操作部（以下简称为 E），E 将数据输入电脑；

（8）A 根据 E 输入的信息，反馈给客户，包裹已送至收件人手中。

（二）此业务流程优点

（1）对 C、E 部门的全程跟踪、E 部门的回执数据反馈以及 A 部门及时对顾客的信息沟通。按照这样的流程操作的快递企业体现了以客户为中心，实现企业资源优化配置，为顾客提供优质及个性化服务，及时与客户保持联系，让客户更满意，结果是促进快递企业业务的持续发展。

（2）各部门责任明确，分工合理，工作效率高。

（3）服务及时，客户满意度高，提高市场占有率。

（三）此业务流程缺点

（1）成本高，做好服务的同时可能忽略了利润的提高，快递服务的价值在于为客户提供高满意度的同时抢占商机，赢得竞争优势，创造更多的价值。因此，对于快递企业而言，拥有自有的一套运输资源显得尤为重要。

（2）很多民营快递企业由于信息化、自动化程度不高，许多工作由人工来完成，导致人员安排难度大，服务水平会受到影响，同时一些区域的网络还不够完善，比如像一些不容易到达的镇、乡以及偏远的山区或村庄和西部地区的网络就不健全。

（3）信息更新不及时，网络结构还不健全，送件人员 D 送完快件以后如能把反馈信息马上发布在网络上，这就提高了 A 部门跟顾客第一时间的反馈，也减少了 E 部门的这一环节。现在国内一些大的民营快递企业能够做到这一点，但还不是所有的民营快递企业都能够做到。

（四）利用信息化改造快递业务流程

在信息化综合集成的基础上，根据快递的行业特性进行信息化的模式创新，将快递业务流程划分为 4 个组成部分：顾客环节、收派件环节、仓储环节、运输环节，在各个环节充分利用信息技术。

（1）在顾客环节，建立呼叫中心，做到每一次呼叫都可记录对应的通话原因，每个顾客投诉都有完整的处理流程。通过呼叫中心系统数据记录统计，应用大数据技术，整理 100 个左右的解决方案，普通座席人员可以很有信心地处理 90% 的顾客来话，从而降低了呼叫中心员工的工作压力，帮助员工提了工作效率，也为优秀员工提供了职业发展的空间。顾客的常规问题系统自动处理，顾客的疑难问题由座席人员提供个性化解决方案。这样既提高了效率，又能够提高顾客满意度。

（2）在收派件环节，应用电信无线分组交换技术 GPRS，实现订单的自动派发和快件信息的上传，便于顾客及时掌握快件的流转地理位置；应用电子签名技术，二维码技术快速识别签收人；还包括手持终端使用条形码识别技术、热敏打印技术、电子签名、手写识别技术以及可以预见的先进技术的接口等。通过企业网络平台的搭建，顾客可以通过电话预约或在网络上自助下单通知企业收件，这为顾客丰富了选择方式，使效率更高，降低成本。在结算时，民营快递企业可以通过采用新型移动支付设备或移动支付平台技术为顾客提供多样的支付手段。

（3）在仓储环节，可采用全自动分拣系统连续、大批量地分拣货物并且不受气候、时间、人的体力等的限制，可以连续运行。自动分拣系统每小时每套可分拣 7000 件包装商品，如用人工则每小时每人只能分拣 150 件左右，同时分拣人员也不能在这种劳动强度下连续工作 8 小时。快递业务全自动分拣系统可以采用传票、计算机条形码技术、无线射频识别技术等自动化分拣方式，实现正确而迅速地完成分拣作业，提升顾客订单响应速度，提高顾客满意度。

自动化分拣系统能够做到：在快件的分拣中快件拣取由自动化机械负责，电子资讯输入后自动完成分拣作业，无须人工操作，自动化分拣系统的构成如图 6 - 8 所示。

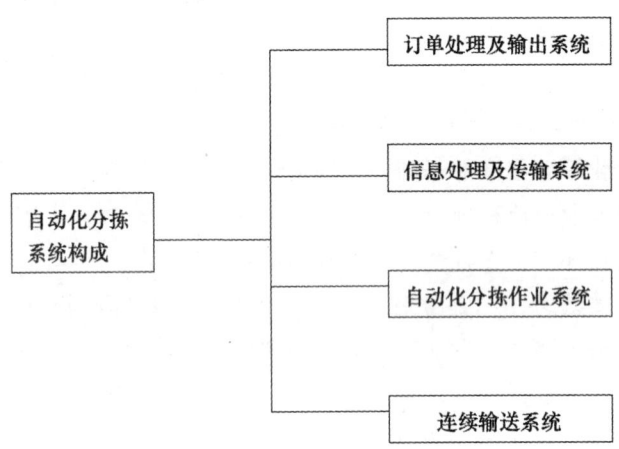

图 6 - 8　自动化分拣系统的构成

自动化分拣系统利用电脑和自动分辨系统来完成分拣作业，适应于繁忙的配送分拣作业。利用自动分拣系统分货的过程如图 6 - 9。

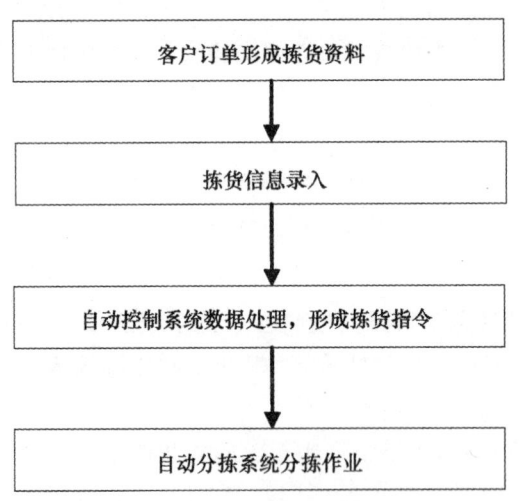

图 6 - 9　自动分拣系统作业流程

自动化分拣系统的分拣步骤如下：

步骤一：分拣作业开始前，首先要处理拣货信息，快递分拣作业依据订单处理系统输出的分拣单形成拣货资料，然后进行分拣作业。

步骤二：将有关货物及分类信息通过自动分类机的信息输入装置，输入自动控制系统。

步骤三：自动分拣系统利用计算机控制中心技术，对货物及分类信息进行自动化处理并形成数据指令传输至分拣作业机械。

步骤四：分拣机利用条码技术、射频识别技术等自动识别装置，对货物进行分类拣取，当货物移至输送机上时由输送系统移至分类系统，再由分类道口排出装置按预先设置的分类要求将快递货件推出分类机，完成分拣作业。

（4）在运输环节，应用 GPS/北斗系统对车辆的动态控制功用，完成运输过程的透明化管理，可以对运输方案、车辆配置及时中止优化，降低运输成本。

车辆跟踪。GPS/北斗系统与 GIS、无线通信网络及计算机车辆管理信息系统相结合，可以实现车辆跟踪和交通管理等功能。利用 GPS/北斗系统和电子地图可以实时显示出车辆实际位置，并任意放大、缩小、还原、换图；可以随目标移动，使目标始终保持在屏幕上；还可实现多窗口、多车辆、多屏幕同时跟踪，利用该功能可对重要车辆和货物进行跟踪运输。

提供车辆路线的规划和导航。规划出行路线是汽车导航系统的一项重要辅助功能，包括：自动规划由驾驶员确定起点和终点，由计算机软件按照要求自动设计最佳行驶路线，包括最快的路线、最简单的路线、通过高速公路路段次数最少的路线等。人工线路设计由驾驶员根据自己的目的地设计起点、终点和途经点等，自动建立线路库。线路规划完毕后，显示器能够在地图上显示设计线路，并同时显示汽车运行路径和运行方法。

信息查询。为用户提供主要物标，顾客能够在电子地图上根据需要进行查询。查询资料可以文字、语言及图像的形式显示，并在电子地图上显示其位置。同时，检测中心可以利用检测控制台对区域内任意目标的所在位置进行查询，车辆信息将以数字形式在控制中心的电子地图上显示出来。

话务指挥调度。指挥中心可以检测区域内车辆的运行状况，对被监控车辆进行合理调度。指挥中心也可随时与被跟踪目标通话，实行管理。

紧急援助。通过 GPS/北斗系统定位和监控管理系统可以对遇有险情或发生事故的车辆进行紧急援助。监控台的电子地图可显示求助信息和报警目标，规划出最优援助方案，并以报警声光提醒值班人员进行应急

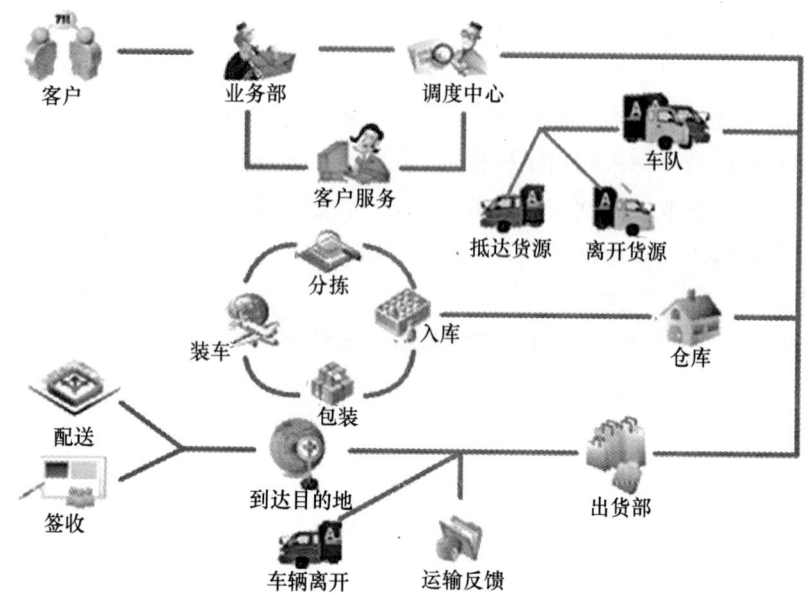

客户　业务部　调度中心

客户服务

车队

抵达货源　离开货源

分拣

装车　入库

配送　仓库

签收　包装

到达目的地　出货部

车辆离开　运输反馈

图 6 – 10　GPS/北斗系统技术的运输管理应用

处理。

　　如图 6 – 10 所示，应用 GPS/北斗系统与 GIS 开发出车辆定位、跟踪调度系统，在长途干线运输和配送中，利用车载导航系统建立完善的车辆跟踪系统，实现车辆的全程定位、全程跟踪，实现真正的物流可视化。

　　通过运用手持式数据终端、全球卫星定位、全自动分拣等信息技术手段，民营快递企业可以整合包括航空货运、公路运输、铁路运输等多种运输方式，在不同运输方式的衔接环节保持运作调度、信息流转和操作标准的高度融合和协调一致，从而确保快件安全、快速地送达客户手中。同时，通过整合，使单位能耗逐步降低，为节能减排作出企业应有的贡献。充分应用计算机技术、网络技术及相关的关系型数据库、条形码技术、EDI 等技术，高度集成系统的各个环节，借助信息技术对快递业务流程进行运筹和决策，集中反映应用现代信息技术改造传统快递业的方法和趋势，通过快递信息化水平的提升推动快递业务的发展，促进民营快递企业又好又快地发展。

参考文献

［1］ 王维婷、黄宝章：《快递业发展影响因素的实证研究》，《中国物流与采购》2011 年第 13 期，第 74—75 页。

［2］ 王旭晴、朱晓宁：《我国快递企业市场竞争力比较分析》，《物流技术》2010 年第 8 卷第 7 期，第 20—22 页。

［3］ Lim, W. S. , A lemons market-An incentive scheme to induce truth telling in third party logistics providers. *European Journal of Operation Research*, 2000, 12 (5)：519 – 525.

［4］ I. Lewis, A. Talalayevsky Logistics and information technology：A coordination perspective, *Journal of business logistics*, 1997, 18 (1)：141 – 157.

［5］ Lambent D. M. , M. A. Emmelhainz, J. T. Gardner. Building successful logistics Partnerships. *Journal of Business Logistics*. 1999, 20 (1)：165 – 181.

［6］ Marino A. P, Edwards D. J. , Give logistics its own place in the price equation. *Hosp Mater Manage*. 1999.

［7］ Starbird, S. A. , Penalties, rewards, and inspection. *Journal of the Operational Research Society*, 2001, provisions for quality in supply chain contracts, 2001, 52 (1)：109 – 115.

［8］ Albert Y. Ha, Lode Li, Price and Delivery Logistics Competition in a Supply Chain. *Review of Network Economics*, 2004, 13 (3) .

［9］ 常连玉、陈海燕：《物流服务的定价技巧与策略》，《物流科技》2009 年第 6 期，第 121—122 页。

［10］ Lieb Robert C. , Bentz, Brooks A. The Use of Third-Party Logistics Services by Large American Manufacturers ［J］ . *Transportation Jour-*

nal, 2004, 43（3）: 23 - 24.

［11］Parasuraman A. , Valarie A. Zeithaml, Leonard L. Berry. A Conceptual Model of Service Quality and Its Implications for Future Research ［J］. *Journal of marketing*, 1985, 49（9）.

［12］董莉:《我国快递业发展问题的研究》, 硕士学位论文, 大连海事大学, 2003 年。

［13］曾祥培:《我国民营快递企业竞争力分析》, 硕士学位论文, 对外经济贸易大学, 2007 年。

［14］张洪斌、赵玉敏:《我国快递业现状和发展趋势预测》,《中国物流与采购》2006 年第 9 期, 第 34—37 页。

［15］董千里:《物流市场营销学》, 电子工业出版社 2005 年版, 第 35—41 页。

［16］张丽:《FE 快递公司服务质量差异分析与改进研究》, 大连理工大学, 2006 年。

［17］冼惠君:《基于顾客满意度的 D 公司快递服务质量分析与改进研究》, 暨南大学, 2010 年。

［18］邹建平:《快递服务质量及其与顾客忠诚度的研究》, 西安电子科技大学, 2010 年。

［19］张凤荣、王丽莉:《质量管理与控制》, 机械工业出版社 2006 年版。

［20］汪秋菊、刘乔:《第三方物流企业顾客满意度调研》,《物流技术》2006 年第 25 期, 第 20—21 页。

［21］Stank T. P. , Goldsby T. J. , Vicitery S. K. , Savitskie K. , Logistics service performance: estimating its influence on market share. *Journal of Business Logistics*. 2003, 24（1）: 27 - 55.

［22］Bowersox, D. J. , The strategic benefits of logistics alliances. *Harvard Business Review*, 1990, 68（4）: 36 - 45.

［23］Adersson D. , A. Nomnan, Procurement of logistics services: a minutes work or a mufti-year project. *European Journal of Purchasing/Supply Management*. 2002, 8（1）: 3 - 14.

［24］国家邮政局:《中华人民共和国邮政法》, 中国法制出版社 2009 年版。

［25］国家邮政局:《快递市场管理办法》, 2008 年第 7 卷第 12 期。

［26］国家邮政局：《全国快递服务统计调查结果首次发布》。

［27］国家邮政局：《2011 年快递服务公众满意度调查结果通告》2012 年
第 4 期。

［28］国家邮政局：《2012 年快递服务公众满意度调查结果通告》2013 年
第 2 期。

［29］国家邮政局：《快递基础型产业作用逐步发挥》2009 年第 9 期。

［30］国家统计局：《中国统计年鉴 2012》，中国统计出版社 2013 年版。

［31］商务部研究院课题组：《中国快递市场发展研究报告》，《经济研究
参考》2006 年第 34 期。

［32］中国投资咨询网：《2006 年中国快递业分析及投资咨询报告》2006
年第 2 期。

［33］中投顾问：《2012—2016 年中国快递业投资分析前景预测报告》，
中国投资咨询网。

［34］徐希燕：《中国快递产业发展研究报告》，中国社会科学出版社
2009 年版，第 3 页。

［35］国家邮政局：《快递企业对电子商务发展的作用和影响——快递服
务将成为推动电子商务发展的新引擎》2009 年第 2 期。

［36］武云亮：《我国特许经营物流问题探讨》，《商品储运与养护》2006
年第 1 期。

［37］徐勇：《成长的烦恼——特许加盟遭遇发展瓶颈》，《航空物流》
2008 年第 10 期。